传记读库

心通孟子

蒋国保 余秉颐 李季林 ○著

全国百佳图书出版单位
时代出版传媒股份有限公司
安徽人民出版社

图书在版编目(CIP)数据

心通孟子 / 蒋国保　余秉颐　李季林著.—合肥:安徽人民出版社,2016.
12

(传记读库)

ISBN 978 - 7 - 212 - 09472 - 0

Ⅰ.①心…　Ⅱ.①李…　Ⅲ.①孟轲(约前 372-前 289)-传记　Ⅳ.①B222.5

中国版本图书馆 CIP 数据核字(2016)第 305010 号

心通孟子

XINTONG MENGZI

蒋国保　余秉颐　李季林著

出　版　人:朱寒冬	出版策划:朱寒冬	责任编辑:黄　刚
出版统筹:徐佩和　黄　刚	责任印制:董　亮	装帧设计:孙丽莉
李　莉　张　旻		

出版发行:时代出版传媒股份有限公司 http://www.press-mart.com
　　　　　安徽人民出版社 http://www.ahpeople.com
地　　址:合肥市政务文化新区翡翠路 1118 号出版传媒广场八楼　邮编:230071
电　　话:0551 - 63533258　0551 - 63533292(传真)
制　　版:合肥市中旭制版有限责任公司
印　　刷:合肥中德印刷培训中心印刷厂

开本:710mm×1010mm　　1/16　　　印张:15　　　字数:260 千
版次:2016 年 12 月第 1 版　　2016 年 12 月第 1 次印刷

ISBN 978 - 7 - 212 - 09472 - 0　　　定价:28.00 元

序

民间有句谚语:"跟着好人学好人,跟着筮婆子下假神"。现实生活中,跟着神婆装神弄鬼的人可能不多,但是"跟着秀才会拽文"的人肯定不少。

的确,人是他所在的环境和文化的产物。即:近朱者赤,近墨者黑。当然,近着圣贤,我们未必就能够成为圣贤,而由于近着圣贤、从而濡染了圣贤的某些本色,则是无疑的。

"心通圣贤"这五本书包括《心通老子》《心通庄子》《心通孔子》《心通孟子》《心通墨子》,是"传记读库系列丛书"的一部分。它是我国优秀传统文化尤其是先秦诸子、百家思想解读的典范,是传统经典现代化、通俗化、大众化的一个努力。

在我国思想史上,先秦时期、"民国"时期、20 世纪 80 年代以来的改革开放时期,是三个思想发展的高峰。

随着我国经济社会的发展、综合国力的提升、国际影响的扩大,中国文化的战略地位和作用日渐凸显。

习近平总书记在关于我国传统文化的一系列讲话、论述中指出:中国传统文化博大精深,学习和掌握其中的各种思想精华,对树立正确的世界观、人生观、价值观很有益处。学史可以看成败、鉴得失、知兴替;学诗可以情飞扬、志高昂、人灵秀;学伦理可以知廉耻、懂荣辱、辨是非。中华优秀传统文化积淀着中华民族最深沉的精神追求,是中华民族生生不息、发展壮大的丰厚滋养,是中国特色社会主义所植根的文化沃土,是我们最深厚的文化软实力,更是一种独特的战略资源。

我社从中华民族文化发展战略的高度,从弘扬中华优秀传统文化着眼,组织有关传统文化研究的专家、学者,集中策划、编撰、出版大型图书文库"传记读库系列丛书",计划五年之内,出版五十种、近百本图书。

为了使这套图书不断臻于完善,希望读者朋友多提宝贵意见。

目录

孟子外传

孟子百问

心通孟子

心通孟子

孟子外传

一　争社稷七雄动武　逢乱世百姓遭殃

　　我们要了解孟子的思想,首先要对他那个时代在政治、经济方面的主要特点有所了解。战国中期,周王室的中央统治,比春秋时期更加衰微。经过绵延不断的兼并战争,原先的一百多个诸侯国只剩下十几个。大国有齐、楚、燕、韩、赵、魏、秦"七雄",以及越国。小国有周、宋、卫、中山、鲁、滕、邹等国。这些小国在相互争雄的大国之间,极力设法保全自己。当然它们也想有所发展,但苦于经济和军事实力无法与大国相匹敌。它们最终都未能逃脱被大国吞并的命运。

　　各大国为了建立霸业,不断地在政治、经济和军事上发展自己的力量,相互间展开激烈的竞争和战斗。"秦用商君,富国强兵;楚、魏用吴起,战胜弱敌;齐威王、宣王用孙子、田忌之徒,诸侯东面朝齐。"①司马迁在这里说出了孟子生活的时代的社会背景,不过他说得很概括。

　　魏国通过革新政治,成为当时的强国。在魏文侯魏武侯时,灭了中山国。武侯之子惠王继位后,将国都由安邑(今山西夏县)迁往大梁(今河南开封)。此后魏国对宋、韩、赵、卫等国频频攻伐,且经常获胜。公元前354年,魏军攻赵,次年占领邯郸。魏之国势更加强盛。公元前344年,惠王在

---

　　①　见《史记·孟子荀卿列传》。

逢泽召开大会,率十二位诸侯朝拜天子。此举表明,魏王开始称霸于诸侯。次年,魏进攻韩国。韩求救于齐。齐王派田忌、孙膑率兵救韩,在马陵坡埋下伏兵,大败魏军。十万魏兵被消灭,主将太子申、庞涓也被杀。而且,此时作为魏国屏障的河西走廊常常被秦军突破。为了缓和与齐国的矛盾,以避免腹背受敌的局面,公元前334年,魏惠王约齐威王相会于徐州(今山东藤县)。会上,魏惠王和齐威王承认魏国与齐国的平等地位,允诺共分霸业,并互尊为王。这就是有名的"徐州相王"。

秦国在商鞅变法之后,国势大振。在对外扩张中,它首先把矛头指向了魏国。公元前332年,秦大胜魏军,魏割河西之地与秦。次年秦兵渡过黄河,取得魏国汾阴(今山西荣河)等地。魏国为了求和,只得再割上郡十五县与秦。随着国力日益增强,秦惠文王开始在诸侯中称雄。公元前318年,魏、赵、韩、燕、楚五国采用"合纵"的方针,联合伐秦,但被秦军打得大败。此后秦又不断攻占赵国、韩国领地,向中原地区扩张。两年后,秦惠文王乘蜀国爆发内乱之机,出兵一举灭蜀。公元前312年,秦兵攻楚,取得汉中地区大片土地,并设置了汉中郡,控制了楚国的西北门户。此时的秦国,已经在筹划着扫平六国,一统天下。

齐国在与魏国"徐州相王"达成和解之后,把征伐的矛头指向了其他国家。燕王哙在晚年让位于大臣子之。太子平不服,聚众攻子之,由此导致燕国的内乱。于是齐宣王举兵伐燕,五十余天后占领燕地。后来由于燕国人民的顽强反抗,驱逐了齐兵,燕昭王得以继位。昭王广招天下贤明之士,当时杰出的政治家乐毅就投奔了燕国。经过二三十年的治理,燕国变得强大起来。公元前284年,燕联合秦、楚等国,向齐国发起进攻。在此之前,齐国曾数次在与楚、秦、燕等国的战争中获胜,并且灭了宋国。当时秦昭王称"西帝",齐闵王则称"东帝",可见那时齐国之强。但这次在燕、秦、楚等国的联合进攻下,齐国大败。乐毅率军攻下了临淄(齐国都城)。不久,齐闵王被杀。燕国占领齐国城池七十余座。

仅从以上所举数例,就可以看出当时诸侯国之间争城掠地、相互吞并的战争是何其频繁。而且这些战争十分残酷。《孟子》书中就曾说过,诸侯争霸的战争如果是为了争夺城池，那么杀死的人多得可以塞满整座城；如果是为了争夺田野，那么杀死的人多得可以遍布田野。一场恶战之后，往往出现"血之流杵"的惨景，杀人流出的鲜血竟可以漂浮起春米的杵。诸侯国的君主们不惜在千百万无辜人民和士兵的血流和尸骨之上，去建立自己的千秋霸业。正是针对这样的情景，孟子后来提出"春秋无义战"的说法，认为当时的一切战争，都是诸侯们为了称雄于天下而进行的不义之战。这是当时社会背景方面最主要的特征。

此外，当时社会的赋税极为沉重。布帛税、谷米税、劳役税，是三种最主要的税，另外还有不少其他的苛捐杂税。贵族们贪得无厌地兼并土地、横征暴敛。他们过着骄奢淫逸的生活，与平民百姓之间，在经济和政治上都处于极为对立的状态，阶级矛盾十分尖锐。战争的劫难，赋税的盘剥，造成的巨大的痛苦，落在了下层群众的头上。

孟子所生活的战国中期，正是这样一个烽烟四起、民生困苦的时期。孟子正是在这样的时代背景之下，开始了他的人生道路和思想历程。

二　慎择邻三迁无悔　善教子一诺必信

孟子名轲。至于他的"字",比较流行的一种说法是"字子车(又称子舆、子居)"。从一些史料来看,此说并不可靠。司马迁在《史记·孟子荀卿列传》中,班固在《汉书·艺文志》中,都没有说到孟子的"字"。宋代王应麟在《困学记闻》中,则专门撰写了一个条目,提出"孟子字子车"的说法乃是"附会之说"。

孟子是邹国人。邹当时是与鲁国相邻的一个小国,位于现在山东邹县的东北部,离孔子的故乡曲阜不远。至于孟子的家世,据说他是鲁国贵族的后代。当时,鲁桓公的庶子孟孙氏、叔孙氏、季孙氏被并称为鲁国贵族中的"三桓"。后来"三桓"衰落,子孙分别流落到其他国家。孟氏后裔中非嫡系的一支便迁居到邹地,并且改姓了孟氏。谁知就在这支衰落了的鲁国贵族后裔中,在这弹丸小国——邹的领地上,诞生了在中国封建社会里被尊奉为"亚圣"、地位仅次于孔子的大思想家孟轲。

关于孟子的生年,有过几种说法。其中比较可信的,是他大约生于周安三十三年(公元前389年)至周安王二十年(公元前382年)期间。此说是钱穆在《孟子生年考》①中提出来的。这个说法，综合了南宋朱熹以及清代周广业（著有《孟子四考》）、魏源（著有《孟子年表》）等人的观点，所以与《孟子》一书中关于人物事迹的记载比较能够吻合起来。

这期间的某年，孟轲生于邹国境内的傅村（在今日邹县东北约三十里之处）。据狄子奇的《孟子编年》说，出生之日是己酉年四月初二日，并说孟子的母亲姓李。而《春秋演孔图》和《阙里志》则说孟子的母亲姓仉（音"掌"）；父亲名激，字公宜。当然这些都只能算是传说。孟子丧父较早，他主要是在母亲的抚养和教育下成长起来的。孟子的母亲是一位严格要求子女，并且善于教育子女的人。可以说，她是中国古代第一位因为教子有方而名垂青史的妇女。《韩诗外传》、《列女传》、《三迁志》等书中，记载着孟母教子的几则故事。从这些故事来看，孟子的母亲不单纯是一位"慈母"，而是一位"严"多于"慈"、见识深远、行事果断的杰出女性。这很可能与她早年丧夫，自己不得不单独挑起治家教子的重担有关。

据说孟子的家最初是在墓地附近。送葬的队伍不时地来往于门前的路上。有时挖坑造坟的人口渴了，还会到孟子家来讨口水喝。幼年的孟子这些事见得多了，在好奇心的驱使下，竟也和邻居家的小伙伴们一道，学着大人抬棺材、挖坑、下葬、填土的样子，做起了"埋死人"的游戏。孟轲还用两只手圈成喇叭的形状，模仿着吹出送葬队伍奏乐的声音。孟子的母亲看到这种可笑又可气的"游戏"，不禁忧心忡忡。她想，这样下去，儿子将来只能给人抬棺材了，还谈什么"成才"？于是，她毅然决定搬家。

搬家时，孟子的母亲只是急于离开墓地，谁知迁入的新居离一个集市不远。每天自早至晚，商贩们的叫卖声此起彼伏，运货的车辆穿梭般往来。小孟轲觉得这里比起墓地来可热闹多了，便常常待在集市上看热闹。回家后，就找来一些砖头瓦片、草根树皮当作"货物"，学着商贩们各有特色的叫卖声，在门前做起了"生意"。见此情景，孟子的母亲在心中责怪自己一时大意，搬家时没有想想这里的集市会对孩子产生什么影响。她当即决定

---

① 见《先秦诸子系年考》卷三。

再次搬家。

这一次,她有意地把家搬到了一个学宫的附近。学宫里,时而书声琅琅,那是先生在领着学童们诵读诗书;时而乐声阵阵,那是先生在带着学童们演习礼仪。孟轲站在窗外看着,起先觉得新奇、好笑。看了一会儿,就找地方去玩了。但学宫附近实在没有什么热闹去处,他只好又转回来,看着学童们读书、演礼。渐渐地,他能平心静气地站在那里,一看就是好几个时辰。回到家里,他也学着那些学童们摇头晃脑的样子,"之乎者也"地大声胡乱背诵起来。没想到,聪明的孟轲通过"旁听",还真的记住了一些句子。有时,他模仿学童们演习礼仪,还拉着母亲和他一道,做出施礼时的揖让、进退、跪拜等动作。母亲看在眼里,喜在心里,为自己这一次的搬家而庆幸不已。这位一心培养儿子成人、成才的妇女,如此不惮其烦、不辞劳苦地为儿子选择良好的居住环境,是因为在她看来,环境的好坏是儿子成长过程中的大事,决不可等闲视之。

在一些看来微不足道的小事上,孟轲的母亲也从不马虎,而总是想到这些事对孩子会有什么样的影响。一次,孟轲听到邻居家的杀猪声,就问母亲:"今天又不是过年,他家干吗杀猪?"母亲随口应了一句:"杀猪给你吃呗。"但话一出口,她立刻意识到自己失言了。她想,如果现在赶紧对孩子说,妈妈刚才的话是逗你玩的,隔壁杀猪,是因为他家有事,要招待客人。那么小孟轲也不会把刚才的话当真,更不会哭闹。可是这样一来,不就等于用自己的行为告诉孩子,有些事是可以随便说说,不必去兑现的吗?想到这里,她决定宁可最近每天节省一点日常开支,今天也要给孩子买肉吃。她打开家里放钱的瓦罐,取出一些钱,数了数,转身朝邻居家走去。这天的餐桌上,就真有了一碗喷香的红烧猪肉。从这件小事也可以看出,孟母为了使孩子能够成人、成才,是如何的执着认真、煞费苦心。

光阴荏苒。不几年,孟轲也进学宫读书了。刚开始,他学习劲头很足。以往他只能站在窗外"旁听",现在可以堂堂正正地坐在先生的面前听课了。他上课时专心听讲,放学后认真读书写字,老师说他是一个好学童。可时间一久,孟轲开始觉得读书是一件单调、枯燥的事。他虽然每天照旧去上学,但对于学习已经没有当初的热情。这种变化,瞒不过母亲那双时时在观察儿子举动的眼睛。一天,母亲在织布,孟轲放学回家后,坐在一旁读书。读着读着,思想渐渐走了神,竟停下来不读了。母亲见了,便问孟轲:"近来你的书念得怎么样啊?"谁知孟轲漫不经心地回答说:"还不就是那么回事,天天如此罢了。"母亲一听,猛地站起身来,拿起剪刀,将刚刚织出的布一下剪成两段。孟轲在母亲这突如其来的举动面前愣住了。他不明白母亲为什么要将辛辛苦苦织出的布剪断。这时母亲说:"你看这布!一旦剪断,就成了无用之物。学习也是这样,只有不断地学,不断地长进,才能学有所成。天天如此,不求长进,你就只能成为无用之人。想不到你竟能说出这种不思进取的话来!"听着母亲愤激的话语,看着母亲因昼夜操劳而早生的缕缕白发,孟轲不自觉地跪下了。他流着泪对母亲说:"我错了,我错了。今后我一定发奋读书,在学业上不断进取。娘请放心,孩儿决不做无用之人!"自此之后,孟轲日夜苦读,手不释卷。他好学多思,而且好问。对于一时想不清楚的问题,他能一连想上好几天。渐渐地,他所提出的问题,连老师也感到不是轻而易举地就能说清楚的了。

不觉寒来暑往,冬去春来。数年之后,少年孟轲以品行和学识闻名于乡里。不久,按照当时早婚的习俗,他娶妻成家了。但母亲并没有因此而放松对孟轲的教诲。她认为,"读书明理"固然不错,但并不是说读了书就一定能明理。很多道理,只有经过历练的功夫,才能真正懂得。要让儿子成为懂道理、有见识的人,自己还必须遇事随时多加点拨。事实说明,她的看法是对的。

一天午饭后,孟轲的妻子田氏独自于卧房之中,斜靠在床上休息。孟轲突然推门走了进来。按当时的规矩,妻子见到丈夫,要起立施礼,表示恭敬。可田氏此时正感到饭后的慵懒,而且刚刚在饭桌上还和丈夫在一起,她觉得也不需要那么客气,于是就向孟轲略点了点头,算是打了招呼。不料孟轲却生气了。他转身就走,来到母亲房里,说:"你的儿媳不懂礼节,我想休了她。"母亲忙问:"她怎么不懂礼节呢?"孟轲将刚才的情形说了一遍。他以为,一向教导儿子注重礼节的母亲会支持自己休妻的主张。不料,母亲却说出这样一番话来:"这可是你的不对呀!礼书上不是有这样的话吗——'在进门之前,要先问一声屋内有没有人;在走进客堂之前,要先发出声音让堂上的人听见。'这就是说,不声不响地突然闯进别人的起居之所,使人家措手不及,是不合乎礼节的。刚才你突然走进内室,又不先在门外招呼媳妇一声,她毫无准备,只好靠在床上和你打招呼。这是你造成的,是你不知礼节,怎么能说你媳妇不懂礼节,还说要休了她呢?"孟轲母亲的这番话,表明她不仅像大多数母亲那样,在儿子与媳妇有了矛盾时,总是尽量批评、开导儿子,而且表明她知书达理,当儿子在一些事情上表现得不懂道理时,她能够晓之以理,使孟轲心服口服地接受她的意见。

经过几年的学习和母亲的随时训教,孟轲懂得的道理多了,眼界变得开阔了,而且开始思考社会人生的一些大问题了。现实中的很多现象,引起了他思想中的种种困惑。他想进一步增长自己的见识,去解开这些困惑。他知道,这就不能满足于学宫里所传授的那些知识,而必须到学宫以外的广阔世界去拜师求学。

三 继儒学访师游鲁　通圣道欲匡天下

在学宫里读的书和母亲平时的影响,使孟轲对孔子由衷地产生了崇敬之心。他认为,有史以来孔子算得上是最伟大的人了。孔子为了实现自己的宏大理想,需要做官时就做官,应该退隐时就退隐;需要在一个地方努力奔走时就在那里继续努力,应该离开时就立即离开。到了哪里,他都是"以德服人",以自己的崇高德行使周围的人折服。孟轲说,当时被视为贤德之人的伯夷、伊尹,和孔子一样,也应该算得上是圣人了。但自己毕生的愿望,则是学习孔子,伯夷、伊尹等人毕竟都无法与德配天地的孔子相比。他为自己没有能够与孔子生活在同一个时代感到深深的遗憾。

有了这样的思想,孟轲在离开学宫、开始游学时,便毫不犹豫地选择了孔子的故乡鲁国作为游学之地。他想使自己能够更多地了解孔子和他的儒家学说,在精神上能够更加靠近孔子。鲁国儒学气氛十分浓厚。孔子和他的弟子所整理的古代典籍,孔子的言行记录,都比较容易读到。这为孟轲师承孔子所创立的儒家学说,提供了极为有利的条件。

那么,求学儒门,孟轲的业师是谁? 对此也有不同说法。《史记·孟子荀卿列传》说孟轲"受业于子思之门人"。子思是当时的儒学大师,姓孔,名伋,是孔子的孙子。这就是说,孟子是孔子之孙子思的再传弟子。而刘向的《列女传》则说，孟子"师事子思"。《汉书·艺文志》称孟子为"子思弟子"。应劭的《风俗通·穷通篇》说孟子"受业于子思"。赵岐在《孟子题辞》中也说孟子"长师孔子之孙子思"。而唐代司马贞在为《史记》一书作的《索引》中，引用了王劭的看法，认为《史记》所说的孟子"受业于子思之门人"中的"人"字，乃是一个"衍字"，即抄写或印刷时多出来的字。《史记》的原文，应该是"受业于子思之门"。如此说来，子思本人就是孟子的业师。

从孟子与子思的年龄差距来看，子思不可能是孟子的业师。根据《史记·孔子世家》记载，孔子死于周敬王四十一年（公元前479年）。而孔子的儿子伯鱼（孔鲤），则死于三年之前，也就是死于公元前482年。那么，伯鱼的儿子子思，迟算也得生于公元前482年；至多再迟一年，生于公元前481年（这就必须假设子思是遗腹子）。《史记》说子思享年六十二岁，按此推算，他当死于公元前420或419年。而孟子生于公元前389—公元前382年，距子思之死已经将近四十年。有人认为，《史记》所说的子思享年"六十二"，其实是"八十二"之误，子思实际上活了八十二岁。即使这种说法成立，子思最迟也得死于公元前400或399年。这时距孟子的出生之年，仍然有将近二十年的时间。由此可见，孟子不可能受业于子思本人。比较可信的还是太史公的说法：孟子受业于子思的学生。

作为子思的再传弟子，孟轲继承了儒学创始人孔子的思想，但他的思想和孔子思想又有所不同。孟轲在学成之后，出于对自己学识和能力的充分自信，曾说过这样的话："在当今这个世道，要想治理好天下，除了我，还能有谁呢？"这固然表现了"亚圣"孟轲那鲜为人知的十分自负的一面，但也表明了他和孔子一样，都把自己的思想学说，最终落实为治理天下的主张。在这里，我们不妨将孔、孟二位关于治理天下的根本主张作个简单比较，以此为例，看看学成之后的孟轲，是怎样师承孔子的儒学思想而又提出自己的见解的。

关于"仁"的学说，是孔子思想的核心内容，也是他所创立的儒家学说的基本观念。孟轲继承了孔子"仁"的理论。但是，在"仁"如何实现这一重要问题上,孟轲的观念却不同于孔子。在孔子那里,实现"仁"的基本途径是社会全体成员的"克己复礼"。所谓"礼",指的是"周礼"。它实质上是为维护周朝贵族等级制度而制订的行为规范,而不仅仅是通常的礼仪规定。孔子把"仁"的学说,推演为现实政治生活中的"礼治",提出要以"礼"来治理天下。他认为只要人人都能约束自己,克制不正当的私欲,使行为符合"礼"的规定,那么"仁"就能在普天之下都得到实现。可以说,在孔子那里,"仁"最终被落实为一种对于全体社会成员的行为规范。孟轲却认为,实现"仁"的基本途径在于社会的统治阶层推行"仁政"。他不去宣扬孔子"仁"的学说中那些维护周礼——实质上是维护贵族等级制度——的内容,而突出了其中"仁者爱人"的观念,大力宣扬统治者应该"以不忍人之心,行不忍人之政"的道理。他将"仁"的观念,具体化为经济、政治、文化、军事等方面的施政方针,形成了一套"仁政"学说。战国中期,诸侯之间的争霸战争,贵族的土地兼并,以及沉重的赋税,使老百姓过着痛苦不堪的日子。在这样的社会背景之下,孟轲强调"民为邦本",认为人民是国家之本,人民比国君更为重要。这种观念,不仅体恤了民间疾苦,而且与孔子维护贵族等级制的思想相比,表现出了一定的民主色彩。

从"仁政"思想出发,孟轲反对诸侯为争霸天下而进行的战争,他视此为不义之战。他认为兼并战争是当时社会最大的祸害,是人民苦难生活的根源。他十分赞成统一天下,承认只有天下统一了,社会才能安定,人民才能安居。但他提出,这种统一,应该通过有道之君推行"王道"、使天下人心归服而实现,而不能由无道之君推行"霸道"、使天下人被压服而实现。在孟轲看来,停止为争霸天下而进行的兼并战争,是当时政治上最大的"仁"。

从"仁政"思想出发,孟轲提出减轻赋税和"制民之产"的主张。他说当时的三种赋税(布帛税、谷米税、劳役税),如果征收两项,老百姓就可能冻饿而死;如果三项同时征收,老百姓就必然家破人亡。因此在经济上,他认为首先必须减轻赋税,让老百姓能够活下去。他提出"制民之产"的主张,要求君主将耕地和宅基地作为固定产业,分给每个农民。这样,减轻了人民所承当的赋税,同时又让他们有了自己的固定产业,人民就能安居乐业,就会安分守己,而不会犯上作乱,天下就能太平。在孟轲看来,轻税薄赋、制民之产是当时经济上最大的"仁"。

此外,孟轲还从"仁政"思想出发,在学校教育、人才培养、司法制度等方面提出了一系列主张。他的这些主张都表明,在孔子关于"仁"的理论的基础上,孟轲形成了自己的"仁政"学说。

游学于鲁国期间,孟轲作为子思再传弟子,在儒学的殿堂里正式登堂入室。他不仅接受了孔子以"仁"为核心的学说,形成了自己的"仁政"思想;同时,他还接受了子思以"诚"为核心的人生修养理论。子思作《中庸》,提出"诚"(真实无妄)的概念,认为它是天地万物的根本性质。他说人类生而具有"诚"的本性,只要人们能够"诚之",也就是努力地去实现这种"诚",就能够在精神上达到与天地万物相合一的境界,就可以了解宇宙化育的道理。人按照这种道理来行事,就可以成为圣人。孟轲继承了子思关于"诚"的思想,并且有所发挥,提出了"思诚"的人生修养方法。他说"诚"是天地万物的根本性质,而"思诚"则是做人的根本道理。他所说的"思诚",就是要人们通过反思,来认识和培植自己身上生来就有的"诚"的本性。孟轲还进一步从关于"诚"的理论中,引申出如下的见解:人类生来就具有"恻隐之心"、"羞恶之心"、"辞让之心"、"是非之心",这就是"四端"。所谓"端",就是开端和萌芽,意思是说这四种基本品德在人人心中都有根基,但又有待培植和扩充。"四端"决定了人性原本该是"善"的。只要人们按照"仁"、"义"、"礼"、"智"的道德标准来要求自己,就能够使这种善性在社会生活中真正得到实现。

有意思的是,孟轲不但继承和发挥了子思关于"诚"的思想,而且在说话和写文章时,有时甚至不自觉地连语言也和子思的十分相似。例如在《中庸》中,子思说:"真实无妄是天地的根本性质;努力做到真实无妄,是做人的根本道理。"孟轲则说:"真实无妄是天地的根本性质;通过反思自己的行为而做到真实无妄,是做人的根本道理。"①子思提出君主应该做老百姓的榜样,说:"如果君上能够很好地侍奉老人,那么老百姓就会普遍地孝敬老人;如果君上能够真诚地尊重长者,那么老百姓也会普遍地敬重长者;如果君上能够体恤那些孤独无靠的人,那么老百姓也不会不这样做。"孟轲则同样认为君主的榜样作用极其重要,说:"只要做君主的能够敬重自己家的老人,并且推广到敬重别人家的老人,疼爱自己家的儿女,并且推广到疼爱别人家的儿女,那么治理天下就是一件十分容易的事。"②正是由于孟轲承袭和发挥了子思的"诚"的学说,后人就根据他们思想上的传承关系,在孔子之后的儒家学派中,列出了"思孟学派"这么一支。

按照司马迁的说法,游学鲁国、受业于子思的弟子之后,孟轲在对于社会人生的理解方面,在思想学术的根本宗旨方面,已经是大道贯通、成竹在胸了。他怀着坚定的信念和满腔的热情,开始了将自己的思想学识用之于社会现实、用之于黎民百姓的不懈追求。他要去担当儒者的社会责任,去实现自己的人生理想。

---

① 参阅《孟子·离娄上》
② 参阅《孟子·梁惠文王上》

四 怀大志初次游齐 交匡章不畏流言

迈入不惑之年，孟子已经能对人世间的祸福、得失处之泰然，不再为身外之事而动心，确立了相当高的精神境界。但孟子毕竟是一个私淑孔子的儒家学者，他不可能像老庄学者一般，以追求个人精神上的逍遥自由为人生理想。所以，当他发现自己对一切确实能"不动心"①时，他没有忙于安定自己的精神乐园，而是迫切地感到自己有责任以孔子为榜样：为宣传儒家治世救人的主张，放弃安定的生活，不辞辛苦地去劝说列国诸侯。这种愿望是强烈的，在此驱使下，四十来岁的孟子，满怀着已经精通"仁道"的信心，离开了他游学多年的鲁国，走上了出游列国的道路。

当叙述孟子出游经历时，首先要确定的是他初次出游来到了哪一个诸侯国。对这个问题，学术界迄今尚无定说。西汉的司马迁，三国的刘劭，清代的周广业均认为先至齐后至魏；而清代的阎若璩、潘眉、魏源则认为先至魏后至齐。争论的双方，都言之有理，亦都缺乏足以驳倒对方的有力证据，鉴于这两种见解均不能彻底解决有关难题，有些学者便转换视角，力图证明孟子出游齐魏岂止一次。于是孟子几两至齐、凡两至魏、两至魏亦两至

---

① 《孟子》卷三《公孙丑章句上》。

齐等见解便陆续产生了。① 这些见解,大多建立在据理推论《孟子》书中的有关材料上,缺乏其他史料予以佐证,但它毕竟对后人很有启迪。钱穆先生正是受这些见解的启发,在"仍据《孟子》书为辨"②的前提下,通过合乎逻辑的推论,得出了更为明确的结论:"孟子在齐威王时先已游齐"③。详细介绍钱穆先生的考证,对本书来说实属累赘。唯独要申明的是:我们认为钱穆先生的考证是可以信服的,故我们在叙述孟子出游经历时,把孟子初次出游所到之国定为齐国④,时在齐威王当政时期。

孟子初次出游,便选择到齐国去实现其政治抱负,考虑是慎重的。那时,齐国的国君是齐威王。作为一国君主,齐威王可谓很有作为,在他当政三十六年期间⑤,使连年受伐的齐国一跃成为东方实力最强的国家。当他即位初期,原先十分强大的齐国,已变得十分衰弱,以至于连鲁国这么一个小国也敢公然侵夺其城池。面对着国势日衰的严重局面,齐威王并不急于包揽政务、独断独行,而是采取"委政卿大夫"⑥的方针,放手让大臣全权治理一些重要地区。经过九年实践,他希望出现的良好政治局面并未出现,齐国仍然存在着严重的政治危机⑦。于是,齐威王召回治理即墨⑧的大夫,对他说:"自从你治理即墨以来,每天都能听到说你的坏话,但我指派人视察即墨,发现那里田野开辟,老百姓富裕充足,官吏手头没有滞留不办的政事。东方因此社会安宁。由此我知道你没有贿赂我身边的人以求好名声。"旋即封即墨大夫食禄万家。后又召回治理阿⑨的大夫,对他说:"自从你守卫阿以来,每天都能听到说你的好话,然而我指派人视察阿,发现那里的田野没有开辟,老百姓贫穷痛苦。昔日赵国攻陷甄城,你未能前去救援;

——————

① 参见潘眉《孟子游历考》。
② 钱穆《先秦诸子系年》卷三《孟子在齐威王时先已游齐考》。
③ 钱穆《先秦诸子系年》卷三《孟子在齐威王时先已游齐考》。
④ 在鲁国与齐国之间,不再有其他小国,故孟子初次出游不必中途经过其他诸侯小国再至齐。
⑤ 钱穆认为齐威王在位非三十六年,而是三十八年。见《先秦诸子系年》卷三。
⑥ 《史记·田敬仲完世家》。
⑦ 据《回敬仲完世家》载,齐威王即位后"九年之间,诸侯并伐,国人不治"。
⑧ 古县名,战国齐邑,在今山东平度东南。
⑨ 齐邑,地理位置现难以考明。

卫国侵夺薛陵，你又没有觉察。由此我知道你是以金钱厚贿我身边的人以求好名声。"当日就烹杀了阿大夫，而那些为阿大夫说好话的人，也都一并烹杀之。随后奋然"起兵西去赵、卫，败魏于浊泽"①，以武力夺回了被侵占的国土。"于是齐国震惧，人人不敢饰非，务尽其诚，齐国大治"②。

齐国的再度强大，齐威王治国有方，赏罚分明，固然是一个原因，但更重要的原因是他善于发现、任用人才：对外作战，听从孙膑的建议；对内改革，听从邹忌的主张。而他之所以能敏锐地发现贤才，果断地任用贤才，是因为他在思想上十分重视人才，自觉地把有才能的人看作镇国之宝。有一天③，齐威王与魏惠王一起在郊外打猎，魏惠王问齐威王有何珍宝，齐威王回答说没有。魏惠王感到意外，就说："像我魏国这样小的国家，尚有直径一寸、光泽能照亮前后十二辆车的珍珠十枚，而万乘之国的齐国，怎么竟没有珍宝呢？"齐威王回答道："我对宝的见解与您的见解不同。您以珍珠为宝，我却以人才为宝。我的大臣中有叫檀子者，使他守卫南城④，楚国就不敢向东入侵，泗上十二诸侯都来齐国朝拜；我的大臣中有叫子者，使他守卫高唐⑤，赵国人就不敢东入黄河捕鱼；我的官吏中有叫黔夫者，使他镇守徐州⑥，赵国与燕国就害怕，两国的百姓有七千余家纷纷迁居齐国；我的大臣中有叫种首者，使他稽查盗贼，就出现了路不拾遗的太平景象。我的这些珍宝都是光照千里的明珠，岂止像您的珍珠那样，仅能照亮前后十二辆车。"魏惠王听了，羞愧满面，不怿而去⑦。

齐国是万乘之国，实力强大，而当政的君主齐威王又以人才为镇国之宝，不但十分重视人才，而且能够选拔和重用人才。同时具备这两方面的条件，是十分难得的，它对于已不满足在邹、鲁小国推行自己的政治主张的

---

① 《史记·田敬仲完世家》。

② 《史记·田敬仲完世家》。

③ 据《史记·田敬仲完世家》载，齐威王与魏惠王论"宝"事，发生于齐威王二十四年，即公元前 333 年。

④ 在今山东费县西南。

⑤ 在今山东禹城西南。

⑥ 在今山东济水以东。

⑦ 参见《史记·田敬仲完世家》。

孟子来说，无疑有巨大的吸引力，使他在选择出游地点时，毫不犹豫地选择了齐国，因为他懂得环境对一个人发挥其才能、实现其抱负的重要性。或许是为了告诉同行的弟子们他为什么要首先到齐国去游说，当他自范①来到齐国都城，远远望见齐王之子时，他便意味深长地感叹道："环境改变气度，奉养改变气质，环境真是重要呀！他难道不也是人的儿子吗？"②言下之意，是说齐威王之子显得与众很不同，不是别的原因，是居住的环境使然。紧接着，他便把这个道理明明白白地告诉了他的学生们："王子的住所，车马和衣服多半同别人的相同，为什么王子却像那样呢？就因为他所居住的环境使他这样的；何况以'仁'为自己住所的人呢？鲁君到宋国去，在宋国的东南城门下呼喊，守门的说：'这不是我的君主，为什么他的声音同我们的君主这样相像呢？'这没有别的缘故，只因为环境相像罢了。"③

从孟子的这段话中，不难看出，孟子认为，原本强大的齐国，若再行仁政，以"仁"安居国人的精神家园④，就会更加强大。但齐威王当时热衷于以武力谋求国家的强盛，对孟子倡导所谓"居天下之广居"毫无兴趣，自然也就不会视孟子为"人才"，则孟子不被齐威王所用，使孟子深切地感到要推行自己的主张很困难。但他无意改变自己的立场以顺应环境，也不愿意掩饰自己的言行以图好名声，仍一如既往地坚持自己的做人原则。在齐国，他同匡章的交往，就是他坚持自己做人原则的充分体现。匡章是齐威王的大臣。其母启氏得罪其父，其父怒杀其母，将她埋在马栈之下。其父死后，他仍然不改葬其母。有一次，齐威王任命他为将军，率兵出征，出征前，为了笼络其心，就对他说："您要坚强，要不折一兵而还。当您凯旋时，我一定更葬将军您的母亲。"匡章似乎听出了齐威王对他有些不放心，就诚实地回答说："为臣我不是无能力改葬先父之妾，臣之母亲得罪臣的父亲，

---

① 故城在今山东范县东南二十里。

② 参见《孟子·尽心上》。译文系采用杨伯峻《孟子译注》中的翻译。又，以下凡采用此书中的译文，不再一一注明。

③ 原文见《孟子·尽心上》。

④ 原文为"居天下之广居"。这里从杨伯峻说，以"仁"释"广居"。

王所重用，也就在情在理。

(被臣的父亲杀死)可臣的父亲未有就此事对臣有所教诲便也逝世了。没有得到父亲如何埋葬臣的母亲的指教而改葬母亲,是欺侮死去的父亲,所以臣不敢改葬臣的母亲。为人之子而不忍心欺侮死去的父亲,难道为人之臣会欺侮活着的臣主吗?"①匡章不改葬其母,固然是出于不忍心欺侮死去的父亲,但他的这种想法,不是普通人所能理解和体谅的,他也就因不葬其母和得罪其父等行为②难免背上不孝之名。正当齐国到处传说匡章不孝时,孟子却同匡章来往频繁,毫不顾及自己的名声受影响。他的弟子公都子实在不忍心老师的名声因此有损,遂借向他请教委婉地提醒他:"齐国上下都在说匡章不孝,您却同他有来有往,而且待之以礼,相当敬重他,请问这该怎么说呢?"孟子当然明白公都子这样请教的良苦用心,但他不以为然,直截了当地告诉公都子自己对匡章的看法:"一般人所谓不孝的事情有五件:四肢懒惰,不管父母的生活,一不孝;好下棋喝酒,不管父母的生活,二不孝;好钱财,偏爱妻室儿女,不管父母的生活,三不孝;放纵耳目的欲望,使父母因此受耻辱,四不孝;逞勇好斗殴,危及父母,五不孝。章子在这五项中有一项吗? 章子不过是父子中间以善相责而把关系弄坏了罢了。以善相责,这是朋友相处之道;父子之间以善相责,是最伤害感情的事。章子难道不想有夫妻母子的团聚吗? 就因为得罪了父亲,不能和他亲近,因此把自己妻室也赶出去,把自己儿子也赶到远方,终身不要他们侍奉。他这样设想,不如此,那罪过更大了,这就是章子的为人啊。"③

孟子不听弟子们的劝阻,仍经常与匡章会见,一起讨论做人之道。一次,他们不知不觉谈起了陈仲子。"陈仲子立节抗行,不入洿君之朝,不食乱世之食,遂饿而死。"④匡章认为陈仲子所作所为体现了他是一个真正的廉洁之士。于是他对孟子说:"陈仲子难道不是一个廉洁之士吗? 住在于陵⑤地方,三天没有吃东西。耳朵没有了听觉,眼睛没有了视觉,井上有个

---

① 原文见《战国策·齐策》。
② 参见《孟子·离娄下》。
③ 原文见《孟子·离娄下》。
④ 《淮南子·泛论训》。又,"洿君"指行为污秽的君主。
⑤ 于陵,据说在今山东长山县南。于音乌(wū)。

传记读库

李子,金龟子已经吃掉了大半,他爬过去,拿起来吃,吃了三口,耳朵才有了听觉,眼睛才有了视觉。"孟子则认为陈仲子行为固然值得敬佩,但不足以成为真正的廉洁之士。他说:"在齐国人士中间,我一定把仲子看作大拇指。但是,他怎么能叫作廉洁? 要推广仲子的所作所为,那只有把人变成蚯蚓之后才能办到。蚯蚓,在地面上便吃干土,在地面下便喝泉水。真正廉洁之士,仲子还不能比。为什么呢? 他所住的房屋,是像伯夷那样廉洁的人所建筑的呢? 还是像盗跖那样的强盗所建筑的呢? 他所吃的谷米,是像伯夷那样廉洁的人所种植的呢? 还是像盗跖那样的强盗种植的呢? 这个还是不知道的。"匡章觉得孟子未免责人太苛,便情不自禁地反驳道:"那有什么关系呢? 他亲自编草鞋,他妻子绩麻练麻,交换来的,这难道还不行吗?"孟子见匡章动了感情,也就不再巧为反说,直截了当地说出了自己的认识:"仲子是齐国的宗族大家,享有世代相传的禄田。他哥哥陈戴,从盖邑收入的俸禄就有几万石之多。他却以他哥哥的俸禄为不义之物,不去吃它;以他哥哥的房屋为不义之产,不去住它。避开哥哥,离开母亲,住在于陵。有一天回到家里,恰巧有一个人送给了他哥哥一只活鹅,他皱着眉头说:'要这种呃呃叫的东西做什么呢?'第二天,他母亲杀了这只鹅,给他吃。恰巧他哥哥从外面回来,就说:'这就是那只呃呃叫的东西的肉呀。'他便跑出门去,呕了出来。母亲的食物不吃,却吃妻子的;哥哥的房屋不住,却住在于陵,这能算是推广廉洁之义到了顶点吗? 像仲子这样的行为,如果要推广到顶点,只有把人变成蚯蚓之后才能办到。"[①]

孟子来到齐国,原来是想通过齐威王以实现其推行仁政于天下的理想,可他耐着性子在齐国一住几年,也没有得到齐威王的任用。他终于失去了耐性,觉得自己待在齐国,除了同匡章等人空谈"人道"外,不能有任何作为,那么齐国的环境再好,对实现自己的理想又有什么意义。于是他决心离开齐国,到其他诸侯国继续宣传他的仁政学说。当他准备动身离开齐国时,齐威王出于维护自己的声誉这一考虑,准备送给孟子上等金一百

---

① 原文见《孟子·滕文公下》。

镒①。但孟子坚辞不受,愤然而去。他的弟子陈臻对老师拒绝接受赠金很不理解,就忍不住问他为什么要这样做,他便很严肃地回答说:"我在齐国没有做我想做的事业,从道理上讲,接受齐王的礼物没有理由。没有什么理由却要送我一些钱,就是想用金钱收买我。哪有君子可以拿金钱收买的呢?"②

孟子的弟子们对他的解释不以为然,总觉得老师没有必要这么做,可孟子坚持认为,若没有理由就接受齐威王的赠金,便等于向别人乞讨而得,那么自己的做法就与那个欺瞒妻妾的齐国人的做法没什么两样。齐国有一个人,家里有一妻一妾。那丈夫每次外出,一定吃得饱饱地,喝得醉醺醺地回家。他妻子问他一道吃喝的是些什么人,据他说来,全都是一些有钱有势的人物。他妻子便告诉他的妾说:"丈夫外出,总是吃饱喝醉而后回来;问他同些什么人吃喝,全都是一些有钱有势的人物,但是,我从来没见过有什么显贵人物到我们家里来,我准备偷偷地看他究竟到了些什么地方。"第二天一清早起来,她便尾随在丈夫后面,走遍城中,没见有一个人站住同她丈夫说话的。最后一直走到东郊外的墓地,他走近祭扫坟墓的人那里,讨些残菜剩饭;不够,又东张西望地跑到别处去乞讨了——这就是他吃饱喝醉的办法。他妻子回到家里,便把这情况告诉他的妾,并且说:"丈夫,是我们仰望而终身倚靠的人,现在他竟是这样的,……"于是她两人便共同在家中咒骂、哭泣着,那丈夫还不知道,高高兴兴地从外面回来,仍向他的妻妾摆威风。这个故事,孟子的弟子们在齐国也曾听说过,现在突然听到老师重新谈起,一时悟不透老师的用意,便都以茫然的眼神望着老师,孟子遂向他们点明:"由君子看来,有些人用以乞求富贵显达的办法,能不使他妻妾引为羞耻而共同哭泣的,是很少的!"③

---

① 古代重量单位,以二十两为一镒。
② 原文见《孟子·公孙丑下》。
③ 原文见《孟子·离娄下》。

五　赴宋国路遇宋钘　话仁义一往情深

　　孟子离开齐国时,听说宋国想实行仁政。他一心想推行仁政于天下,一听到这个消息,他连宋国这么个小国是否能真正实行仁政这个问题都没有认真地想一想,便断然率领弟子们奔向宋国。

　　弟子万章觉得要在宋国推行仁政十分困难,甚至会招致齐、楚等大国的讨伐。在去宋国的途中,他把这个担心告诉了孟子,并向老师请问:"若宋国"行王政,齐楚恶而伐之,则如之何?"①对万章的提问,孟子没有正面回答宋国应如何抗击齐楚的攻击,他只是说了一套若行仁政,又何惧齐楚的大道理:"汤居住在亳地②,同葛国③为邻国,葛伯放肆得很,不守礼法,不祭祀鬼神。汤着人去问:'为什么不祭祀?'答道:'没有牛羊做祭品。'汤便给他以牛羊。葛伯把牛羊吃了,却不用来祭祀。汤又着人去问:'为什么不祭祖?'答道:'没有谷米做祭物。'汤便着亳地百姓去替他们耕种,老弱的人去给耕田的人去送饭。葛伯却带领他的百姓拦住那些拿着酒菜好饭的送饭者,抢夺他们的饭菜,不肯交出来的便杀掉他。有一个小孩去送饭和

---

　　①　《孟子·滕文公下》。

　　②　在今河南商丘北。

　　③　故城在今河南宁陵县北十五里。

肉,葛伯竟把他杀掉了,抢去他的饭和肉。《书》上说:'葛伯仇视送饭者',正是这个意思。汤就为着这一小孩的被杀来讨伐葛伯,天下的人都说:'汤不是贪图天下的财富,是为老百姓报仇。'汤的作战,便从葛国开始,出征十一次,没有能抗拒他的。向东方出征,西方的人便不高兴;向南方出征,北方的人便不高兴,说道:'为什么不先攻打我们这里?'老百姓盼望他,正和大旱年岁盼望雨水一样。作战时,做买卖的不曾停止过,锄地的不曾躲避过,杀掉那暴虐的君主,安慰那些可怜的百姓,这也和及时的雨水落下来一样,老百姓非常高兴。《书》也说过:'等待我的王! 王来了我们便不再受罪了!'又说:'攸国不服,周王便东行讨伐,来安定那些男男女女,他们也把黑色和黄色的捆好了的绸帛放在筐子里,请求介绍和周王相见,得到光荣,作大周国的臣民。这说明了周朝初年东征攸国的情况,官员们把那黑色和黄色的束帛装满筐子来迎接官员,老百姓便用竹筐盛饭,用壶盛酒浆来迎接士兵,可见周王的出师只是把老百姓从水火之中拯救出来,而杀掉那些残暴的君主罢了。《泰誓》①上说:'我们的威武要发扬,攻到邢国的疆土上,杀掉那残暴的君王,还有一些该死的都砍光,这样的功绩比汤还辉煌。'不实行仁政便罢,如果实行仁政,天下的人都抬起头盼望着,要拥护他来做君王,齐国楚国纵是强大,怕什么呢?"②

当孟子师生一行走到石丘③这个地方,遇见了到楚国去的宋钘,孟子问道:"先生准备往哪里去?"宋钘以主张寡欲、禁攻寝兵著名。他见孟子先主动向自己打招呼,便毫不隐瞒地将自己此行的目的告诉了孟子:"我听说秦楚两国交兵,我打算去谒见楚王,向他进言,劝他罢兵。如果楚王不听,我再打算去谒见秦王,向他进言,劝他罢兵。在两个国王中间,我总会有所遇合。"孟子听宋研说想去劝说秦楚罢兵,就说:"我不想问得太详细了,只想知道你的大意,你将怎样进言呢?""我打算说,交兵是不利的,"宋钘回答。孟子认为宋钘若这样进言,绝不会奏效,就善意地对宋钘说:"先

---

① 本为《尚书》中的一篇,其文早逸。现存《泰誓》(《孟子》作《太誓》)一文系后人伪作。
② 原文见《孟子·滕文公下》。
③ 一说在今河南旧卫辉府。

生的志向是很好的,可先生的提法却不行。先生用利来向秦王楚王进言,秦王楚王因为有利而高兴,于是停止军事行动,这就使得军队的官兵乐于罢兵是因为喜悦利。做臣子的抱着利的观念来侍奉君主,做儿子的抱着利的观念来服侍父亲,做弟弟的抱着利的观念来服侍哥哥,这就会使君臣之间、父子之间、兄弟之间完全去掉仁义,抱着利的观念来互相对待,如此而国家不灭亡,是没有的事情。若先生用仁义来向秦王楚王进言,秦王楚王因仁义而高兴,于是停止军事行动,这就会使军队的官兵乐于罢兵是因为喜悦仁义。做臣子的抱着仁义来侍奉君主,做儿子的抱着仁义来服侍父亲,做弟弟的抱着仁义来服侍哥哥,这就会使君臣之间、父于之间、兄弟之间都去掉利的观念,抱着仁义来互相对待,如此而国家不以德政统一天下的,也是没有的事情。为什么一定要说到'利'呢?"①

在石丘告别了宋钘之后,孟子师生一路来到了宋国的都城彭城。② 当时宋王偃"自立为王"不久。③ 他固然打出了行仁政的旗号,但他打这个旗号的真正用心,是为了消除他杀兄篡位的恶劣影响,并非真想以仁政治国安邦。况且,他毕竟太年轻。缺乏经验,根本就不知道如何着手推行仁政。而在他的周围,又太缺乏帮助他行仁政的贤臣。所以,孟子到宋国后,看不出宋国推行仁政的任何迹象,也就毫不足怪。可是,由于宋王偃晚年的那种荒淫无道的行径,④此时尚未表现出来,故孟子认为宋国之所以未能行仁政,主要的原因是宋王偃身边人才奇缺,无人告诉他欲行仁政,该如何进行。因此,孟子到宋国后,首先会见了宋王偃的近臣戴不胜,希望戴不胜把他的话转告宋王偃,让宋王偃真正认识到想在宋国行仁政,必须首先在身边安排大量的赞同行仁政的贤臣,若只靠一两个人出谋划策,绝对行不通。他对戴不胜说:"你想你的君王学好吗? 我明白告诉你。这里有位楚国的官员,希望他的儿子会说齐国话,那么,找齐国人来教呢? 还是找楚国人来

---

① 原文见《孟子·告子下》。
② 今江苏徐州市。又,当时宋国已由旧都商丘迁都彭城。
③ 宋君偃于公元前328年即位。即位的第十一个年头"自立为王"。
④ 《史记·宋微子世家》载,宋王偃"盛血以韦囊,县而射之,命曰'射天'。淫于酒、妇人。群臣谏者辄射之。于是诸侯皆曰'桀宋'。"

教呢?""找齐国人来教",戴不胜回答。孟子接着说:"一个齐国人教他,却有许多楚国人在打扰,纵使每天鞭打他,逼他说齐国话,也是做不到的;若带领他在临淄庄街岳里的闹市,住上几年,纵使每天鞭打他逼他说楚国话,也是做不到的。你说薛居州是个好人,要他住在王宫中,如果在王宫中的年龄大的小的、地位低的高的,都是好人,那王同谁干出坏事来呢? 如果在王宫中的,年龄大的小的、地位低的高的,都不是好人,那王又同谁干出好事来呢? 一个薛居州能把宋王怎么样呢?"①

在孟子看来,宋王偃既然想行仁政而又缺乏帮助他实现其愿望的人才,那么,一旦戴不胜将他的话转告宋王偃,宋王偃即便不礼贤下士,登门请教,也会主动召见他。但宋王偃内心真正看重的是霸道,②对热忱宣传王道的孟子,不可能有真诚的敬重,所以,他非但没亲临馆舍向孟子请教,也未主动召见孟子。孟子没有料到这一点,一下子陷入了困境:除非他主动拜见宋王偃,否则,他将失去向宋玉偃当面宣传其王道思想的机会。这委实让孟子犯难:他到宋国来,就是为了向宋王偃陈述自己对如何行仁政的建议,如果见不到宋王偃,他待在宋国又有什么意义。可现在若要见到宋王偃,就只有自己放下尊严,主动地去谒见宋王偃。孟子毕竟是一个价值境界甚高的儒家大师,他把个人的人格独立看得很重,所以思之再三,他宁可失去同宋王偃见面的机会,也不愿意置自己尊严于不顾,自己主动去拜见宋王偃。他的弟子们对他的这个决定都不理解,就推举公孙丑去请问他:"您不主动去谒见诸侯,是什么道理?"孟子明白公孙丑这是婉转问他为什么不主动谒见宋王偃,就严肃地回答说:"在古代,一个人如果不是诸侯的属臣,就不去谒见。魏文侯去看段干木,段干木却跳墙躲开了;鲁穆公去看泄柳,泄柳关着大门不接待,这些做得过分;如果逼着要见,也可以相见。阳货想要孔子来看他,又不愿自己失礼。按当时的礼节大夫对士有所赏赐,士如果不在家,不能亲自接受拜谢,就得再亲自去大夫家里答谢。因

---

① 原文见《孟子·滕文公下》。
② 据《史记·宋微子世家》载,宋王偃同样重霸道,他曾"东败齐,取五城;南败楚,取地三百里;西败魏军,乃与齐、魏为敌国。"

此阳货探听到孔子外出的时候,给他送去一个蒸小猪;孔子也探听到阳货不在家,才去答谢。在这个时候,阳货若先去看孔子,孔子哪会不去看他?曾子说:'竦起两肩,做着讨好的笑脸,这比夏天在菜地里干活还要累。'子路说:'分明不愿意同这个人来谈。却勉强和他说话,脸上又表现出惭愧的颜色,这种人,我是不赞成的。'从这里看,君子怎样培养自己的品德情操,就可以知道了。"[①]

虽然孟子不愿自己先主动谒见宋王偃,但也没有因为宋王偃不主动召见他就很快离开宋国,毕竟是为宣传王道来到宋国,他实在不甘心轻易地失去有可能获得的机遇。可继续待在宋国,又如何着手进行宣传工作呢?他想,宋王偃不主动召见自己,可他的几个大臣却主动前来请教,我何不因势利导,向他们做宣传,通过他们间接地影响宋王偃。基于这样的考虑,在逗留宋国的一年多时间内,孟子积极地向几个能接近宋王偃的大臣做宣传,多次同他们讨论在宋国实施仁政的具体办法。孟子明确告诉他们,要在宋国行仁政,关键是要解决好税收问题,应减轻税收,税率十分抽一,并免除关卡和商品的赋税。孟子还鼓舞他们说,只要宋国真的实行了这种税收政策,天下人都闻风跑到宋国来,还怕宋国不能很快强大吗?

大臣们及时地向宋王偃汇报了孟子的主张。宋王偃本是想打着行仁义的旗号以谋取最大的利益,现在照孟子的说法,要行仁政,反倒先要减少税收,损失许多利益,他又岂能痛痛快快地照孟子的话去做。但他暂时又不想让孟子明显觉察出他所谓行仁政只是个幌子,遂令大夫戴盈之设法敷衍孟子。戴盈之奉命特意去见孟子。以自己的口气对孟子说:"税率十分抽一,免除关卡和商品的赋税,今年还做不到,预备先减轻一些,以待明年。如果明年试行后未出现什么麻烦,然后再完全实行,怎么样?"孟子一听。就知道这是奉宋王偃之命来敷衍他,不由地胸中怒起,以激烈的语气回答戴盈之说:"现在有一个人每天偷邻人一只鸡,有人告诉他说:'这不是正派人的行为。'他就说:'预备减少一些。光每一个月偷一只,等到明年,然

① 原文见《孟子·滕文公下》。

心通孟子

后完全不偷。'如果晓得这种行为不合道理,便赶快停止算了,为什么要等到明年呢?"①

　　孟子以这样激烈的语气答复戴盈之,似乎不近人情,也有点不切实际。但由此正可以看出他对王道政治的情感既真诚又热诚,迫切希望实行王道政治。正因为如此,所以一听到戴盈之说出立即在宋国行仁政有困难,他便气不可忍,同时深深地感到宋国君臣实际上根本就没有想行仁政的诚意。孟子认为,国家再小,也可以实行仁政,但在小国行仁政,比在大国行仁政毕竟要困难得多,因而执政者更需要有十分的热诚、果断与毅力。宋国的君臣既然对行仁政缺乏诚意,如此敷衍马虎,毫无干大事的果断与毅力,又怎么能依靠宋国的君臣成就仁政大业呢? 既然在宋国已看不到成功的希望,自己又何必继续待在宋国呢? 心存这种想法,打算离开宋国的念头,也就很自然地在孟子心中产生了。

---

　　①　原文见《孟子·滕文公下》。

六　绝粮薛邑悲困顿　断炊邹国叹人生

正当孟子准备离开宋国时,滕国太子①因到楚国去,途经宋国,得以遇见孟子。当时尚为太子的滕文公,见孟子"言必称尧舜",②便对他肃然起敬,虚心向他请教做人的道理。孟子觉察到太子很虚心,敬重自己也很真诚,就专为他阐述了"人性本善"的大道理。"人性本善"的道理,深深地打动了太子,使他在去楚国的路上,总是反反复复地琢磨着孟子的话:人性本是善良的,无论是什么人,只要能扩充其本有的善性,就可以成为尧舜。愈琢磨愈觉得孟子的话十分深刻,以至于因觉得它太深刻而对它的普遍适用性发生了怀疑,总认为自己虽身为太子,亦难以成为尧舜,何况芸芸众生。带着这个疑问,他从楚国回来时,又特意拜访了孟子,请求孟子进一步指教。孟子深知太子之所以产生怀疑,根源在于他对自己可以成就圣人人格失去信心,便充满热情地鼓励他说:"太子怀疑我的话吗? 天下的真理就这么一个。成覸③对齐景公说:'他是个男子汉,我也是个男子汉,我为什么怕他呢?'颜渊④说:'舜是什么样的人,我也是什么样的人,有作为的人也

---

①　即后来当政的滕文公。
②　《孟子·滕文公上》。
③　成覸(jiàn)为齐国的勇臣。
④　颜渊系孔子最得意的弟子。

会像他那样。'公明仪①说:'文王是我的老师,周公也是应该信赖的。'现在的滕国,若把土地截长补短,拼成正方形,每边之长也将近五十里,还可以治理成一个好国家。《书经》上说:'如果药物不能使人吃得头昏脑涨,那种病是不会痊愈的。'"②孟子的鼓励,深深感动了滕国太子,给他留下了既深刻又温馨的记忆,使他从此难以忘却这位可亲可敬的师长。

送别滕国太子之后不久,孟子也离开了让他失望的宋国。动身离开宋国前,宋王偃送金七十镒,他没有推辞,完全接受了。可当他收了赠金上路时,对该去哪一个诸侯国,他一时又拿不定主意,只好先取道回邹国,打算回到故乡后再选择。回邹国必经薛邑。③ 走到薛邑,孟子感到身心都很疲倦,就住了下来。薛邑那时虽为齐国南疆的重镇,但毕竟是个小城,人口不多。孟子待在那里,不要说有所作为,连向他请教的人也难得碰到,最后甚至陷入了绝粮的困境④。以前无论在齐国还是在宋国,虽然没有被重用,但他从未饿过饭,而且还经常有人主动前来拜访他,向他请教。现在连登门求教的人也见不到,他再自信,也不能不感到寂寞,空叹无奈。唯有在此时,从不气馁的孟子,才深深地体会到孔子当年何以会感叹:"没有人知道我呀!"

深感现实无奈的孟子,在薛邑只待了几个月,便带领弟子们踏上了回故乡的道路。临行前,守卫薛邑的齐国大夫,送金五十镒,他仍然未作出任何推辞就收下了。早先齐威王馈赠上等金百镒⑤,他坚辞不受,弟子们毫无怨言。后来来王偃只赠金七十镒,他反倒接受了,弟子们虽感到奇怪,亦不敢多言。现在连齐国大夫送的五十镒金,他也收了下来,弟子们越发难以理解,终于忍不住要向他问个所以然。陈臻胆大,站出来问道:"如果过去的不接受是正确的,那今天的接受便错了;如果今天的接受是正确的,那过去的不接受便错了。二者之中,老师一定有一个错误。"就逻辑而言,二

---

① 公明仪系曾子的弟子。
② 原文见《孟子·滕文公上》。
③ 故城在今山东藤县南。
④ 应劭《风俗通义·穷通》记载云:孟子"绝粮邹薛,困殆也"。
⑤ 古时所谓"金"非指今日的"黄金",实际上是指铜。

种截然相反的选择,不可能都是正确的。所以,陈臻的这一提问,实际上把孟子推向了两难的境地,迫使他不得不承认自己的行为有错。可孟子却毫不犹豫地回答"都是正确的"。这太出乎弟子们的意料,一下子都不知如何进一步请教。望着弟子们那困惑的眼光,孟子解释说,不接受齐威王的赠金,是因为没有理由就接受下了,岂不等于我甘心被别人用金钱收买。这个话,在离开齐国时,我说过,想必你们都还记得。至于后两次又接受了赠金,那是因为有了可以接受的理由。"当在宋国的时候,我准备远行,对远行的人一定要送些盘费,因此他说:'送上一点盘费吧。'我为什么不受?当在薛的时候,我听说路上有危险,须要戒备,因此他说:'听说你须要戒备,送点钱给您买兵器吧。'我为什么不受?"①

　　从薛邑回到邹国后,孟子身体上的疲劳很快得以恢复,但精神上的创伤却难认马上平复。回想他四十多岁出游齐国时,对实现自己的理想,他是那么的充满信心,对宣传王道政治,他又是那么的满腔热忱,可七八年过去了,除了一再体味失望的滋味,他一无收获,毫无建树。回首往事,他深感自己对现实无可奈何,竟变得悲观,不愿再去游说诸侯了。

　　弟子们深知悲观、消沉非老师的人格本色,如果听之任之,长久了会对老师的身心造成极大的损害,便纷纷前来劝说他。万章直截了当地问道:"请问不去谒见诸侯,这是什么道理呢?"孟子答道:"不曾有过职位的人,如果居住于城市,便叫作市井之臣;如果居住于田野,便叫作草莽之臣,这都叫作老百姓。老百姓不致送见面礼物而为臣属,不敢去谒见诸侯,这是合理的。"万章又问:"老百姓,召唤他去服役,便去服役;君主若要同他会晤,却不去谒见,这又为什么呢?"孟子回答说:"去服役,是应该的;去谒见是不应该的。"说到这里,他突然一转话头,反问万章:"君主想去同他会晤,为的是什么呢?"万章答道:"为的是他见闻广博,为的是他品德高洁。"孟子说:"如果为的是他见闻广博,那便当以他为师。天子还不能召唤老师,何况诸侯呢? 如果为他的品德高洁,那我也不曾听说过想要同贤人相

　　① 　原文见《孟子·公孙丑下》。

见却随便召唤的。"万章见老师决不松口,难以乘机劝说,就使出了绝招,尖锐地问道:"孔子一听说是国君的召唤,不等车马驾好自引更先行走了,那么,孔子错了吗?"孟子答道:"那是因为孔子正在做官。有职务在身,国君用他担任的官职去召唤他。"①陈代一直在旁边听着,见老师不听万章的劝说,总是强调自己既无官在身,就没有责任和义务去谒见诸侯,便忍不住走上前说道:"不去谒见诸侯,似乎只是拘泥于小节吧;如今一去谒见诸侯,大呢,可以实行仁政,统一天下;小呢,可以改革局面,称霸中国。而且古书上说②:'所曲折的譬如只有一尺,而所伸直的却有八尺',好像可以干一干吧"。孟子回答说:"从前齐景公田猎,用有羽毛装饰的旌旗来召唤猎场管理员,管理员不去,景公便准备杀他。可他并不因此而畏惧,因而曾得到孔子的称赞。因为有志之士坚守贞操,不怕死无葬身之地,弃尸山沟;勇敢的人见义而为,不怕丧失脑袋。孔子对于这一猎场管理员取他哪一点呢? 就是取他不是自己所应该接受的召唤之礼,他硬是不去。假定我竟不等待诸侯的召唤便去,那又是怎样的呢? 而且你所说曲折的只有一尺,所伸直的却有八尺,这完全是从利益的观点来考虑的。如果专从利益来考虑,那么,所曲折的有八尺,所伸直的却只有一尺,也有利益,也可以干干么? 从前,赵简子命令王良③替他的宠幸小臣叫奚的驾车去打猎,整天打不着一只鸟。奚向赵简子回禀说:'王良是个拙劣的驾车人。'有人把这话告诉了王良,王良说:'希望再来一次。'奚勉强答应了,一个早晨便打中十只鸟。奚又回禀说:'王良是一个高明的驾车人。'赵简子说:'那么,我就叫他专为你驾车。'同王良说,王良不肯,说道:'我给他依规矩奔驰,整天打不着一只;我给他不照规矩驾车,一个早晨便打中了十只。可《诗经》上说,按照规矩而奔驰,箭一放便破的。我不习惯替小人驾车,这差事我不能担任。'驾车人尚且以同坏的射手合作为可耻,这种合作得到禽兽纵是堆积如山,也不肯干。假定我们屈辱自己的志向而追随诸侯,那又是为什么呢? 而且

---

① 原文见《孟子·万章下》。

② 原文中此处作"《志》曰"。然《志》为何书,今已不可考。

③ 人名,此人以善于驾车闻名。

你错了,自己不正直的人从来没有能使别人正直的。"①

陈臻也在旁边听着,他见师兄师弟都没能说服老师,就换一个角度问道:"那么,古代的君子要怎样才出来做官?"孟子答道:"就职的情况有三种,离职的情况也有三种。有礼貌恭敬地来迎接,对他的言论,又打算实行,便就职。礼貌虽未衰减,但言论已不实行了,便离开。其次,虽然没有实行他的言论,但很有礼貌很恭敬地来迎接,也可就职。礼貌衰减,便离开。最下的是早晨没有吃,黄昏也没有吃,饿得不能够走出住屋,君主知道了,便说,'我上者不能实行他的学说,又不听从他的言论,使他在我国土上饿着肚子,我引为耻辱。'于是周济他,这也可以接受,免于死亡罢了。"②

虽然孟子觉得自己既无官职,就没有义务听从诸侯的召唤,但他回到邹国后,毕竟是靠邹穆公的馈赠生活。所以,对邹穆公的召见,他又不能不听从。但他头脑清醒,始终不忘自己这么做只是"免死而已",完全是为了生存计,决不能乘机做出屈辱自己的事情。因此,每当同邹穆公相见,他都能直叙己见,决不为了讨邹穆公的好感而顺着他的意图说话。有一次,邹国在与鲁国的冲突中吃了大亏,邹穆公为此心里很不痛快,为了发泄不快,邹穆公特意召来了孟子,对他说:"这一次冲突,我的官吏牺牲了三十三个,老百姓却没一个为他们死难的。杀了他们罢,杀不了那么多;不杀罢,他们瞪着两眼看着长官被杀却不去营救,实在可恨,怎么办才好?"孟子当然明白邹穆公希望他提出一个惩治老百姓的办法来,但他实在不愿意为满足邹穆公泄愤的心理而昧着良心说话,就直率地回答说:"当灾荒年岁,您的百姓,年老体弱的弃尸于山沟荒野之中,年轻力壮的便四处逃荒,这样的人近千;而在您的谷仓中堆满了粮食,库房里装满了财宝,这种情形,您的有关官吏谁也不来报告,这就是在上位的人不关心老百姓,并且还残害他们。曾子曾经说过:'提高警惕,提高警惕!你怎样去对待人家,人家将怎样回报你。'现在,您的百姓可得着报复的机会了。您不要责备他们吧!您如果实行仁

---

① 原文见《孟子·滕文公下》。
② 原文见《孟子·告子下》。

政,您的百姓自然就会爱护他们的上级,情愿为他们的长官牺牲了。"①

邹穆公原以为孟子即便拿不出惩治老百姓的办法来,也会对他的不幸表示同情,不料却遭到孟子的批评,说他所以有此不幸咎在邹国未实行仁政。忠言逆耳,正在气头上的邹穆公,听了孟子的批评,不禁胸中怒起,竟下令停止对孟子的馈赠。孟子本无多少积蓄,馈赠突然中断,使他在生活上很快陷入困境,以至于再度绝粮挨饿。幸亏季任②此时为和孟子交友,送来了钱物,他才得以暂时摆脱生活上的困境。接受季任的钱物时,孟子没有回报。③ 过了一段时间,为了致谢,他专程从邹国到任国,拜访了季任。这个举动,让他的弟子们费解。过去逗留平陆④的时候,储子⑤为交友送来了礼物,孟子接受了却不回报。而且,当他从平陆来到齐国都城临淄,亦不去拜访储子。现在他却为致谢专程赴任国拜见季任。

屋庐子注意到了孟子这一前后行为的不一致,高兴地说:"我终于找到老师的岔子了!"一边说,一边兴冲冲地跑去问孟子:"老师到任国,拜访季子,到齐都,不拜访储子,是因为储子只是卿相吗?"孟子知道屋庐子对他有误解,就认真地回答说:"不是。《尚书》说过,'享献之礼可贵的是仪节,如果仪节不够,礼物虽多,只能叫作没有享献,因为享献人的心意并没有用在这上面'。这是因为他⑥没有完成那享献的缘故。"听了老师的说明,屋庐子为弄明白了其中的道理感到很高兴。见他高兴的样子,有人就问他何以如此情不自禁。他回答说:"季子不能够去邹国,储子却能够亲身去平陆。"⑦言下之意是说,储子能去平陆却不亲自去平陆送礼,岂不是送礼的心意不够真诚。听了屋庐子的回答,那人终于明白,屋庐子之所以高兴,是因为他消除了对老师的误解,更深刻地感受到了老师人格的不寻常之处。

---

① 原文见《孟子·梁惠王下》。
② 季任系任国(在今山东济宁市)君主的弟弟。此时留守任国,代理国政。
③ 想必是无财力加以回报。
④ 故城在今山东汶上县。
⑤ 此人曾任齐国的卿相。
⑥ 此处当代指储子。
⑦ 原文见《孟子·告子下》。

七　助滕国推行仁义　驳许行卫护分工

　　孟子终究是一个胸怀大志的儒家大师,他虽然口头上表示不愿出去游说诸侯,但内心深处一刻也没有泯灭他的理想。身处动乱的社会,面对政治的腐败、民生的困苦,他又怎能熟视无睹、甘心沉郁? 只是缺乏机会罢了。一旦机会到来,他那悯人救世的热血立刻就会沸腾。

　　机会终于来到了。就在孟子陷入生活困境,备感冷落的时候,滕定公去世,太子即位,循制称文公。滕文公没有忘却曾给予他谆谆教诲的孟夫子,一即位,便首先想起了他。滕文公对自己的师博然友说:"过去在宋国,孟子给我谈了许多,我心里一直不曾忘记。今日不幸得很,遭了父丧,我想请你到孟子那里问问,然后再办丧事。"然友于是来到邹国,去问孟子。孟子说:"好得很呀! 父母的丧事,本应该自动地尽心竭力的。曾子说过:'当他们在世的时候,依礼去侍奉;他们去世了,依礼去埋葬,依礼去祭祀,这可以说是尽孝了。'诸侯的礼节,我虽然不曾学习过,但也听说过。实行三年的丧礼,穿着粗布缉边的孝服,吃着稀粥,从天子到老百姓,夏、商、周三代都是这样的。"

　　然友回国复命,滕文公便照孟子所说,决定实行三年的丧礼。滕国的父老官吏都不愿意,纷纷反对说:"我们的宗国鲁国的历代君主没有实行过，我们历代的祖先也没有实行过，到你这一代便改变了祖先的做法，是不应该的。而且古书上说过，丧礼祭礼一律依从祖宗的规矩。这是我们应当继承的传统。"

滕文公就对然友说："我过去不曾搞过学问，只喜欢跑马舞剑。今日，我定要实行三年之丧，父老们官吏们都对我不满，恐怕这一丧礼不能够使我尽心竭力，你再替我去问问孟子罢。"然友就又到邹国问孟子。孟子说："嗯！这是不能够求于别人的。孔子说过：'君主死了，太子把一切政务交给大臣，喝着粥，面色深黑，就临孝子之位便哭，大小官吏没有人敢不悲哀，因为太子亲身带头的缘故。'在上位的有什么爱好，在下面的人一定爱好得更厉害。君子的德好像风，小人的德好像草，风向哪边吹，草就向哪边倒。这件事完全决定于太子。"

然友向滕文公回禀。滕文公说："对！这应当决定于我。"于是滕文公居于丧庐中五月，不曾颁布过任何命令和禁令。官吏们同族们都很赞成，认为知礼。等待举行葬礼的时候，四方的人都来观礼，滕文公容色的悲惨，哭泣的哀痛，使来吊丧的人都非常满意。①

滕文公敬重他，孟子早有知晓，并不感到惊异，但滕文公能不折不扣地依照他的指教行事，却委实让他感到有点意外。在诸侯那里，孟子碰到的软钉子实在太多了，这之前从未遇到一个诸侯像滕文公那样，真心愿意遵从他的指教。现在遇到了滕文公，既敬重他，又愿意照他的指教行事，他还有什么可犹豫的呢？所以，当他一听说滕文公已照他的话出丧和举行丧礼，就觉得实现自己理想的机会来到了，果断地做出了出游滕国的决定。

孟子到滕国后，起先住在上宫。② 恰好此时，有一只没有织成的草鞋在窗台上不见了，上宫中人寻找不着。有人就问孟子说："像这样，是跟随您的人把它藏起来了吧？"孟子听了，觉得好笑，遂讥刺道："你以为他们是为着偷草鞋而来的吗？"那人傻乎乎的，听不出孟子此问包含讥讽，还认真

---

① 原文见《孟子·滕文公上》。
② 关于"上宫"，前人行有三种解释，或谓"别宫"，或谓"楼"，成谓"上等之馆舍"。此照抄原文，盖于此三说难以抉择也。

地回答说:"大概不是的。不过,您老人家设科教授,对学生的态度是去的不追问,来的不拒绝。只要他们怀着学习的心来,您便接受不拒。"①说到这里,那人突然打住了,可孟子心里明白他下面想说的是:您收的学生难免良莠不齐。

碰到这样一个不可理喻的人,孟子还有什么好说的呢,只能以不屑为辩表示自己的不满。弟子们知道了此事,都愤愤不平,问老师为什么不痛斥那人的无礼。孟子口气温和地告诉弟子们说:"每个人都有不忍心干的事,把它扩充到所忍心干的事上,便是仁;每个人都有不肯干的事,把它扩充到所肯干的事上,便是义。换句话说,人能够把不想害人的心扩而充之,仁便用不尽了;人能够把不挖洞跳墙的心扩而充之,义便用不尽了;人能够把不受轻贱的实际言行扩而充之,以至所言所行都不会招致轻贱,那无论到哪里都合于义了。一个士人,不可以同他谈论却去同他谈论,这是用言语来诱他以便自己取利;可以同他谈论而不去同他谈论,这是用沉默来诱他以便自己取利,这些都是属于挖洞跳墙这一类的。"②听了老师的教诲,弟子们才明白,孟子所以不屑辩白,是因为他实在不愿意同一个只配谈论挖洞跳墙的家伙多费口舌,以免失去士人的身份,因为对于士人来说,唯有谈论"仁义"才是不可推卸的责任。

滕国是个十分弱小的国家,它北邻邹国,南连齐国南疆重镇薛邑,处于齐(北方)楚(南方)之间,无时不感到齐楚的军事威胁。因此,对齐楚究竟应采取怎样的外交政策,就成为滕国君主不可不正视的最大难题。所以,在滕国一见到孟子,滕文公首先问他对解决这个难题有何意见。滕文公问道:"滕国国小势弱,处在齐国和楚国中间,是服侍齐国好呢,还是服侍楚国好呢?"孟子精通王道政治,但他不擅于也不屑于像苏秦、张仪辈那样,以"合纵"、"连横"一类的办法求得各诸侯国之间的暂时的和平,于是他老老实实地对滕文公说:"这个问题不是我的能力所能解决的",明确表示他无能力为滕文公解决这个外交上的难题。可是,他不想使滕文公太失望,就

---

① 原文见《孟子·尽心下》。

② 原文见《孟子·尽心下》。

又对他说:"如果您定要我谈谈,那只有一个主意:把护城河挖深,把城墙坚固,同百姓一道来保卫它,宁可献出生命,百姓都不离开,那就有办法了。"①

孟子的这个意见十分幼稚,滕文公一听也就不便再追问下去。可身为一国之主,滕文公毕竟不敢对如何在强国的威胁下求生存这个滕国最大难题掉以轻心。不久,他又向孟子提出这个问题,不过在提法上比较笼统,不像前一次提得那么具体。滕文公问道:"滕是个弱小的国家,尽心竭力地服侍大国,仍然难免于祸害,应该怎么办才行?"

孟子见滕文公再度提出怎样才能保住滕国这个问题,知道他对自己上一次的回答不满意,就有意识地改变说话方式,尽量说得透彻和具体些。他说:"古时候太王居于邠地,狄人来侵犯他。太王用皮裘和丝绸去孝敬他,狄人没有停止侵犯;又用珍珠宝玉去孝敬他,狄人还是没有停止侵犯。太王便召集邠地的长老,向他们宣布:'狄人所要的是我们的土地。土地只是养人之物,我听说过;有道德的人不能为养人之物反而使人遭到祸害。你们何必害怕没有君主呢? 我准备离开这儿,免得你们受害。'于是离开邠地,越过梁山,在岐山之下重新建筑一个城邑定居下来。邠地的百姓说:'这是一位有仁德的人呀,不可以抛弃他。'追随而去的好像赶集一样的踊跃。"说到这里,孟子转了话题,继续说道:"也有人这么说:'这是祖宗传下来教我们子孙代代应该保守的基业,不是我本人所能擅自做主而把它舍弃的。宁可献出生命,也不要离开。"'说完了这番话,孟子甚至特意提醒滕文公:"以上两条道路,您可以择取其中的任何一条。②"

孟子指出这两条道路,让滕文公在"去"与"守"之间做出选择,对滕国公来说,不啻空论,没有什么现实意义,因为无论是迁都还是固守旧部,对地域狭小的滕国来说,一样难以避开齐楚的威胁。但这一次孟子毕竟提出了具体的意见,这使滕文公产生了一个错觉,以为孟子可能亦精通守土护疆的兵略,只要他乐意谈,他就能提出御敌保土的中前意见。于是滕文公

---

① 原文见《孟子·梁惠王下》。
② 原文见《孟子·梁惠王下》。

又召见了孟子,对他说:"齐国人准备加强薛邑的城池,我很害怕,您说怎么办才好?"孟子当然明白滕文公害怕齐国加强其南疆重镇薛邑是为灭滕作准备;而向他说出这个担心,显然是希望他想一个防御齐国入侵的具体办法。但孟子想不出什么好办法,他只能告诉滕文公除了行仁政以顺应天命,别无其他良法。他说道:"从前太王居于邠地,狄人来侵犯。他便避开,搬到岐山之下定居下来。这不是太王主动选择而采取的办法,实在是不得已呀!要是一个君主能实行仁政,即便他本人没有成功,他的后代子孙一定会有成为帝王的。有德君子创立功业,传之子孙,正是为着一代一代地能够承继下去。至于能不能成功,也还得依靠天命。您怎样去对讨齐人呢?只有努力实行仁政罢了。"①

经过几次交谈,滕文公终于清醒地认识到,孟子精通的是王道政治,若希望从他那里获得霸道方术,简直是白日做梦。想透了这一点,滕文公便不再向孟子请教如何御敌守土,而是侧重向他请教如何以仁政治国。这正是孟子希望听到的和乐意深谈的,故他以极大的热忱回答滕文公的请教,尽心竭力为滕文公在滕国行仁政出谋划策。滕文公问他如问治理国家。他回答说要以"仁"治理国家,从关心百姓做起:"关心人民是最为急迫的任务。《诗经》上说:'白天割取茅草,晚上绞成绳索,赶紧修缮房屋,到时播种五谷。'人民有一个基本的情况:有一定的产业收入的人才有一定的道德观念和行为准则。若没有一定的道德观念和行为准则,就会胡作非为违法乱纪,什么事都干得出来。等到他们犯了罪,然后去加以处罚,这等于陷害,哪有仁爱的人坐了朝廷却做出陷害老百姓的事情的呢?所认贤明之君一定认真办事、节省用度、有礼貌地对待臣下,尤其是征收赋税要有一定的制度。阳货曾经过说:'要发财致富便不能仁爱,要仁爱便不能发财致富。'"说到这里,滕文公插话道:"您能把税收制度说得详细些吗?"

孟子回答说:"古代的税收制度大致如此;夏代每家五十亩地而行'贡'法,商前每家七十亩地而行'助'法,周朝每家一百亩地而行'彻'法。

三种税制虽然不同，税率都是十分抽一。'彻'是'通'的意思，因为在不同的情况下须要通盘计算才能贯彻十分之一的税率；'助'是借助的意思，因为要借助人民的劳力来耕种公有土地。古代一位贤者说过：'田说最好是助法，最不好是贡法。'贡法是比较若干年的收成得一个定数。不分丰收和灾荒，都按这一定数来征收。丰收年成，到处是谷物，多征收一点也不算苛暴，却并不多收；灾荒年成，每家的收获量甚至还不够第二年肥田的用费，也非收满那一定数不可。一国的君主号称百姓的父母，却使百姓整年地辛苦劳动，而结果是连养活爹娘都不能够，还得借高利贷来凑足纳税数字，终于一家老小抛尸露骨于山沟之中，那么作为百姓父母的作用又在哪里呢？做大官的都有一定的田租收入，子孙相传，这一办法，滕国早就实行了，为什么百姓都不能有一定的田地收入呢？周朝的一篇诗上说：'雨先下到公田里，然后再落到私田！'只有助法才有公田，由此看来，就是周朝，也是实行助法的。""那么，确定了税收制，使人民的生活有了着落，还需要干什么事呢？"滕文公又一次插话。孟子回答说："便要兴办'庠''序''学''校'来教育他。'庠'是教养的意思，'校'是教导的意思，'序'是陈列的意思，陈列实物以便实施实物教育。地方学校，夏代叫'校'，商代叫'序'，周代叫'庠'；至于大学，三代都叫'学'。那目的都是阐明并教导人民以人与人间的各种必然关系以及相关的各种行为准则。人与人的关系以及行为准则，诸侯卿大夫都明白了，小百姓自然会亲密地团结在一起。如果有圣王兴起，一定会来学习仿效，这样便做了圣王的老师。《诗经》上又说：'岐周虽然是一个古老的国家，国运却充满着新气象。'这是赞美文王的诗句。你努力实行吧，也来使你的国家气象一新！"①

孟子的这一回答，借助《诗经》的文学语言，把美化了的夏商周制度作为实在的历史经验介绍给滕文公，鼓励滕文公仿效夏商周的做法，尤其是仿效商周，在税收上实行"助"法。但夏商周年代毕竟太遥远，滕文公即便想效法，对如何实施"助"法一时亦理不出头绪，故几天后他派大臣毕战去

---

① 原文见《孟子·滕文公上》。又，问答中的两处滕文公插话，不见于原文，系本书作者为方便叙述计，据原文意思而增。

向孟子请问井田制。井田制是实行"助"法的保证,因而在孟子看来,它就是仁政的基础。所以,见毕战奉命向自己请教井田制,孟子就知道滕文公已经下定决心要在滕国行仁政,遂十分具体地告诉毕战如何着手推行仁政,同时加以鼓励。他热情地说:"你的君主准备实行仁政,选择你来问我,你一定要好好干!实行仁政,一定要从划分整理田界开始。田界划分得不正确,井田的大小就不均匀,作为俸禄的田租收入也就不会公平合理,所以暴虐的君王以及贪官污吏一定要打乱正常的田间限界。田间限界正确了,分配人民田地,制定官吏的俸禄,都可以毫不费力地做出决定了。"

"滕国的土地狭小,却也得有官吏和劳动人民。没有官吏,便没有人管理劳动人民;没有劳动人民,也没有人养活官吏。我建议:郊野用九分抽一的助法,城市用十分抽一的贡法。公卿以下的官吏一定有供祭祀的圭田,每家五十亩,如果他家还有剩余的劳动力,每一个劳动力再给二十五亩。无论埋葬或者搬家,都不离开本乡本土。共一井田的各家,平时出入,互相友爱;防御盗贼,互相帮助;一有疾病,互相照顾,那么百姓之间便亲爱和睦了。办法是:每一方里的土地为一个井田,每一井田为九百亩,当中一百亩是公有田,以外八百亩分给八家作私田。这八家共同来耕种公有田。先把公有田耕种完毕,再来料理私人的事务,这就是区别官吏与劳动人民的办法。这不过是一个大概,至于怎样修饰调度,那就在于你的君主和你本人了。"[①]

滕文公果真听从了孟子的指教,在滕国实行仁政。这一举措,引起了各个学派的关注,一时间不少士子闻风而至。许行"自楚之滕";陈相与其弟"自宋之滕"。许行研究神农氏的学说,主张"贤者与民并耕而食",他和其弟子十几个人,都穿着粗麻织成的衣服,以打草鞋、织席子为生。陈相的老师是陈良。孔子死后,儒家分为八派,其中有一派称作仲良氏之儒。这个仲良氏,就是指陈良。作为陈良的门徒,陈相原本尊崇孔子,相信亲自耕种,难免忍饥挨饿,唯有刻苦读书才能做官吃俸禄,不会挨饿。但见到许行

---

① 原文见《孟子·滕文公上》。

之后,陈相对许行的学说十分信服,就完全抛弃他从前信服的儒家学说而师事许行。师事许行后,陈相来看孟子,向他转述了许行的话:"滕君确实是个贤明的君主,虽然如此,但也还不真懂得道理。贤人要和人民一道耕种而食;自己做饭,而且也要替百姓办事。如今滕国有储谷米的仓廪,存财物的府库,这是损害别人来奉养自己,又怎么能叫作贤明呢?"①

孟子认为许行的看法实质上是不承认社会分工的必要性与合理性,遂明确表示万难苟同。这使正狂热地信奉许行学说的陈相感到恼火,便不顾礼节,与孟子激烈地争辩起来。孟子并不激动,儒家大师的风范依旧。他不紧不慢地问道:"许子一定自己种庄稼才吃饭吗?"

陈相答道:"对"。

"许子一定自己织布才穿衣吗?"

"不!许子只穿粗麻织成的衣服。"

"许子戴帽子吗?"

答道:"戴。"

孟子问:"戴什么帽子?"

答道:"戴白绸帽子。"

孟子问:"自己织的吗?"

答道:"不,用谷米换来的。"

孟子问:"许子为什么不自己织呢?"

答道:"因为妨碍庄稼活。"

孟子问:"许子也用锅甑做饭,用铁器耕田吗?"

答道:"对。"

"自己做的吗?"

答道:"不,用谷来换来的。"

---

① 原文见《孟子·滕文公上》。

孟子反复提问,正是为了让陈相亲口说出许行也免不了要靠交换获得必需的生产工具和生活日用品。所以,待陈相再一次说出许行用谷米交换生活用品、生产工具时,他觉得目的已达到了,是开始反驳的时候了,就立即改变了问话方式,一连追问几个为什么:

"农夫用谷米换取锅甑和农具,不能说是损害了瓦匠铁匠,那么,瓦匠铁匠用锅甑和农具来换取谷米,难道说是损害了农夫吗?而且许子为什么不亲自烧窑冶铁,做成各种器械,什么东西都储备在家中随时取用?为什么许子要这样那样一件件地和各种工匠做买卖?为什么许子这样不怕麻烦?"

陈相答道:"各种工匠的工作本来不是一方面耕种一方面能同时干得了的。"

孟子正等着陈相这么回答。① 故当陈相刚答完话,他马上接过话题,开始从正面阐述自己关于社会分工的必要性与合理性的理论:

"那么,难道管理国家就能一方面耕种一方面又能同时干好政事吗?可见必须分工。有官吏的工作,有小民的工作。只要是一个人,各种工匠的成品对他都是不可缺少的,如果一件件东西都要自己制造出来才去用它,这是率领天下的人疲于奔命。所以我说,有的人劳动脑力,有的人劳动体力;脑力劳动者统治人,体力劳动者被人统治;被统治者养活别人,统治者靠人养活,这是通行天下的共同原则。"

"当尧的时候,天下还不安定,大水为灾,四处泛滥,草木密密麻麻地生长,鸟兽成群地繁殖,谷物却没有收成;飞鸟野兽危害人类,到处都是它们的足迹。尧一个人为此忧虑,把舜选拔出来总领治理工作。舜命令伯益掌管火政,益便将山野沼泽地带的草木用烈火烧毁,使鸟兽逃跑隐藏。又有

---

① 因为孟子料定陈相只能这么回答。

禹疏浚九河,治理济水和漯水,引流入海,挖掘汝水汉水,疏通淮水泗水,引流入江,中国才可以耕种。在这个时候,禹八年在外,三次经过自己的家门口都不进去,总是想亲自种地,可能吗?"

"后稷教导百姓种庄稼,栽培谷物。谷物成熟了,便可以养育百姓。人之所以为人,吃饱了,穿暖了,住得安逸了,如果没有教育,也和禽兽差不多。圣人为此忧虑,便使契做司徒的官,主管教育。用关于人与人的关系的大道理以及行为准则——父子之间有骨肉之亲,君臣之间有礼义之道,夫妻之间挚爱而有内外之别,老少之间有尊卑之序,朋友之间有诚信之德——来教育人民。尧说道:'督促他们,纠正他们,帮助他们,使他们各得其所,然后加以提携和教诲。'圣人为百姓考虑如此周到而不倦,还有闲暇来耕种吗?"

"尧把得不着舜这样的人作为自己的忧虑,舜把得不禹和皋陶这样的人作为自己的忧虑。把自己的田地耕种得不好作为忧虑的,那是农夫。把钱财分给别人的叫作惠,把好的道理教给别人的叫作忠。替天下人民找到出色人才的便叫作仁。在我看来,把天下让给别人比较容易,替天下找到出色的人才却困难些。所以孔子说:'尧的做天子真是伟大!只有天最伟大,只有尧能够效法天。尧也是了不得的天子!那么使人敬服地坐了天下,自己却不享受它,占有它!'尧舜的治理天下,难道不是用心思吗?只是不用在庄稼上罢了。"

说到这里,孟子觉得已足以驳倒许行的学说,本不想再继续说下去,可一想到为许行辩解的陈相,本是陈良的学生,原先信奉的是儒家学说,就忍不住批评起陈相来。他说;"我只听说过用中国的一切来改变落后国家的,没有听说过用落后国家的一切来改变中国的。陈良本是楚国的土著,却喜爱周公孔子的学说,由南至北到中国①来学习,北方的读书人还没有人能够超过他的,他真是所谓豪杰之士啊!你们兄弟向他学习了几十年,他一

---

① 实指现今我国的中原地区。

死,竟完全背叛了他!从前,孔子死了,他的门徒都给他守孝三年,三年之后,各人收拾行李准备回去,走进子贡住处作揖告别,相对而哭,都泣不成声,这才回去。子贡又回到墓地重新筑屋,独自住了三年,然后回去。过了一些时候,子夏、子张、子游认为有若像孔子,便想要用尊敬孔子之礼来尊敬他,勉强曾子同意。曾子说:'不行,譬如曾经用江汉之水洗濯过,曾经在夏日的太阳里暴晒过,真是洁白得无以复加了。谁能再比得孔子呢?'如今许行这南方蛮子,说话怪腔怪调,也来指责我们祖先圣王之道,你却背叛你的老师去向他学习,那和曾子的态度便相反了。我只听说过鸟飞出黑暗山沟迁往高大树木的,没听说过离开高大树木飞进黑暗山沟的。《鲁颂》说过:'攻击戎狄,痛惩荆舒。'楚国这样的国家,周公还要攻击它,你却向他学,这简直是越变越坏了。"

陈相当然听不进孟子的批评,他仍为许行辩解说:"如果听从许子的学说,那就会做到市场上的物价一致,人人没有欺骗伪诈。纵令打发小孩子去市场,也没有人来欺骗他。布匹丝绸的长短一样,价钱便一样;麻线丝棉的轻重一样,价钱便一样;谷米的多少一样,价钱也一样;鞋的大小一样,价钱便也一样。"

这是背离商品等价交换法则的错误学说,陈相以它来为许行辩解,自然难以逃脱孟子的更为尖锐的批判:"各种东西的品种质量不一致,这是自然的。它们的价格,有的相差一倍五倍,有的相差十倍百倍,有的相差千倍万倍;你要不分精粗优劣,完全使它们一致,只是扰乱天下罢了。好鞋和坏鞋一样价钱,人难道肯干吗?听从许子的学说,是率领大家走向虚伪,哪能够治理国家呢?"①

在来到滕国的士人中,还有一个墨家的信徒叫夷之的。他凭孟子弟子徐辟的关系提出要见孟子。孟子对墨家学说十分反感,认为墨子主张"兼爱"是要天下人不讲孝道,目无父母,②将人降为禽兽。现在有墨家信徒求见,要同他谈学论道,他在情感上很不愿意。可他毕竟是儒家大师,况且名

① 以上关于孟子与陈相辩论的叙述,原文均见《孟子·滕文公上》。
② 《孟子·滕文公下》有云:"墨氏兼爱,是无父也。"

声在外，人们都知道他不拒绝主动前来求学的人，所以他不便公开表示自己不愿意会见夷之，遂借口身体有病，婉言推辞："我本来愿意接见，不过我现在病了，病好了，我打算去看他，他不必来！"

过了一些时候，夷之又要求来看孟子。孟子说："现在可以相见了。可是，不说直话，真理表现不出，我姑且说说直话吧。我听说夷之是墨家信徒，墨家的办理丧葬，以薄为合理，夷子也想用薄葬来改革天下，自然是认为不薄葬是不足贵的；但是他自己埋葬他父母却相当丰厚，那么是拿他所轻贱所否定的东西对待他的父母亲了。"

徐辟把这话转告了夷子。夷子说："儒家的学说认为，古代的君王爱护百姓好像爱护婴儿一般，这句话是什么意思呢？我认为它的意思是，人对人的爱并没有亲疏厚薄的区别，只是实行起来从父母开始罢了。"

徐辟又把这话转告了孟子。孟子说："夷子真正以为人们爱自己的婴儿，和爱他邻人的婴儿是一样的吗？夷子不过抓住了这一点：婴儿在地上爬行，快要跌到井里去了，这自然不是婴儿自己的罪过，谁见了都会去救，夷子以为这就是爱无差等。[①] 况且天生万物，只有一个根源，夷子却说有两个根源。大概上古曾经有不埋葬父母的人，父母死了，抬了他抛弃在山沟中。过了一些时候，经过那里，狐狸在吃着他，苍蝇蚊子的嘴吮着他，那个人额头上不禁流着悔恨的汗，斜着眼睛望望，不敢正视。这一种流汗，不是流给别人看的，实是由于衷心的悔恨而在面貌上表达出来的，他决定回家去取了锄头畚箕再把尸体埋葬了。埋葬尸体诚然是正确的，那么，孝子仁人埋葬他的父母，自然有他的道理了。"

徐辟把这话转告了夷子。夷子很是怅惘地停了一会，说道："我懂得了。"[②]这一句话说得很含糊，是懂得了孟子所讲的亲父母的道理呢，还是懂得了孟子所不接见他的原因呢？或兼而有之。不过，有一点是清楚的，说了这句话之后，夷之没有再提出见孟子的要求。

---

① 孟子认为这其实只意味着人人都有恻隐之心，是人之本性的自然流露。
② 原文见《孟子·滕文公下》。又，并于夷之这个人，现已无可详考。

八　转道鲁国别所图　批评慎子另有意

滕国究竟只是个方圆不足五十里的小国,在齐、楚等大国的军事威胁下,无时不感到被侵略和被兼并的危险,只要大国稍有举动,它便岌岌可危。凭着这样弱小的国力,滕文公纵使在滕国实行仁政,亦很难取得令孟子满意的成果。以前,孟子总认为在小国实行仁政同样会有大作为,现在通过在滕国的实践,他才真正认识到要靠像滕国这样的小国实现其推行仁政于天下的理想,是很困难的。孟子毕竟是一个理想主义者,不愿意以自己的理想迁就现实,故当他认识到靠滕国国力难以实现其理想时,尽管对滕文公抱有殷切的希望,内心难以割舍对滕国的眷念,他还是准备离开滕国,到条件更好的国家去推行他的仁政主张。恰好此时,传来了魏国招贤纳士的消息,这让一时举棋不定的孟子,终于下决心踏上了通向魏国都城大梁①的道路。

在去魏国的路上,孟子听说鲁国打算叫乐正子治理国政。这一消息,让孟子激动不已,使他临时决定:去魏国之前先到鲁国待一阵子。弟子公孙丑觉得奇怪,就问他为什么要临时改变行程,向北转道鲁国。孟子抑制不住兴奋,动情地回答说:"我听到这个消息,高兴得睡不着。"

---

① 在今河南开封市西北。

公孙丑追随孟子多年,从未见过老师这么动情过,遂知老师对乐正子寄托厚望,不禁对乐正子这个人产生了浓厚的兴趣,好奇地问道:"乐正子很坚强吗?"答道:"不。""有聪明有主意吗?"答道:"不。""见多识广吗?"答道:"不。"公孙丑听老师三次都答"不",更觉得奇怪,便追问道:"那您为什么高兴得睡不着呢?"答道:"他的为人,喜欢听取善言。""喜欢听取善言就够了吗?"孟子答道:"喜欢听取善言,用这个来治理天下都是能够应付自如的,何况仅仅治理鲁国呢。假如不喜欢听取善言,那别人会模仿他的话说:'呵呵!我早已都晓得了!'呵呵的声音就会把别人拒绝于千里之外了。士人在千里之外停止不来,那进谗言且当面奉承的人就会来了。同进谗言且当面奉承的人住在一起,要把国家搞好,做得到吗?"[1]听罢老师的话,公孙丑才明白:孟子临时决定去鲁国,正是冲乐正子而去。而他之所以要这样做,显然是为了当面向乐正子宣传自己的王道思想,鼓励这位乐于听取善言的人,也在鲁国提倡仁政。

鲁国是孟子年轻时游学的地方,文化气氛很浓,虽逢战乱年代,儒生们仍常演礼仪,弦歌不断。孟子这个儒家大师的到来,在这个儒家文化氛围甚浓的国度里掀起了不小的轰动。士子们纷纷前来向他请教,乐正子更是乐于执弟子礼,不时前来请安,并听取他的教诲。但当时鲁国为避免被灭亡的命运,亦像诸多诸侯小国一样,千方百计地谋求加强军事武装力量,所以,担当处理国政大任的乐正子,虽然恭敬地听他老人家教诲,但不可能真正去实行他老人家的建议,为兴仁政而罢兵。这使孟子很失望,觉得自己再多说,不啻"好为人师",[2]乃知错不改,亦属不智。所以,乐正子再向他请教什么,他总是推辞,说该说的已经说过了,没有什么好说的了。孟子不愿再给乐正子以指教,当然不是出于对乐正子的不满,显然是因为他认识到既然连喜欢听取善言的乐正子听了他的指教后也不能照他的指导去做,那么他再多说又有何用?可他身边的弟子们却想不通,认为老师既冲乐正子而来,现在乐正子拜他为师,向他请教,他却拒之于门外,可能是因为他

---

①　原文见《孟子·告子下》。
②　《孟子·离娄上》云:"人之患在好为人师。"

已经对乐正子的为人开始反感。听到这种议论,孟子不得不当众解释说:
"教育也有很多方式,我不屑于教诲他,这也是一种教诲呢。"①

　　孟子不屑于教诲乐正子,实际上也就是向鲁国表示无言的抗议。鲁国
是儒家文化的发祥地,竟然也对王道不感兴趣,而一心想着靠霸道治国,这
是孟子无论如何也不能容忍的。可鲁国君臣根本就不正视孟子无言的抗
议,就在他公然表示不愿再对乐正子有所指教之时,鲁国打算任命擅于用
兵的慎滑釐②做将军。得知这个消息,孟子再也抑制不住怒气,就当着慎
子的面批评说:"不先教导百姓便使用他们打仗,这叫作加害百姓。加害百姓
的人,如果在尧舜的时代,是不被容纳的。即使只作战一次便打败了齐国,
因而得到了南阳,这样尚且不可以……"

　　不等孟子话说完,慎子勃然怒起,不高兴地说:"这是我所不了解的。"
孟子毫不畏惧;继续凛然说道:"我明白地告诉你吧。天子的土地纵横一千
里,如果不到一千里,便不够接待诸侯;诸侯的土地纵横一百里,如果不到
一百里,便不够来奉守历代相传的礼法制度。周公被封于鲁,是应该纵横
一百里的,土地并不是不够,但实际上少于一百里;太公被封于齐,也应该
是纵横一百里的,土地并不是不够,但实际上少于一百里。如今鲁国有五
个一百里的长度和宽度,你以为假如有圣主明王兴起,鲁国的土地在被减
少之列呢,还是在被增加之列呢? 不用兵力,白白地取自那国来给予这国,
仁人尚且不干,何况杀人来求得土地呢? 君子的服侍君王,只是专心一意
地引导他趋向正路,有志于仁罢了。"③

　　听罢孟子的批评,慎子一言未发。孟子原本就不指望他回答,因而尽
管慎子未作任何反驳,他仍然接着批评说:"今天服侍君主的人都说,'我
能够替君主开拓土地、充实府库。'今天的所谓臣子,正是古代所谓百姓的
祸害者。君主不向往道德,无意于仁,却想使他钱财富足,这等于使夏桀钱
财富足。又说,'我能够替君主邀结盟国,每战一定胜利。'今天所谓的好

---

　① 　原文见《孟子·告子下》。
　② 　清人焦循认为可能是慎到。又有人认为慎滑釐可能是禽滑釐。两说均难以证明。
　③ 　原文见《孟子·告子下》。

臣子,正是古代所谓百姓的祸害者。君主不向往道德,无意于仁,却想替他勉强作战,这等于帮助夏桀。从目前这样的道路走去,也不改变今天这样的风俗习气,纵使把整个天下给他,他是一天也坐不隐的。"①

---

① 原文见《孟子·告子下》。

九　劝惠王舍利取义　评襄王不似人君

当着慎子的面批评鲁国政治,不啻自我申明不能与鲁国君臣合作,断了在鲁国待下去的后路,故对鲁国准备任用慎滑釐做将军予以批评之后,孟子很快便离开了鲁国,向魏国京城大梁一路赶去。一边赶路,孟子一边设想如何在魏国实现他的理想。

孟子此时当然没有料到他的设想纯属幻想,日后注定要落空。他想到的只是:既然魏国广招人才,凭自己对于王道政治的精通,何愁在魏国无用武之地;他根本没有去想魏国当时究竟需要怎样的人才这个与他今后命运密切相关的问题。

魏国当时由魏惠王当政。[①] 魏惠王,名罃。他的祖父是魏文侯。文侯是孔子弟子子夏的学生,在他当政期间,曾任用李悝为相,吴起为将,西门豹为邺令,奖励耕战,兴修水利,进行改革,使魏国成为当时的强国。魏文侯死后,其子魏武侯继位(时在公元前 396 年)。武侯在事功上虽然比不上他的父亲,但他当政期间,也曾与韩、赵一起灭掉了宗主国晋国,瓜分到了晋国三分之一的国土。魏惠王当然比不上他的祖父魏文侯,甚至也比不上他的父亲魏武侯,但他即位以后,也曾打败过韩、赵、卫三国,建立了赫赫战

---

① 《孟子》中称"梁惠王"。魏国当时已迁都大梁,所以有此称呼。

功,并以武力威胁鲁、卫、宋、郑等国来朝,同他建交;还一度和秦国在外交上求得了短暂的和平。但他也曾轻率地放走了商鞅,①使他后来吃了大亏。商鞅投奔到了秦国,说服了秦孝公变法,使国富兵强。后又说服秦孝公出兵攻打魏国,用诈术欺骗了魏国的前线指挥官魏公子印,打了大胜仗,迫使魏国割让河西之地求和。正是面临这种形势,魏惠王才被迫由安邑②迁都大梁。③ 迁都大梁之后,魏国又在"桂陵之战"④与"马陵之战"⑤中二度遭惨败,开始衰落。魏国的衰落,使魏惠王深悔自己当年没有听信公叔痤的话,轻率地放走了商鞅,因而越发觉得人才的重要,迫切想找到能辅助他图强争霸的贤才,故对莅临魏国的贤士,他的确能优待。驺衍来到时,他甚至亲自到郊外迎接,隆重地待之以上宾之礼。

魏惠王广纳和优待人才,只是为了吸引四方人来魏国的一种手段,而他真正需要和特别看重的是精通霸道的人才,希望能尽快找到这样的人才帮助他实现图强争霸的野心。可孟子只精通王道,他来魏国的目的,就是

---

① 据《史记·商鞅列传》载:商鞅好刑名之学,投奔到魏国辅相公叔痤门下。公叔痤知道他贤,可没来得及向魏玉推荐,就病得快要死了。魏惠王去探视公叔痤,问他:"假如你的病治不好,对国家的前途,有什么要吩咐?"公叔痤就告诉魏惠玉,其门客商鞅有奇才,希望魏王能重用商鞅,并绝对信任他。魏惠王听了,一言不发,未表示任何意见。到魏惠王告别时,公叔痤便叫身边的人都退出去,单独对魏惠王说:"如果你不肯用商鞅,就把他杀了,不要叫他出境。"魏惠王应付地点点头走了。魏惠王一走,公叔痤马上叫商鞅进来,对他说:"刚才我向魏王推荐你为辅国之人,看来他不肯接受,于是我又对魏王说,如果不用你,就把你杀掉。他好像是听从了我的建议,你赶快想办法逃亡吧!"商鞅知道公叔痤这样做是想于公于私都不失做人的本色,就安慰公叔痤说:"你放心吧,既然他不肯听您的话用我,又怎肯听你的话杀我呢?"后来事情的发展正如商鞅所料,魏惠王不但没有杀他,而且听任他离开魏国。

② 在今山西夏县西北。

③ 关于魏国迁都大梁的时间,有三说:或谓惠王三十一年;或谓惠王九年;或谓惠王六年。本书作者取惠王六年(公元前 365 年)。

④ 公元前 354 年,魏惠王任庞涓为将,率大军长驱北上,一举包围了赵国都城邯郸。赵军坚守一年,未能使魏国退兵,就派人到齐国去求救。齐威王于是以田忌为将、孙膑为师,发兵援救赵国。田忌听从孙膑的建议,采取"围魏救赵"的战术,先佯攻魏国的平陵,使魏军产生错觉;然后趁魏军在赵久战疲惫而国内空虚之际,遣轻车西驱奔袭魏国都城大梁,迫使庞涓不得不"弃其辎重"兼程回救;最后集中主力于桂陵(今山东菏泽境内)截击并大败魏军,活捉魏将庞涓

⑤ 十二年后,魏又攻韩,韩也向齐求救。齐仍以田忌为将、孙膑为师,出兵攻魏以救韩。魏派庞涓和太子申带兵十万迎战。孙膑深知魏军轻敌,便采取退兵减灶、诱敌深入的战术。庞涓沿途验灶,错认为齐军已逃亡过半,就丢下步兵辎重,只带部分轻锐兼程追赶。齐军在地形险要的马陵(在今山东莘县境内)夹道埋伏下精练射手。当庞涓率兵进入包围圈,齐军便万箭齐发,魏军大乱溃散,庞涓被迫自杀。齐军乘胜俘虏魏太子申,大破魏军。

为了劝说魏惠王放弃霸道,以仁道服天下。一个(魏惠王)想听霸道,一个(孟子)想说王道,两个人原本就想不到一块,则谈起话来,势必话不投机。魏惠王一见到孟子,张口就问:"老人家,①你不远千里来到我国,准备以什么法子给我国带来利益呢?"孟子毫不婉转地回答说:"王!您为什么一开口定要说利呢?只要讲仁义就行了。王若说,'怎样才对我的国家有利呢?'大夫也说,'怎样才对我的封土有利呢?'那一般的士子以至老百姓也都说,'怎样对我本人有利呢?'这样,上上下下互相追逐私利,国家便会发生危险了。在拥有一万辆兵车的国家里,杀掉那一个国君的,一定是拥有一千辆兵车的大夫;在拥有一千辆兵车的国家里,杀掉那一个国君的,一定是拥有一百辆兵车的大夫。在一万辆兵车的国家中,大夫拥有兵车一千辆;在一千辆兵车的国家中,大夫拥有兵车一百辆;这些大夫的产业不能不说是很多的了。但是,假如轻公义,重私利,那大夫若不把国君的产业夺去,是永远不会满足的。从没有讲'仁'的人会遗弃他的父母的,也没有讲'义'的人会对他的君主怠慢的。王也只讲仁义就行了,为什么定要讲利益呢?"②

　　魏惠王从功利立场提问,孟子却从道德立场作答,则其回答不能令魏惠王满意,是不难想象的。两人的第一次会面,就这样因话不投机而不愉快地结束了。但孟子经过多次的挫折,对诸侯的冷眼待自己,已有了足够的心理准备,本来就不奢望靠一两次劝说就能说服魏惠王,而是下定决心争取一切机会做艰苦的、持久的说服工作。所以,过了一些时候,他一改以前自己不屑于先主动去见诸侯的做法,在魏惠王未召见的情况下,又主动去谒见魏惠王。魏惠王当时正站在池塘边。顾盼着鸿雁麋鹿,见孟子走了过来,知道这位不愿谈"利"的道德先生,又要对他作一番说教,就存心拿

心通孟子

----

　　① 根据《孟子》所记载的魏惠王的话语,可知孟子是在"马陵之战"以后来到魏国。"马陵之战"发生于公元前 342 年,则按照本书作者所认可的孟子生卒年代来推算,孟子见魏惠王时大约是五十岁左右的年龄。五十岁的年龄,可否称"老人家"(魏惠王直呼孟子以"叟"。但对"叟",有按敬语译,有按不恭称呼译,此采取最普通的中性译法)?回答是肯定的。证据是:《孟子·梁惠王上》第三章有云:"五十者可以衣帛矣。"而在该篇的第七章又有云:"老者衣帛食肉。"可见,在孟子生活的年代里,称五十岁左右的人为老者,是合乎常识的。
　　② 原文见《孟子·梁惠王上》。

话堵孟子的嘴,未等孟子寒暄,抢先问道:"有道德的人也高兴享受这一种快乐吗?"

以这种语气问话,孟子当然能听出他话里有话,含有对自己的轻视,但此时的孟子已被磨炼得相当有涵养,他不生气,仍然很严肃地回答说:"只有有道德的人才能够享受这一种快乐,没有道德的人,纵使有这种快乐,也是无法享受的。"说到这里,没等魏惠王追问为什么,他就话头一转,举出周文王和夏桀的故事,以说明他的话包含了深刻的历史经验与教训:"《诗经》的《大雅·灵台》篇说:'开始筑灵台,经营复经营,大家齐努力,很快便落成。王说不要急,百姓更卖力。王到鹿苑中,母鹿正安逸。母鹿光且肥,白鸟羽毛洁。王到灵沼上,满池鱼跳跃。'这表明周文王虽然用了百姓的力量来兴建高台深池,可是百姓非常高兴,把那一个台叫'灵台',把那一个池沼叫'灵沼',还高兴他有许多种类的禽兽鱼鳖。就因为他肯和老百姓一同快乐,所以他能得到真正的快乐。也有相反的情况。《汤誓》中便记载着老百姓的怨歌:'太阳呀!你什么时候消灭呢?我宁肯跟你一道死去!'作为国家的君王,竟使百姓怨恨到不想再活下去的程度,他纵然有高台深池、奇禽异兽,难道能够独自享受吗?"①

二次会见,对孟子的说教,魏惠王虽然觉得不中听,可孟子身上表现出来的仁者气象,却深深地感动了他。魏惠王想:尽管自己对孟子不太恭敬,存心拿话刺激他,但他老人家既不动怒,亦不曲意附和,总是诚恳地、严肃地回答自己的提问,从不敷衍。有这样德高的老人家情愿指教我,于我何害,为什么不能认真地听听他的主张呢?想通了以后,魏惠王就自然改变了对孟子的态度,再见到孟子时,说话的态度就诚恳了许多,说话的口气也谦虚了许多,他微笑着对孟子说:"我很高兴听到您的指教。"

听魏惠王以这种口气同自己说话,孟子当然立即就意识到这是一个宣传自己主张的好机会,但他并不急于直截了当地陈述自己的见解,而是采取启发的方式,一步一步地吸引魏惠王。他问魏惠王:"用木棒打死人和用

---

① 原文见《孟子·梁惠王上》。

刀子杀死人,有什么不同吗?"王说:"没有什么不同。"又问:"用刀子杀死
人和用政治害死人,有什么不同吗?"王说:"也没有什么不同。"魏惠王的
回答,使孟子很容易就势评论现实的政治状况:"现在国君的厨房里有皮薄
膘肥的肉,马栏里有健壮的马,可是老百姓面带饥色,野外躺着饿死的尸
体,这等于是在上位的人率领着禽兽来吃人。兽类自相残杀,人尚且厌恶
它,做老百姓父母官的,主持政治,却不免于率禽兽来吃人,那又怎么能做
老百姓的父母官呢? 孔子说过:'第一个造木偶土偶来殉葬的人该会绝子
绝孙吧!'孔子这样痛恨,就是因为木偶土偶很像人形,却用来殉葬。以木
偶土偶殉葬,尚且不可,又怎么能使老百姓活活地饿死呢?"①

　　孟子的这番批评,未必不是对他生活的那个时代的政治状况的总体抨
击,但魏惠王听起来,觉得孟子这是专门评论魏国政治,是批评他只顾无休
止地满足自己的享乐,而不顾百姓的死活,实际上已经失去了足以统治老
百姓的必要条件。可他心里明白,孟子敢于当他的面说出这么尖锐的话,
足以说明他并无什么恶意,是希望自己能仁爱百姓;否则,他何必为说这番
话而冒掉脑袋的危险? 尽管这么想,但魏惠王心里总难以释然,感到委屈,
终于忍不住为自己辩解说:"我对于国家,其实是费尽心力了。河内地方如
果遭了饥荒,我便把那里的一部分百姓迁移至河东②,同时还把河东的一
部分粮食运到河内。假如河东遭了饥荒也是这样办的。我曾经考察过邻
国的政治,没有一个国家能像我这样替百姓打算的。可是,那些国家的百
姓并不因此减少,我的百姓并不因此加多,这是什么缘故呢?"

　　听罢魏惠王的辩解,孟子深知他迷惑就迷惑在把自己对老百姓的行小
惠与真正关心老百姓的温暖混淆了,并不真正懂得怎样做才是真把老百姓
的温暖放在心上,想老百姓之所想,急老百姓之所急,为老百姓排忧解难。
但考虑到没有必要伤害魏惠王的感情,孟子没有照自己想的直说,而是巧
妙地回答说:"王喜欢战争,那就让我用战争来打个比方吧。战鼓咚咚一
响,枪尖刀锋一接触,就抛下盔甲拖兵器向后逃跑。有的一口气跑了一百

　　①　原文见《孟子·梁惠王上》。
　　②　魏国的河东地,在今山西省安邑县一带;河内地,即黄河北岸土地,在今河南济源市一带。

步停住脚,有的一口气跑了五十步停住脚。那些跑五十步的战士竟耻笑跑一百步的战士,说他胆子太小,那么你看如何呢?"魏惠王答道:"不可以。只不过他没跑到一百步罢了,但这也是逃跑呀。"孟子于是趁便指教说:

"王如果懂得这个道理,那就不要再希望你的百姓比邻国多了。"

"如果在农民耕种收获的季节,不去征兵征工,妨碍生产,那粮食便会吃不尽了。如果细密的渔网不到大的池沼里去捕鱼,那鱼类也会捕不完。如果砍伐树木有一定的时间,木材也会用不尽了。粮食和鱼类吃不完,木材用不尽,这样使百姓对生养死葬没有什么不满。百姓对于生养死葬都没有什么不满,这就是王道的开端。"

"在五亩大的宅园中,种植桑树,那么,五十岁以上的人都可以穿上丝棉袄了,鸡、狗与猪等等家畜都有饲料和工夫去饲养,那么,七十岁以上的人都可以有肉吃了。一家人百亩的耕地,不要妨碍他们的生产,那么,几个人的家庭可以吃得饱饱的了。好好地办些学校,反复用孝顺父母敬爱兄长的大道理训导他们,那么敬老尊贤就会成为风尚,须发花白的人也就不会头顶着、背负着重物件在路上行走了。七十岁以上的人有丝绵衣穿,有肉吃,一般百姓饿不着冻不着,这样还不能使天下归服的,是从来不曾有过的事。"

"可现在富贵人家的猪狗吃掉了百姓的粮食,却不加以检查和制止。道路上有饿死的人,却不曾想到应该打开仓廪加以赈救。老百姓死了,竟然说道,'这不是我的罪过,而是年成不好的缘故。'这种说法和拿着刀子杀死了人,却说,这不是我杀的,而是兵器杀的,又有什么不同呢?王假如不去归罪于年成,而从政治上的根本改革着手,那么别的国家的老百姓都会来投奔了。"①

当孟子和盘说出了自己关于如何行仁政的设想时,对孟子的学问专长以及他来魏国的目的,魏惠王已经了解得很全面、很彻底。但魏惠三并不想在魏国行仁政,他一心想的只是如何图强雪耻,尽快使魏国称霸诸侯。

---

① 原文见《孟子·梁惠王上》。

他深知孟夫子不可能为他出霸道方面的主意,但他转而一想,博学有辩才①的孟夫子,除了那一套王道说教,总不至于拿不出解决具体问题的具体办法吧? 所以,过了一些时候,魏惠王特意召见了孟子。这一次,他直率地提出了他招贤的目的是什么,希望孟子不负所望。他说:"魏国的强大,当时天下是没有别的国家能够赶上的②,这一点,您自然很清楚。但到了我这时候,东边和齐国打了一仗,杀得我大败,连我的长子都牺牲了;西边又败给秦国,丧失河西之地七百里;南边又被楚国抢去了八个城池。我实在认为这是奇耻大辱,希望能够替我国所有的战死者报仇雪恨,您说应该怎样办才行?"

孟子对魏国如何才能雪耻,迅速实现霸业,当然提不出什么具体办法,所以对魏惠王的请问,他只好重谈"仁者无敌"的老调:"只要有纵横一百里的小国就可以行仁政而使天下归服,何况魏国。您假如向百姓实行仁政,减免刑罚,减轻赋税,叫百姓能够深耕细作,早除秽草,还使年轻的人在闲暇时间来讲求孝顺父母、敬爱兄长,为人尽心竭力、待人忠诚守信的道德,而且实践这些道德,在家便用来侍奉父兄,上朝便用来尊敬上级,这样,就是制造木棒也可以抗击拥有坚实盔甲、锐利刀枪的秦、楚军队了。

"这是何故呢? 那秦国楚国随意征兵征工,侵占了百姓的生产时间,使他们不能耕种来养活父母,他们的父母受冻挨饿,兄弟妻子东逃西散。秦王楚王使他们的百姓在痛苦的深渊中,您去讨伐他,哪有谁来和您抵抗呢? 所以说'仁者无敌。'请您不要怀疑!③"

这次交谈之后,魏惠王终于彻底地失去了听孟子说教的兴趣。他觉得,在天下方务于合纵连横,"以攻伐为贤"④的时代,孟夫子的主张"迂远

---

① 孟子在当时有"好辩"之名声。参见《孟子·滕文公下》。
② 原文作:"晋国天下莫强焉"。刘宝楠认为"此晋国即指魏国也。"杨伯峻以为"刘氏此说甚确。"杨氏并据 1957 年安徽寿县出土的《鄂君启金节铭文》"大司马邵阳败晋师于襄陵",指出魏国自称为"晋",有确证,因为根据这则铭文,楚国亦称魏国为"晋"。
③ 原文见《孟子·梁惠王上》。
④ 《史记·孟子荀卿列传》。

而阔于事情",①对解决魏国的当务之急没有任何意义,若自己听信孟老先生的话,在魏国真的行起仁政来,魏国哪还有雪耻出头之日。因此,他有意传出话来,说魏国难以奉行孟子的主张。

得知魏惠王不准备采纳自己的主张,孟子感到深深的失望和悲哀,但他无可奈何,只有以马上离开魏国来表示自己内心的不满与抗议。可正当他准备动身离开魏国时,魏惠王突然驾崩,其子魏襄王即位。魏国统治大权的这一变更,重新燃起了孟子的希望,遂决定暂时不忙着动身离开魏国。他毕竟已过"知天命"之年,不想再失去任何机会,情愿幻想着新登基的魏襄王能很快召见他,使他有机会再向魏王宣传自己的主张。但是魏襄王并没有很快就召见他。孟子也不愿长久地等下去,便主动去谒见襄王。

与魏襄王见面后谈话的详情,孟子觉得没必要讲,走出王宫以后,他只是告诉人说:"远远望去,不像个国君的样子;走近他,也看不到威严所在。突然问我:'天下怎样才得安定?'"我答道:'天下归于一统,就会安定。'"他又问:'谁能统一天下呢?'""我又答:'不好杀人的国君,就能统一天下。'"他又问:'那有谁来跟随他呢?'""我又答:'天下的人没有不跟随他的。您懂得禾苗的情况吗? 当七八月间,若是长期不下雨,禾苗自然枯槁了。假如是一阵乌云出现,哗啦哗啦地落起大雨来,禾苗便又猛然茂盛地生长起来了。像这样,那谁能够阻挡得住呢? 如今各国的君主,没有一个不好杀人的。如果有一位不好杀人的君王,那么,天下的老百姓都会伸长着脖子期待他的解救了。真是这样,百姓的归附于他,跟随着他,好像水的向下奔流一样,那又有谁能够阻挡得住呢?'"②

"望之不似人君"③一语,道出了孟子对魏襄王的极度失望。为这种极度失望的心情所驱使,孟子终于割断了对魏国的最后一丝希望,下决心离开魏国。动身离开魏国的那一天,弟子们问他对魏国有什么感想,他毫不顾忌地批评说:"梁惠王真是不仁呀! 仁者把他对待所喜爱者的恩德推而

---

① 《史记·孟子荀卿列传》。
② 原文见《孟子·梁惠王上》。
③ 此系引用原文。见《孟子·梁惠王上》。

及于他所不爱的人,不仁者却把他加给所不喜爱者的祸害推而及于他所喜爱的人。"公孙丑不理解,问道:"这话是什么意思呢?"孟子答道:"梁惠王因为争夺土地的缘故,驱使他所不喜爱的百姓去作战,使他们暴尸郊野,骨肉糜烂。被打得大败了,预备再战,怕不能得胜,又驱使他们所喜爱的子弟去死战。这就叫作把他加给所不喜爱者的祸害推而及于他所喜爱的人。"①

① 原文见《孟子·尽心下》

十　再次至齐任卿相　志不遂致仕还乡

魏国的国都大梁位于中原腹地,向西远有秦国,近有韩国;向南有楚国;向北远有燕国,近有赵国;向东近有宋国,远有邹、滕两国;而在它的东北方,近有鲁国,远有齐国。因此,对不愿远离中原的孟子来说,离开魏国后,只有两个去向,一是向东经宋国回故乡,一是向东北经鲁国到达齐国。由于此时孟子对推行仁政于天下尚未彻底死心,故他率领弟子们踏上了通向东北方的道路。

孟子决定再度到齐国实现其理想,当然不是心存侥幸,想在归故里养老之前,再碰碰运气,而是被来自齐国的消息所吸引,实在不甘心轻易放弃最后一次机会。当时,齐威王已谢世,由其子齐宣王当政。齐宣王雄心勃勃,一心想征服秦楚等大国,称霸中原,最后统一天下。齐宣王心中明白,要实现这个目的,拥有众多的人才,是必不可少的条件,故他非常喜欢"文学游说之士"。为了广招四方贤才,他特意恢复了建于临淄城西的"稷下学宫",以作为"游说之士"讲学辩论的场所。这个消息传开以后,天下士子纷纷来到齐国,造成了"稷下学士复盛,且数百千人"①的局面。对来到齐国的贤士,齐宣王都能厚待,尤其驺衍、淳于髡、田骈、接予、慎到、环渊等

---

① 《史记·田敬仲完世家》

七十六人,还都"赐列第、为上大夫"。① 为了笼络人心,使来到齐国的贤士安心待下去,齐宣王甚至甘心忍受少数士人对他的侮慢。有一个叫颜斶的人见齐宣王。宣工说:"你过来。"颜斶不但不上前去拜见,还指着宣王说:"王过来。"左右的人都斥责颜斶的无礼不敬,可颜斶却振振有词地说:"我上前拜见王是趋炎附势,王上来接近我是敬重士人。与其让我趋炎附势,不如让王表现出尊敬士人的风度。"最后,齐宣王终于屈尊俯就,走下座位接见了颜斶。② 这类佳话,在孟子听起来,简直就是召唤他到齐国去的佳音。

孟子虽然因齐宣王厚待贤士而再度奔向齐国,但他到齐国并非为了在"稷下学宫"里谋得一个讲席,而是热心地期盼能辅助齐宣王在齐国行仁政。当他一路目睹着齐国的富庶情景来到临淄城之后,这种期盼便变得十分急迫,以至于当他的弟子公孙丑问他能否使管仲、晏子的功业在齐国再度兴起时,他一边表示自己不屑于同管仲相比,一边充满信心地对公孙丑说:"凭着齐国的条件,使它统一天下,易如反掌。"见老师如此乐观,公孙丑困惑不解,就对他说:"照您这么说,我便更加不懂了。像文王那样的德行,而且活了将近一百岁,他推行的德政,还没有周遍于天下;武王、周公继承了他的事业,然后才大大地推行了王道,统一了天下。现在你把统一天下说得那样容易,那么,文王也不值得效法了吗?"

孟子回答说:"文王怎么能够比得上呢? 从汤到武丁,贤明的君主总有六七起,天下的人归服殷朝已很久了,时间一久便很难变动。武丁使诸侯来朝,把天下治理好了,就好像在手掌中运转东西一样。纣王的年代上距武丁并不甚久,当时的勋旧世家、善良习俗、先民遗风、仁惠政教还有些存在的,又有微子、微仲、王子比干、箕子、胶鬲共同来辅助他,所以经历相当长久的时间才亡了国。当时没有一尺土地不是纣王所有,没有一个百姓不归纣王所管,然而文王还能凭借纵横一百里的小国以创立丰功伟业,所以

---

① 《史记·田敬仲完世家》
② 关于颜斶见齐宣工一事的叙述,在文字上大多转抄董洪利所著《孟子》(系"中华历史小丛书"中的一种,中华书局 1983 年版)中的有关文字,因行文中不便明白显示系转引,故特此说明。

是很困难的。齐国有句俗话：'纵有聪明，还得趁形势；纵有锄头，还得待农时。'现在的形势要推行王政，就容易了：纵在夏、商、周最兴盛的年代里，任何国家的国土也没有超过纵横一千里的，现在齐国却有这么广阔的土地了；鸡鸣狗叫的声音从首都一直到四方的国界线，处处相闻，人烟如此稠密，有这么多的百姓。国土不必再开拓，百姓也不必再增加，只要实行仁政来统一天下，就没有人能够阻止得了。而且统一天下的贤君不出现的时间，历史上从来没有这样长久过；老百姓被暴虐的政治所折磨，历史上也从来没有这样厉害过。肚子饥饿的人不苟择食物，口舌干燥的人不苟择饮料。孔子说过：'德政的流行，比驿站的传达政令还要迅速。'现在这个时候，拥有万辆兵车的大国实行仁政，老百姓的高兴，正好像被人倒挂着而给解救了一般。所以'事半功倍'，只有在这个时代才行。"①从孟子这番话可以看出他对齐宣王寄托了很大的希望。

尽管迫切希望能在齐国推行仁政，但孟子到临淄、见到齐宣王时，只是叙礼，并不急于宣传自己的仁政主张。像这样礼节性的拜见，前后进行了三次，每次都只寒暄，并不"言事"。他的弟子不明白他的意图，提出疑问，他回答说："我先攻其邪心。"言下之意是，他在寻找机会，以便在适当的时候，先说服齐宣王打消想用武力征服天下思想，然后再向他陈述如何在齐国实行仁政。

就在孟子寻找机会时，有一天，齐宣王的大臣胡龁遇见孟子，向他讲了这样一件事：某日，宣王坐在大殿堂上，见有个人牵着牛从堂下走过，就问将牛牵到哪里去。当宣王听到要把牛牵去杀了祭祀一口新铸的大钟，就下令把它放了，说不忍心看它那恐惧发抖的样子。可又不能废弃祭钟的仪式，于是他又指示以羊代替牛。孟子认为齐宣王下令放了牛是出于不忍之心，他只要把它加以扩充，就能实行仁政。所以，一听说这件事，他就觉得劝说宣王的机会到了，立即去见宣王。

见孟老夫子兴冲冲地赶来见自己，齐宣王很高兴，不觉地张口就问：

---

① 原文见《孟子·公孙丑上》。

"齐桓公、晋文公称霸的事迹,您可以说给我听听吗?"孟子自称他私淑孔子,当然读过孔子的《春秋》①,在《春秋》这部史书中,记载了春秋时代的霸主齐桓公,晋文公的许多事迹,因而他不可能对齐桓公、晋文公称霸的事迹毫无了解。可是,他这次特意来见齐宣王,为的是同他谈论王道,实在不愿意一见面就顺着齐宣王的意图,把谈话的中心引向霸道,遂故意推辞说,孔子的学生们没有谈过齐桓公、晋文公的事迹,后代也就没有传下来,自己是孔子之孙子思的再传弟子,自然就没有听说过他们的事迹。一边这么推辞着,一边未等齐宣王缓过神来,他就紧接着说:"王如果定要我说,我就讲讲用道德的力量来统一天下的王道吧!"齐宣王果然被孟子的话吸引住了,不由自主地顺着孟子的意图问他:"要有怎样的道德才能够统一天下呢?"

孟子答道:"一切为着使百姓的生活安定而努力,这样去统一天下,没有人能够阻挡的。"

宣王问:"像我这样的人,能够使百姓的生活安定吗?"

孟子答:"能够。"

宣王问:"凭什么知道我能够呢?"

孟子说:"我曾听到胡龁告诉我一件事:王坐在大殿之上,有人牵着牛从殿下走过,王看见了,便问道:'牵着牛往哪儿去?'那人答道:'准备宰了祭钟。'王便说:'放了它吧!看它那哆嗦可怜的样子,毫无罪过,却被送进屠场,我实在不忍。'那人便道:'那么,便废除了祭钟这一仪式吗?'王又道:'怎么可以废除它呢?用只羊来代替它吧!'不晓得果真有这样一回事吗?"

宣王说:"有的。"

孟子说:"凭这种好心就可以统一天下了。老百姓都以为王是吝啬,我早就知道王是不忍。"

宣王说:"对呀!确实有百姓这样认为。齐国虽然不大,我何至于连一头牛都舍不得?我就是不忍看它那种哆嗦可怜的样子,毫无罪过而被送进

① 孟子曾说:"孔子成《春秋》,而乱臣贼子惧"。见《孟子·滕文公下》。

孟子说:"百姓说王吝啬,王也不必奇怪,用小的代替大的,他们哪能体会到王的深意呢? 如果说可怜它毫无罪过却被送进屠场,那么宰牛和宰羊又有什么不同呢?"

宣王笑着说:"连我自己也不懂这是什么心理? 我的确不是吝啬钱财才去用羊来代替牛。经您这么一说,老百姓说我吝啬是理所当然的了。"

孟子说:"这样的误解没有什么关系。王这种不忍之心正是仁爱。道理就在于:王亲眼看见了那头牛,却没有看见那只羊。君子对于飞禽走兽,看见它们活着,便不忍心再看见它们死去;听到它们悲鸣哀号,便不忍心再吃它们的肉。君子把厨房摆在远离自己的场所,就是这个道理。"

宣王很高兴地说:"有两句诗歌:'别人存啥心,我能揣摩到。'您就是这样的。我只是这样做了,再问问自己,却说不出所以然来。您老人家这么一说,我的心便豁然明亮了。但我这种心情和王道相合,又是什么道理呢?"

孟子说:"假定有一个人向王报告:'我的臂力能够举重三千斤,却拿不起一根羽毛;我的目力能够把秋天的细毛看得分明,一车子柴火摆在眼前却瞧不见。'您肯相信这种话吗?"

宣王说:"不。"

孟子便马上接着说:"如今王的好心好意足以使动物沾光,却不能使百姓得到好处,却是为什么呢? 这样看来,一根羽毛都拿不起,只是不肯用力气的缘故;一车子柴火都瞧不见,只是不肯用眼睛的缘故;老百姓得不到安定的生活,只是不肯干,不是不能干。"

宣王问:"不肯干和不能干在现象上有什么不同呢?"

孟子答:"把泰山夹在胳膊底下跳过北海,告诉人说:'这个我办不到。'这真是不能;替老年人折取树枝,告诉人说:'这个我办不到。'这是不肯干,不是不能干。王的不行仁政不是属于把泰山夹在胳膊底下跳过北海一类,而是属于替老年人折取树枝一类的。"

"尊敬我家里的长辈,从而推广到尊敬别人家里的长辈;爱护我家里的儿女,从而推广到爱护别人家里的儿女。治理国家若从这一原则出发,要统一天下就像在手心里转动东西那么容易。《诗经》上说:'先给妻子做榜样,再推广到兄弟,再进而推广到封邑和国家。'这就是说把这样的好心好意扩大到其他方面去就行了。所以由近及远地把恩惠推广开去,便足以安定天下;不这样,甚至连自己的妻子都保护不了。古代的圣贤之所以远远地超越于一般人,没有别的诀窍,只是他们善于推行他们的好行为罢了。如今您的好心好意足以使动物沾光,百姓却得不着好处,这是为什么呢?"

"称一称,才晓得轻重;量一量,才晓得长短。什么东西都如此,人的心更需要这样。王,您考虑一下吧!"

"难道说,动员全国军队,使将士冒着危险,去和别的国家结仇构怨,这样做您心里才痛快吗?"

宣王说:"不,我为什么定要这么做才痛快呢? 我之所以这样做,不过是要满足我的最大欲望啊。"

孟子说:"王的最大欲望是什么呢? 可以讲给我听听吗?"

宣王笑了笑,却不说话。

孟子就说:"是为了肥美的食物不够吃吗? 是为了轻暖的衣服不够穿吗? 是为了艳丽的色彩不够看吗? 是为了美妙的音乐不够听吗? 还是为了伺候的人不够您使唤呢? 这些,您手下的人员都能尽量供给,难道您真是为了它们吗?"

宣王说:"不,我不是为了这些。"

孟子说:"那么,您的最大的欲望就可以知道了。您是想要扩张国土,使秦楚等国都来朝贡,自己作天下的盟主,同时安抚四周围的落后外族。不过,以您这样的做法想满足您这样的欲望,好像爬到树上去提鱼一样。"

宣王说:"竟然有这样严重吗?"

孟子说:"恐怕比这更严重呢。爬上树去捉鱼,虽然捉不到,却没有祸害。以您这样的做法想满足您这样的欲望,如果费尽心力去干,非但达不到目的,而且一定会有祸害在后头。"

宣王说:"可以把其道理讲给我听听吗?"

孟子说:"假定邹国和楚国打仗,您以为哪一国会取胜?"

宣王说:"楚国会胜。"

孟子说:"从这里便可以看出:小国不可以跟大国为敌,人口稀少的国家不可以跟人口众多的国家为敌,弱国不可以跟强国为敌。现在中国土地面积约九百万平方公里,齐国的全部土地不过一百万平方公里,以九分之一的力量跟其余的九分之八为敌,这和邹国跟楚国为敌有什么分别呢?既然此路不通,为什么不从根本着手呢?"

"现在王如果能改革政治,施行仁政,就会使天下的士大夫都会到齐国来做官,庄稼汉都想到齐国来种地,行商坐贾都想到齐国来做生意,来往的旅客也都想取道齐国,各国痛恨本国君主的人们也都想到您这里来控诉。果然做到这样,又有谁能抵挡得住呢?"

宣王说:"我头脑昏乱,对您的理想不能再有进一层的体会,希望您辅佐我达到目的,明明白白地教导我。我虽然不行,也不妨试它一试。"

尽管觉得宣王此话也许言不由衷,但孟子想既然他这么说,自己何不趁势告诉他如何着手推行仁政,于是他马上回答说:"没有固定的产业收入却有一定的道德观念和行为准则的,只有士人才能做到。至于一般人,如果没有一定的产业收入,便也没有一定的道德观念和行为准则。这样,就会胡作非为,违法乱纪,什么事都干得出来。等到他们犯了罪,然后去加以处罚,这等于陷害。哪有仁爱的人坐了朝廷却做出陷害老百姓的事呢?所以英明的君主规定人们的产业,一定要使他们上足以赡养父母,下足以抚养妻儿;好年成,丰衣足食;坏年成,也不致饿死。然后再去诱导他们走上善良的道路,老百姓也就很容易地听从了。

"现在呢,规定人们的产业,上不足以赡养父母,下不足以抚养妻儿;好年成,也是艰难困苦;坏年成,只有死路一条。这样,每个人用全力救活自己的生命都怕来不及,哪有工夫学习礼仪呢?"

"王如果要施行仁政,为什么不从根本着手呢?每家给他五亩土地的住宅,四周种植着桑树,那么,五十岁以上都可以有丝棉袄穿了。鸡狗与猪这类家畜,都有力量和工夫饲养、繁殖,那么,七十岁以上的人就都有肉可吃了。一家给他一百亩土地,并且不去妨碍他的生产,八口人的家庭便都可以吃得饱饱的了。办好各级学校,反复地用孝顺父母、敬爱兄长的大道理来开导他们,那么,头发花白的人就会有人尊敬、为他们代劳,不至于头顶着背负着物件在路上行走了。老年人个个穿绵吃肉,一般人不冻不饿,这样还不能使天下归服的,那是没有的事。"①

这次深谈后不久,一个叫庄暴的齐国臣子来见孟子,对他说"我去朝见王,王告诉我他我爱好音乐,我不知应该怎样回答。"接着他问孟子:"爱好音乐,究竟好不好?"

孟子说:"王如果非常爱好音乐,那齐国便会很不错了。"

过了一些时候,孟子谒见齐宣王,问道:"您曾经告诉庄暴,说您爱好音乐,有这回事吗?"

宣王很不好意思地说:"我并不是爱好古代音乐,只是爱好一般流行的乐曲罢了。"

孟子说:"只要您非常爱好音乐,那齐国便会很不错了。无论现在流行的音乐,还是古代的音乐,都是一样的。"

宣王说:"这个道理可以说给我听听吗?"

孟子说:"一个人单独欣赏音乐快乐,跟别人一起欣赏音乐也快乐,究竟哪一种更快乐呢?"

宣王说:"当然跟别人一起欣赏更快乐些。"

孟子说:"跟少数人欣赏音乐固然快乐,跟多数人欣赏音乐也快乐,究竟哪一种更快乐呢?"

宣王说:"当然跟多数人一起欣赏更快乐。"

孟子马上接着说:"那么,就让我向您谈谈欣赏音乐和娱乐的道理吧。假使王在这儿奏乐,老百姓听到鸣钟击鼓的声音,又听到吹箫奏笛的声音,却全都觉得头痛,愁眉苦脸地互相议论:'我们国王这样爱好音乐,为什么使我苦到这般地步呢!父子不能见面,兄弟妻子东逃西散!'假使王在这儿

① 原文见《孟子·梁惠王上》。

打猎,老百姓听到车马的声音,看到仪仗的华丽,却全都觉得头痛,愁眉苦脸地互相议论:'我们国王这样爱好打猎,为什么使我苦到这般地步呢?父子不能见面,兄弟妻子东逃西散'为什么百姓会这样呢?这没有别的原因,就是因为王只图自己快乐而不同大家一同娱乐的缘故。

"假使王在这儿奏乐,百姓听到鸣钟击鼓的声音,又听到吹箫奏笛的声音,全都眉开眼笑地互相告诉:'我们国王大概很健康吧,要不这样,怎么能够奏乐呢?'假使王在儿打猎,老百姓听到车马的声音,看到仪仗的华丽,全都眉开眼笑地互相告诉:'我们国王大概很健康吧,要不这样,怎么能够打猎呢?'为什么百姓会这样呢?没有别的原因,是因为王同百姓一同娱乐罢了。如果王同百姓一同娱乐,就可以使天下归服了"。"①

经过二次深谈,孟子发现齐宣王虽然没有立即任用他,但对他能待之以礼,尤其可贵的是,他能耐心地听自己讲述,并在认真思考后,提出问题同自己讨论。这使孟子看到了希望,促使他抓住一切与宣王谈话的机会,热诚地宣传他的王道思想。所以,在居齐的头几年,他同齐王交谈的内容十分广泛,但无论谈什么具体的问题,他都能十分巧妙地借题发挥,总是把齐宣王引向关于仁政的讨论上。有一次,宣王问他:"听说周文王有一处狩猎场,纵横七十里,真有这回事吗?"孟子答道:"在史籍上有这样的记载。"宣王问:"真有这么大吗?"孟子答道:"老百姓还觉得太小呢。"宣王感到不解,说道:"我的狩猎场,纵横只四十里,老百姓还认为太大了,这又是为什么呢?"

孟子说:"文王的狩猎场纵横七十里,割草打柴的去,打鸟捕兽的也去,同老百姓一同享用。老百姓认为太小,这不很自然吗?而您的狩猎场情况相反。我刚到齐国边界的时候,问明白了齐国最严重的禁令后,才敢入境。我听说在齐国首都的郊外,有一个狩猎场,纵横四十里,谁要杀害了里面的麋鹿,就等于犯了杀人罪。那么,这纵横四十里的地面,对老百姓来说,是在国内布置一个陷阱。他们认为太大了,不也应该吧?"②

---

① 原文见《孟子·梁惠王上》。
② 原文见《孟子·梁惠王上》。

还有一次,齐宣王问他:"和邻国相交有什么原则?"孟子答道:"有的。只有仁爱的人才能够以大国的身份来服侍小国,所以商汤服侍葛伯,文王服侍昆夷。只有聪明的人才能够以小国的身份服侍大国,所以太王服侍獯鬻,勾践服侍夫差。以大国身份服侍小国的,是无往而不快乐的人;以小国身份服侍大国的,是谨慎畏惧的人。无往而不快乐的人足以安定天下,谨慎畏惧的人足以治理好自己的国家。这正如《诗经·周颂·我将》篇说的:'害怕上苍有成灵,所以得到安宁。'"

宣王说:"您的话真高明呀!不过,我有个毛病,就是喜爱勇敢。"

孟子知道齐宣王说出他有"好勇"的毛病,实际是婉转表示,他不想服侍别国。但孟子仍规劝道:"那么,王就不要喜爱小勇。有一种人,只是手按着刀剑瞪着眼睛说:'他怎么敢抵挡我呢!'这只是个人的勇,只能敌得住一个人。希望王能够把它扩大。"

"《诗经·大雅·皇矣》篇说;'我王勃然一生气,整顿军队往前去,阻止侵略莒国的敌人,增强周国的威望,因以报答各国对周国的向往。'这便是文王的勇。文王一生气便使天下的百姓得到安定。"

"《书经》上说:'天降生一般的人,也替他们降生了君主,也替他们降生了师傅,这些君主和师傅的唯一责任,是帮助上苍来爱护人民。因此,四方之大,有罪者和无罪者,都由我负责。普天之下,何人敢超越他的本分胡作妄为?'当时有一个纣王在世间横行霸道,武王便认为这是奇耻大辱。这便是武王的勇。武王一生气也使天下的人民得到安定。如今王若是也生气而使天下人民得到安定,那么,天下的人民还只怕王不喜爱勇敢哩。"①

齐宣王感到孟老夫子说的那一套固然过于理想,但他老先生的确诚心为他着想,希望他能以王道统一天下。为了表示对孟子的敬意,他有一次在自己休养时特意在自己的别墅里接见了孟子。见孟子赴约走进自己的别墅雪宫,宣王问道:"有道德的贤人也有这种快乐吗?"

孟子答道:"有的。如果他们得不到这种快乐,他们就会埋怨国王了。

---

① 原文见《孟子·梁惠王上》。

得不到这种快乐就埋怨国王,是不对的。可是作为一国之主有快乐而不同他的百姓一同享受,也是不对的。国王以百姓的快乐为自己的快乐的,百姓也会以国王的快乐为自己的快乐;国王以百姓的忧愁为自己的忧愁的,百姓也会以国王的忧愁为自己的忧愁。和天下之人同忧同乐,这样还不能使天下归服于他的,是从来不曾有过的事。

"过去齐景公问晏子说:'我想到转附朝儛两个山上去游游,然后沿着海岸向南行,一直到琅琊。我该怎么办才能够和过去的圣贤之君的巡游相比拟呢?'晏子答道:'问得好呀! 天子到诸侯的国家去叫作巡狩。巡狩就是巡视各诸侯所守的疆土的意思。诸侯去朝见天子叫作述职。述职就是报告在他职责内的工作的意思。没有不和工作相结合的。春天巡视耕种情况,对贫穷的农户加以补助;秋天里考察收获情况,对缺粮的农户加以补助。'夏朝的谚语说:我王不出来游,我的休息向谁求? 我王不出来走,我的补助哪会有? 我的王游游走走,足以作为诸侯的法度。现在可不是这样了,国王一出巡,兴师动众,到处等粮运米。饥饿的人得不到吃食,劳苦的人得不到休息。所有人员无不切齿侧目,怨声载道,而人们就要为非作歹了。这样出巡,违背天意,虐待百姓,大吃大喝,浪费饮食如同流水,荒亡无行,使诸侯都为此而忧愁。怎么叫作流连荒亡呢? 由上游向下游的游玩乐而忘归叫作流,由下游向上游的游玩乐而忘归叫作连,无厌倦地打猎叫作荒,不知节制地喝酒叫作亡。过去的圣贤之君都没有这种流连荒亡的行为。您从事哪一种,由您自己决定吧!'

"景公听了,大为高兴。先在都城内做好准备,然后驻扎郊外,拿出钱粮,救济贫穷的人。景公又把乐官长叫来,对他说;'给我创作一个君臣同乐的歌曲!'这个乐曲就是《征招》、《角招》,歌辞说:'这样喜爱国君有什么不对的呢?'"①

雪宫谈话之后,齐宣王又一次召见了孟子。这次召见,是为了征求他对该不该毁明堂的意见。宣王问道:"别人都建议我把明堂拆毁掉,您认为

---

① 原文见《孟子·梁惠王上》。

是毁掉好呢,还是不毁掉好呢?"

齐国境内的明堂,始建于周武王东征时,是为周天子朝见诸侯而建,作为一种"明政教化之堂",它象征着周天子的尊严。在周天子名存实亡的战国时代',有人建议拆毁明堂,当然出于对周天子的蔑视。而这未必不反映宣王自己的态度,因为假如他尊重周天子,认为绝不能拆毁明堂,也就没有必要就这个建议征求孟子意见。孟子看透了宣王心里虽想反抗周天子,但又不敢公然说出口的微妙心理。可他不便戳穿,也不愿顺着宣王的意图说话,就巧妙地以明堂所象征的文化意义作答:"明堂是什么呢? 是有道德而能统一天下的王者的殿堂。您如果要实行王政,就不要把它毁掉。"

明堂毁还是不能毁,取决于行不行王政。这个回答,一下子引起了宣王对王政的兴趣,他马上就问:"您可以把如何行王政讲给我听听吗?"

孟子答道;"从前周文王治理岐周,对农民的税率是九分抽一;对做官的人给以世代承袭的俸禄;在关口和市场上,只稽查不征税;任何人要到湖泊捕鱼,不加禁止;犯罪的人,刑罚只及于他本人,不牵连到他的妻室儿女。失掉妻室的老年人叫作鳏夫,失掉丈夫的老女人叫寡妇,没有儿子的老人叫作孤独者,死了父亲的儿童叫作孤儿。这四种人是社会上穷苦无靠的人。周文王实行仁政,一定最先考虑到他们。《诗经・小雅・正月》篇说;'有钱财的人是可以过得去的了,可怜那些孤单的无依无靠者吧。'"

宣王听了,激动地说:"这话说得真好呀!"孟子见宣王被感动,便赶紧劝宣王说:"您如果认为这话好,那为什么不实行呢?"

宣王毕竟不是平庸之君,尚有自知之明。他想,自己曾当着孟子的面承认有"好乐"、"好勇"的毛病,以表示自己恐怕难以行仁政,但孟子不死心,总是说"好乐""好勇"并无什么害处,只要得当,合乎仁道,未必不是行仁政的很好的主观条件。既然孟子说"好乐""好勇"不妨碍行仁政,那么我现在再说一个更大的毛病,看他老先生还有什么话说。想到这里,宣王不禁心里一乐,却不动声色地说:"我有个毛病,我喜爱钱财。"

孟子说:"从前公刘也喜爱钱财,《诗经・大雅・公刘》篇说:'粮食真多,外有囤,内满仓;还包裹着干粮,装满橐,装满囊。人民安居,国威发扬。

箭上弦,弓开张,其他武器都上场,浩浩荡荡向前行。'因此留在家里的人有积谷,行军的人有干粮,这才能率领军队前进。王如果喜爱钱财,能跟百姓一道,那对于实行仁政来统一天下有什么困难呢?"

爱财与行仁政,在齐宣工看来,是矛盾的。他本以为说出自己有爱财的毛病,孟夫于就不再劝他行仁政了。哪知孟子又说出了爱财并不妨碍行仁政的道理。真是拿他老先生没办法!看来,不说出自己最大毛病,他老先生是决不松口的。于是一狠心,宣王又说:"我有个毛病,我喜爱女人。"

宣王想,孟夫子总不至于说一个爱女色的人也有资格行仁政吧。不料孟子又答道:"从前大王也喜爱女人,非常疼爱他的妃子。《诗经·大雅·绵》说:'古公亶父清早便跑着马,沿着邠地西边漆水河岸,来到岐山之下。还带领着他的妻子姜氏女,都来这里视察住处。当这个时候,没有找不着丈夫的老处女,也没有找不着妻子的单身汉。王假若喜爱女人,能跟百姓一道,那对于实行王政来统一天下有什么困难呢?"①

孟子抓紧一切机会,向齐宣王宣传王道政治。宣王虽然能认真听他讲述,有时亦不免被感动,甚至情不自禁地为他叫好,但他存着称霸诸侯的野心,不愿轻易放弃霸道,遵从王道,因而他也不向孟子表示愿意在齐国行仁政。在齐国已经待了好几年,苦口婆心,竭精竭诚,换来的仍是看不到希望的空等待。他再有修养,也不免烦恼。他母亲见他愁眉不展,经常叹息,知他有心事,就关心地问他:"儿啊,你为什么唉声叹气,愁眉不展呢?"

听到母亲的问话,孟子深悔让母亲为自己担忧,但他又不能欺瞒母亲,就诚实地回答道:"儿子听说过,一个有道德的人,立身出处,要合乎自己的身份,不可以苟且谋求荣誉和赏赐,也不可以贪图不义的荣华福禄。如今齐王不接受王道思想,儿子觉得待在齐国已失去意义,想离开齐国。但想到您老人家年纪已大,不宜远行,故左右为难,决定不下。儿子就为这事愁眉不展。"

听了孟子的话,孟母严肃地说:"一个妇道人家,礼制只要求他安守本

---

① 原文见《孟子·梁惠王上》。

分,善于烧饭、煮茶、酿酒、缝衣裳而已。所以说妇女应一心专重家务的操劳,而不应该有管外务的志向。《易经》上说:'无攸遂在中馈。'①《诗经》上说:'无非无仪,惟酒食是议。'②这都是讲妇人不应该弄权,对外务擅作主张,而必须遵守"三从之道'。所以说,幼时依从父母,出嫁后顺从丈夫,夫死后听从儿子,是礼制对妇人的要求。如今你早已长大成人,我也垂垂老矣。你走你的路,照你的道义行事;我守我的礼制,决不拖你的后腿。你为什么要愁眉不展呢?"③

　　母亲的教诲,使孟子幡然醒悟,认识到自己的担心是多余的。他想,既然母亲能体谅自己,让自己不用为不便远行而犯愁,按自己的意愿,照道义行事,那么自己还有什么可顾虑的呢? 还有什么不敢说的呢? 调整了自己的心态之后,孟子再去见齐宣王,就不免批评起来。一次,他一见到齐宣王,就口气生硬地问:"王有一个臣子把妻室儿女付托给朋友照顾,自己游楚国去了。等回来的时候,他的妻室儿女却在挨饿受冻。对待这样的朋友应该怎么办呢?"宣王答道:"和他绝交。"孟子又问:"假若管刑罚的长官不能管理他的下级,那应该怎样办呢?"宣王答道:"撤掉他!"孟子再问:"假若一个国家的政治搞得很不好,那又该怎么办呢?"④听了这么尖锐的批评,齐宣王不好回答,就左右张望,把话题扯到别处去了。

　　过了一些时候,孟子见齐宣王没有重视他的批评,就又去见宣王,直接批评齐国空有"故国"⑤的名声。他说:"所谓'故国',并不是说那个国家里有高大的树木,而是说那个国家里有累代功勋的老臣。您现在没有亲信的臣子啦。过去所任用的人到今天想不到都罢免了。"⑥

　　齐宣王当然能听出孟子这是批评他不会任用人才,让齐国这么一个国统长久的大国,竟然不易见到知识渊博、经验丰富的老臣。但他如何能听

---

① 此为《家人》卦六二爻辞。
② 见《诗经·小雅·鸿雁》篇之《斯干章》。
③ 原文见《孟子外书》。
④ 原文见《孟子·梁惠王上》。
⑤ 对文比传统深厚、国统流传长久的国家的称谓。
⑥ 原文见《孟子·梁惠王上》。

得进去。他想,孟夫子明明知道我在"稷下学宫"养着上千游说之士,让他们"不治而议",专心从事文化学术事业,却批评我不会任用人才,这岂不是空口说白话吗?所以,对孟子的这个批评,宣王又没有作正面回答,又是把话题扯到别处去了。

孟子深知齐宣王听不进批评,是由于对会用人才缺乏清醒的认识。所以,又一次会见宣王时,他就郑重地告诉宣王,所谓会用人才,并不是指能够养一大批人才,而是指善于根据他们各自的专长加以任用,使他们各得其所,各尽其能。他说:"建筑一所大房子,那一定要派工师①去寻找大的木料。工师得到了大木料,王就高兴,认为他能够尽到他的责任。如果木工把那木料砍小了,王就会发怒,认为担负不了他的责任。有些人,从小学习一门专业,长大了便想运用实行。可王却对他说'把你所学的暂时放下,听从我的话吧!'这又怎么行呢?假定王有一块未经雕琢的玉石,虽然它的价值很高,也一定要请玉匠来雕琢它,可是一说到治理国家,你却说:'把你所学的暂时放下,听从我的话吧!'这跟您让玉匠按照你的办法雕琢玉石,又有什么两样呢?"②

孟子的这番话,未必不是对宣王久久不任用他所发的牢骚。宣王本想象对待诸多"稷下学宫"的游士一样对待孟子,与其委以重任,不如让他无职而议,现在听到孟子发这样的牢骚,他才终于明白,孟子来到齐国,是想为实现自己的理想干一番实际的事业,并不想"不治而议",仅仅满足于向自己说教。可自己偏偏将他与其他游士一样看待,只是为了听其议论而待之以礼,从未考虑如何根据他的才能委以重任,这就难怪他老先生批评自己不会任用人才。想到这里,齐宣王马上意识到,在如何对待孟子这个问题上,他只有两种选择,要么仍不任用孟子,可这势必导致孟子离开齐国;要么立即重用孟子,使他得到安慰,继续在齐国待下去。齐宣王的确不想放走孟子,他觉得尽管孟老先生有时话说得很刺耳,但委实出于对人类苦难的真诚关注与想解救人类苦难的迫切愿望,有这样一个人生境界高尚的

---

① 工师系各种工匠的主管官。
② 原文见《孟子·梁惠王上》。

先生在自己身边经常评论齐国的政治，提醒自己如何当好一国之君，对自己成就千秋大业并无害处。所以，齐宣王采取了后一种选择，打算尽快任用孟子，委以齐国卿相的重任。

听到齐宣王准备任孟子为齐国卿相的消息，弟子们都欢欣鼓舞，为老师终于真正受到宣王的看重而由衷地高兴。公孙丑首先向孟子道贺，并问他："老师假若做了齐国的卿相，能够实现自己的主张，从此小则可以成霸业，大则可以成王业，那是不足奇怪的。如果遇到这种情况，您是不是有所恐惧而动心呢？"

孟子说："不，我从四十岁起就不再动心了。"

公孙丑说："这么看来，老师比孟贲强多了。"

孟子说："这个不难，告子能够不动心比我还早呢。"

公孙丑问："不动心有方法吗？"

孟子答道："有。北宫黝的培养勇气：肌肤被刺，毫不颤动；眼睛被戳，都不眨一眨。他以为受一点挫折，就好像在稠人广众之中挨了鞭打一样。既不能忍受卑贱人的侮辱，也不能忍受大国君主的侮辱。把刺杀大国的君主看成刺杀卑贱人一样。对各国的君主毫不畏惧，挨了骂一定回击。孟贲施舍的培养勇气又有所不同，他说：'我对不能战胜的敌人，跟对待足以战胜的敌人一样。如果先估量敌人的力量这才前进，先考虑胜败这才交锋，这种人若碰到数量众多的军队一定会害怕。我哪能一定打胜仗呢？不过是能够无所畏惧罢了。'孟贲施舍的培养勇气像曾子，北宫黝的培养勇气像子夏。这两个人的勇气，我也不知道谁强谁弱，但从培养方法而论，孟贲施舍比较简易可行。从前曾子对于襄说：'你喜欢勇敢吗？我曾经从孔老师那里听到过关于大勇的理论：反躬自问，正义不在我，对方纵是卑贱的人，我不去恐吓他；正义确在我，对方纵是千军万马，我也勇往直前。'孟贲施舍的培养勇气只是保持一股无所畏惧的盛气，曾子却以理的曲直为断，孟贲施舍自然又不如曾子这一方法的简易可行。"

公孙丑说："我大胆地问您：老师的不动心和告子的不动心，可以讲给我听听吗？"

孟子说:"告子曾经讲过,'假若不能在言语上得到胜利,便不必求助于思想;假若不能在思想上得到胜利,便不必求助于意气。'我认为,不能在思想上得到胜利,便不必求助于意气,是对的;不能在言语上得到胜利,便不必求助于思想,是不对的,因为思想是意气感情的主帅,意气感情是充满体内的力量。思想意志到了哪里,意气感情也就在哪里表现出来。所以我说,'要坚定自己思想意志,也不要滥用自己的意气感情。'"公孙丑说:"您既然说,'思想意志到了哪里,意气感情也就在哪里表现出来',但是您又说,'既要坚定自己的思想意志,同时又不要滥用自己的意气感情。'这是什么道理呢?"

孟子说:"思想意志若专注于某一方面,意气感情自然必为之转移,这是一般的情况。意气感情假若也专注于某一方面,也一定会影响到思想意志,不能不为之动荡,譬如跌倒和奔跑,这只是体气上专注于某一方面的震动,然而也不能不影响到思想,造成心的浮动。"

公孙丑问道:"请问,老师长于哪一方面?"

"气,必须与义和道配合;缺乏它,就没有力量了。那一种气,是由正义的经常积累所产生的,不是偶然的正义行为所能取得的。只要做一件于心有愧的事,那种气就会疲软了。所以我说,告子不曾懂得义,因为他把义看成心外之物。义在心内一定要培养它,但不要有特定的目的;时时刻刻地记住它,但是也不能违背规律地帮助它生长。不要学宋国人那样。宋国有一个担心禾苗不长而去把它拔高些的人,十分疲倦地回去,对家里人说:'今天累坏了! 我帮助禾苗生长了。'他儿子赶快跑去一看,禾苗都枯槁了。其实天下不帮助禾苗生长的人是很少的。以为培养工作没益处而放弃不干的,就是种庄稼不锄草的懒汉;违背规律地去帮助它生长的就是拔苗的人。这种助长行为,不但没有益处,反而会伤害它。"

公孙丑问:"怎么样才算善于分析别人的言辞呢?"孟子答道:"不全面的言辞我知道它片面性之所在;过分的言辞我知道它失足之所在;不合正道的言辞我知道它与正道分歧之所在;躲闪的言辞我知道它理屈之所在。这四种言辞,从思想中产生出来,必然会在政治上产生危害;如果把它体现于政治设施，一定会危害国家的各种具体工作。如果圣人再出现也一定会承认我的话是对的。"

公孙丑说："宰予、子贡善于讲话，冉牛、闵子、颜渊善于阐述道德，孔子则兼有两长，但是他还说，'我对于辞令，太不擅长。'您既然两方面兼有，那么，您已经是位圣人了吗？"

孟子说："哎呀！这是什么话。从前子贡问孔子说：'老师已经是圣人了吗？'孔子说，'圣人，我做不到；我不过学习不知疲倦，教人不嫌疲劳罢了。'子贡便说：'学习不知疲倦，这是智；教人不嫌疲劳，这是仁。既仁且智，老师已经是圣人。'圣人，连孔子都不敢自居，你让我担这个名，这是什么话呢！"

公孙丑说："从前我曾听说过，子夏、子游、子张都各有孔子的一部分长处；冉牛、闵子、颜渊大体近于孔子，却不如他那样的博大精深。请问老师，您自居于哪一种人？"

孟子答道："暂且不谈这个。"

公孙丑又问："伯夷和伊尹怎样？"

孟子答道："也不相同。不是他理想的君主，他不去服侍；不是他理想的百姓，他不去使唤；天下太平就出来做官，天下昏乱就退而稳居，伯夷是这样的。任何君主都可以去服侍，任何百姓可以去使唤；太平也做官，不太平也做官，伊尹是这样的。应该做官就做官，应该辞职就辞职，应该继续干就继续干，应该马上走就马上走，孔子是这样的。他们都是古代的圣人，可惜我都没有做到；至于我所希望的是学习孔子。"

公孙丑问："伯夷、伊尹与孔子他们不一样吗？"孟子答道："不，从有人类以来，没有能比得上孔子的。"

公孙丑又问："在这三位圣人中，有相同的地方吗？"

孟子答道："有。如果有纵横各一百里土地的国家，而以他们为君王，他们都能够使诸侯来朝觐，统一天下。如果让他们做一件不合理的事，杀一个没有犯罪的人，因而得到天下，他们都不会做的。这就是他们相同的地方。"

公孙丑说:"请问,他们不同的地方又在哪里呢?"

孟子说:"宰予、子贡、有若三人,他们聪明知识足以了解圣人,即使他们不好,也不至偏袒他们所爱好的人。宰予说:'以我来看老师,比尧舜都强多了。'子贡说:'看见一国的体制,就了解它的政治;听到一国的音乐,就知道他们的德教。即使从百代以后去评价百代以来的君王,任何一个君主都不能违离孔子之道。从有人类以来,没有能及他老人家的。'有若说:'难道仅仅人类有高下的不同吗? 麒麟对于走兽,凤凰对于飞鸟,太山对于土堆,河海对于小溪,何尝不是同类,圣人对于百姓,亦是同类,但远远超出了他那一类,大大高出了他那一群。从有人类以来,没有比孔子还要伟大的。'"①

孟子这样热情认真地回答弟子的提问,与其说体现了他一贯坚持的师道——诲人不倦,不如说乘机发表他的为政宣言,让人们都清楚:他虽然不敢自居圣人,但愿意向孔子学习,既不为个人的身心自由在该做官时不去做官,也不会因贪图生活上的享受将来在该辞职时不去辞职;在他为政期间,他将以理智与情感兼备的原则处理问题,遇事既坚定自己的思想意志,又不滥用自己的意志情感;还将遵循客观规律,决不做拔苗助长的蠢事,同时对危害政治的四种言论,他将善于防范,使它无法危及国家的各种具体工作;他还保证,他将始终保持浩然正气,绝不屈服任何人、任何事,坚持按照道义办事。

不久,齐宣王果然正式任用孟子为齐国的卿相。在三卿之中,卿相当属上卿②,职位甚高,这对屡遭诸侯冷眼的孟子,不能不是个极大的安慰,委实令他欢欣。可"老天爷"偏偏喜欢捉弄他。就在他任齐国卿相的这一年,与他相依为命半个多世纪的母亲无疾而逝,永远地告别了他。这一不幸的突然降临,使尚未从容感受出仕喜悦的孟子在情感上一下子转为巨大的悲痛。他从小便失去了父亲,是母亲千辛万苦地把他抚养成人。如果说母亲始终在生活上无微不至地关心他,是其他为人之母者也能做到的话,

---

① 原文见《孟子·公孙丑上》。
② 一说卿相为客卿,客卿参与和议论朝政,俸禄甚厚,但无什么实权。

那么为了把他培养成有学识、有道德的人，像母亲那样耗尽了血、费尽了精神，天底下能有几个母亲做得到。甚至在他成长为中年人之后，母亲仍不愿待在家里安度晚年，却坚持要伴随在他身边，随他到处奔波，不但和他一样吃了许多苦，而且时时为他操心犯愁。现在眼看就要过上安定、富足的生活了，可她老人家却撒手离开了自己，就好像母亲来到人世间，专是为了她的儿子来受苦受难。孟子越想越不能从巨大的悲痛中自拔，觉得只有尽自己的财力为母亲隆重地送葬，才能稍微安抚一下悲痛的心灵。这个想法是强烈的，驱使他不顾一切，坚持把母亲遗体从齐国送回鲁国埋葬。到鲁国后，他又坚持选上等的木材为母亲制作棺椁，厚葬了他那可亲可敬的母亲。

孟子厚葬其母，在重礼教讲孝道的鲁国，影响甚大。鲁平公听到了，觉得以前孟子来鲁国时，他没有会见孟子，固然没有什么可悔的，可现在孟子身为齐国的卿相，再不去相见，恐怕将来悔之晚矣。于是鲁平公准备主动地拜访孟子。当鲁平公准备外出时，臧仓请示道："平日您外出时，一定把要去的地方通知管事的人。现在车马已经预备好了，管事的人还不知道您要往哪里去，因此来请示。"

鲁平公说："我要去拜访孟子。"

臧仓说："您不尊重自己的身份，而先去拜访一个普通人，为的是什么呢？您以为孟子是贤德之人吗？贤德之人的行为应该合乎礼义，而孟子办他母亲的丧事大大超过他以前办父亲的丧事，未必有圣德吧。您不要去看他！"

平公说："好吧。"

乐正子听说鲁平公先准备去见孟子，后来却未去，就去见平公，问道："您为什么不去看孟轲呢？"

平公说："有人告诉我说，孟子办他母亲的丧事大大超过了以前办父亲的丧事，所以不去看他了。"

乐正子说："您所说的超过，是什么意思呢？是办父亲的丧事用士的礼，办母亲的丧事用大夫之礼吗？是办父亲的丧事用三个鼎摆设供品，办母亲的丧事用五个鼎摆设供品吗?"

平公说:"我指的是棺椁衣衾的精美。"

乐正子说:"那便不能叫'超过',只是前后贫富不同罢了。"

乐正子去见孟子,说道:"我同鲁君讲了,他打算来看你。可是臧仓阻止了他,他因此就不来了。"

孟子说:"一个人要干事情,是有一种力量在支使他;就是不干,也是有一种力量在阻止他。干与不干,不是单凭人力所能做到的。我不能与鲁侯遇合,是由于天命。臧家那个小子,他怎么能使我不和鲁君相遇合呢?"[1]

臧仓借口孟子葬父[2]不如葬母隆重阻止鲁平公拜访孟子,当然属于小人的别有用心。但由于孟子安葬其母花费巨大,不要说普通的鲁国人难以理解,就连帮他料理丧事的弟子也觉得有些过分了。但忙忙碌碌的弟子们,看着老师那因悲痛而伤心欲绝的样子,怕他受不了,谁也没忍心去劝他,在他伤痛的心上再捅一下。待到丧事结束,他们师生一行返回齐国,走到赢县[3],停下休息时,弟子充虞终于忍不住,走向前问道:"承您看得起我,使我监理棺椁的制作工作。当时大家都忙碌,我虽有疑问,不敢请教。今日才来请教:棺木似乎太好了。"

在鲁国时孟子听到有人指责他葬父不如葬母隆重,他难免生气,可此时他内心的巨大悲痛已基本化解,故听到弟子说他太破费,也不感到刺耳,仍然耐心地解释说:"上古对于棺椁的尺寸,没有一定的规矩;到了中古,才规定棺厚七寸,椁的厚度以相称为准。从天子一直到老百姓,讲究棺椁,不仅是为着美观,而是要这样,才算尽了孝子之心。为法制所限,不能用上等木料,当然不称心;能用上等木料,没有财力,也还是不称心。又有用上等木料的地位,财力又能买得起,古人都如此做了,我为什么不这样呢?而且为了不使死者的尸体和泥木相挨,对孝子来说,难道就足以称心了吗?我

---

① 原文见《孟子·梁惠王上》。
② 孟子从小便失去父亲。则孟子之葬父,可以推想系其成人后改葬其父。
③ 故城在今山东莱芜市西北四十里北。

听说过,在任何情况下,都不应当在父母身上去省钱。"①

返回到齐国后,孟子想,既然自己受命担任齐国的卿相,享受丰厚的俸禄,就应履行卿相的职责,积极参与和议论朝政,为齐国效力。基于这种想法,他去见齐宣王,请求宣王准许他到齐国各地去视察民情。宣王很高兴他有这个请求,立即爽快地答应了。于是他不辞辛苦,一连视察了五个地方,了解了不少地方上的事情。

在视察中,他善于根据自己的观察,有针对性地考察地方上的长官。某天,当他在平陆②视察完毕后,去见当地长官孔距心,问道:"如果你的战士,一天三次失职,你开除他吗?"

答道:"不必等待三次,我就开除他了。"

孟子说:"你自己失职的地方也很多了。灾荒年成,你的百姓,年老体弱抛尸露骨于山沟中的,年轻力壮逃亡于四方的,已将近千人了。"

答道:"这个事情不是我的力量所能做到的。"

孟子说:"譬如现在有一个人,接受别人的牛羊而替人牧放,那一定要替牛羊寻找牧场和草料了。如果牧场和草料都找不到,还是把它们退还原主呢,还是站在那里看着它们一个个死去呢?"

孔距心听出这是批评他对老百姓的死活漠不关心,没有积极想办法帮助老百姓度过灾荒之年,就老实地回答说:"这个就是我的罪过了。"

视察完毕回到临淄,孟子朝见了齐宣王,向他回禀了视察的感受和想法,并特意对宣王说:"王的地方长官,我认识了五位。明白自己罪过的,只有孔距心一个人。"于是他把与孔距心的问答复述了一遍。

宣王听了,说道:"这个也是我的罪过呢!"③

孟子不但自己积极参与朝政,为宣王解忧排难,而且经常鼓励、督促其他臣子尽职尽责。蚔蛙本是灵丘④的地方长官,但他请求宣王改任他为治

① 原文见《孟子·公孙丑下》。
② 齐国边邑名,故城在今山东法上县北。
③ 原文见《孟子·公孙丑下》。
④ 齐国边邑名,故城一说在今山东聊城,一说在今山东藤县附近。

狱官。任治狱官几个月了，蚳蛙也未向宣王进言，有失职责。孟子觉得有必要给他提醒，就特意约见暴蚳蛙，对他说："你辞去灵丘长官，却要做治狱官，似乎很有道理，因为可以向王进言。现在，你做了治狱官已几个月了，还不能向王进言吗？"

蚳蛙听从了孟子的规劝，去向宣王进谏，一连进了三次，宣王都不听，蚳蛙因此辞职而去。① 这件事传开来以后，有人就说："孟子替蚳蛙考虑的主意是不错的了，但是他怎样替自己考虑呢，那我还不知道。"此话实际上埋怨孟子自己怕丢官，不去谏宣王，却鼓动蚳蛙进谏，害得他丢官。弟子公都子听到这些议论，就去把这些议论转告老师。听了公都子的转告，孟子说："我听说过：有固定职务的，如果无法尽其职责，就可以不干；有进言的责任的，如果言不听，计不从，也可以不干。我既无固定的职务，又没有进言的责任，那我的行动，难道不是宽舒得有无限的回旋余地吗？"②

在孟子参与齐国朝政期间，滕文公逝世。滕国是齐国近邻，且一直与齐国和平共处，齐国自然要派使节前往滕国吊丧。考虑到孟子曾与滕文公有很深的交往，宣王便派孟子为使节到滕国去吊丧，同时还派盖邑③的地方官王驩作为副使同行。王驩与孟子朝夕相见，成天在一起，但在去滕国的途中，却从未看孟子与王驩一道谈过公事。随行的弟子公孙丑感到奇怪，就问老师："齐国卿的官位，不算小了；齐滕间的距离，不算近了；但来回一趟，却不曾和王驩谈过公事，这是为什么呢？"

孟子答道："他既然一个人独断独行，我还说什么呢？"④

孟子与王驩的不能合作，固然因为王驩的独断独行，但更深层的原因是他俩曾有过节。前不久，齐国大夫公行子死了长子。在那时，大夫家死了长子，是一件大事，所以齐国的诸大夫都纷纷前去吊唁，孟子与王驩当然也不例外，只不过王驩比孟子迟到了一会儿。王驩一进公行子家的门，便

---

① 因为按照当时礼制，臣三谏而不被采用，当辞仕而去。
② 原文见《孟子·公孙丑下》。
③ 齐邑名，故城在今山东沂水县西北八十里。
④ 原文见《孟子·公孙丑下》。

有人走向前去同他说话,他坐了下来,又有人走近他的席位同他说话,唯有孟子不同他说话。王驩很不高兴,就当着众人的面生气地说:"各位大夫都同我说话,只有孟子不同我说话,这是对我的怠慢。"

孟子哪能容忍王驩的责难,遂亦当众反驳说:"按照礼节,在朝廷中,不跨过位次来交谈;也不越过石阶来作揖。我依礼而行,子敖①却以为我怠慢了他,不也可怪吗?"②

宣王五年③燕王子哙听信佞臣的建议,效仿尧舜禅让,把燕国君位让给了他的相国子之,但国人不服,将军市被和太子平率兵攻打子之。子之反攻,杀了市被和太子平。燕国紧邻齐国的东北边境,该国发生政治动乱,当然是齐国向北扩张领土的好机会。所以,一听到这个消息,齐宣王就立即召集大臣们商议是否乘机讨伐燕国。由于伐燕必然要招致其他诸侯的干预,故主张伐燕和反对伐燕的臣子激烈争论,各不相让,使宣王一下子难以做出果断的抉择。正在他感到左右为难之时;他听说孟子已从滕国回到齐国,就不等孟子上朝复命,迫不及待派沈同去征求孟子对要不要伐燕的意见。他不想让孟子过早地揣摩出他的意图,就命令沈同不必说明是奉命请教,沈同于是以个人身份去问孟子:"燕国可以讨伐吗?"孟子答道:"可以。燕王子哙不能够任意把燕国交给别人;他的相国子之也不能就这样从子哙那里接受燕国。譬如有这么一个人,你很喜欢他,便不向王请示而自做主张地把你的俸禄官位都让给他;他呢,也没有国王任命便从你那里接受了俸禄官位,这样可以吗? 子哙之私相授受的事和这个例子又有什么分别呢?"④

孟子的这个回答,并不涉及该不该由齐国讨伐燕国这个问题,只是告诉沈同,转让国家和接受这一转让,都是不可容忍的事,因而要讨伐燕国没有什么不合理的地方。可宣王听了沈同的回禀,误认为连一贯反对以武力

① 子敖系王驩的表字。
② 原文《孟子·离娄下》。
③ 公元前316年。
④ 原文见《孟子·公孙丑下》。

征服别国的孟老夫子也主张齐国出兵讨伐燕国，便不再犹豫，下令进攻燕国。

孟子推崇王道，反对霸道，是众所周知的事情。现在听说他也赞成齐国出兵讨伐燕国，许多人都感到迷惑不解，不免议论起来。有人甚至特意去问孟子："齐国讨伐燕国，你曾经劝说过，有这回事吗？"孟子答道："没有。沈同曾经用他个人身份问我，说'燕国可以讨伐吗？'我答应说：'可以。'他们就这样地去打燕国了。他假若再问，'谁可以去讨伐呢？'那我便会说：'只有天子才可以去讨伐。'譬如这里有一个杀人犯，有人问道：'这犯人该杀吗？'那我会说：'该杀。'假若他再问：'谁可以杀他呢？'那我就会回答，'只有治狱官才可以去杀他。'如今用一个同燕国一样暴虐的齐国去讨伐燕国，我为什么去劝他呢？"①

齐宣王听到此话，感到很不快。他想，既然齐国攻打燕国已大获全胜，孟老夫子说这话，骂齐国如同燕国一般暴虐，究竟是何用心？他不能不问个明白，遂专门召见了孟子，问道："有些人劝我不要吞并燕国，也有些人劝我吞并它。我想，以一个拥有万辆兵车的大国去攻打同样拥有万辆兵车的大国，只用五十天便打下来了，光凭人力是做不到的呀，定是天意如此。如果我们不把它吞并，上天会怪罪我们，降下灾害来。吞并它，怎么样？"②

既然宣王将齐国讨伐燕国获胜说成是天意的体现，那么与他谈齐国该不该讨伐燕国还有什么意义，不如劝他讲仁道，以避免发生更大的战争祸害。这样一想，孟子便避开宣王的话题，不去评论齐国讨伐燕国究竟该不该、有没有意义，而是提醒宣王要善待燕国民众，以挽回伐燕造成的不良影响。他说："如果吞并它，燕国百姓倒很高兴，便吞并它。古人有这样做过的。周武王便是。如果吞并它，燕国的百姓不高兴，那就不要吞并它。古人有这样做过的，周文王便是。以齐国这样拥有一万辆兵车的大国去攻打燕国这样拥有一万辆兵车的大国，燕国的百姓却用筐盛着干饭，用壶盛着酒浆来欢迎您的军队，难道会有别的意思吗？只不过是想逃开那水深火热

---

① 原文见《孟子·公孙丑下》。
② 原文见《孟子·梁惠王下》。

的苦日子罢了。如果他们的灾难更加深了,那只是统治者由燕转为齐罢了。"①

孟子这番话,显然是提醒齐宣王,既然已攻入了燕国,那么只有靠行仁道来补救了,千万不要再掠夺燕国人民的财产,侵吞燕国人民的土地,以免招致恶果。但齐宣王对孟子的提醒并不重视,非但没有下令制止齐军在燕国大肆掠夺,而且公然吞并了燕国。这下惹怒了早已忍无可忍的其他诸侯,纷纷表示愿意出兵伐齐救燕。听到这个消息,宣王很着急,赶忙召见了孟子,问他有何良策。孟子先引用《尚书》上的话,说明老百姓为什么会欢迎商汤的讨伐,然后针对齐军在燕国霸道行径,尖锐地指出:"如今燕国的君主虐待百姓,您去征伐他,那里的百姓认为您是要把他们从水深火热的苦难中解救出来,因此都用筐盛着干饭,用壶盛着酒浆来欢迎您的军队。而您呢,却杀掉他们的父兄,掳掠他们的子弟,毁坏他们的宗庙祠堂,搬走他们的国家宝器。这怎么可以呢?天下各国本来就害怕齐国强大,现在齐国的土地又扩大了一倍,而且还是暴虐无道,这自然会招致各国兴兵动武。您赶快发出命令,遣回老弱的俘虏,停止搬运燕国的宝器,再和燕国的人士协商,择立一个燕王,然后自己从燕国撤退,这样做,要使各国停止兴兵,还是来得及的。"②

宣王仍然不听孟子的劝告,继续驻兵燕国,并采取严酷的军事统治。齐国在燕国实行严酷的军事统治,激化了同燕国人民的矛盾,终于逼得燕国人群起反抗齐国,推翻了齐国的军事统治。赵国又乘机从韩国召回燕公子职,派乐池送入燕国,立为燕君。③ 遭到这一挫折后,再想想孟子曾经对他的规劝,齐宣王感到心里不是滋味,便不自由自主地对身边的臣子陈贾说:"我对于孟子感到非常惭愧。"陈贾觉得宣王过于自责,就劝慰说:"王不要难过。在仁和智的方面,王和周公比较,您自己说,谁强一些?"宣王还有自知之明,不敢自比周公,听陈贾这么发问,赶忙说:"哎!这是什么

---

① 原文见《孟子·梁惠王下》。
② 原文见《孟子·梁惠王下》。
③ 即燕昭王。

话!"想制止陈贾说下去。可陈贾故意装傻,不听制止。继续接着说:"周公使管叔监督殷国,管叔却率领殷民来造反。这一结果,如果周公早已预见了,却仍然使管叔去监督,那是他的不仁;如果周公未曾预见到,便是他的不智。仁和智,周公都没有完全做到,何况您呢?我愿意去看孟子,向他解释解释。"

于是陈贾来见孟子,问道:"周公是怎样的人?"

答道:"古代的圣人。"

陈贾又问:"他使管叔监督殷国,管叔却率领遗民造反,有这回事吗?"

答道:"有的。"

陈贾再问;"周公是早预见到管叔会造反,却偏偏使他去的吗?"

答道:"周公是不曾预见的。"

陈贾说:"这样说来,圣人也会有过错吗?"

孟子答道:"周公是弟弟,管叔是哥,那么,周公犯这样的错误,难道不也是合乎情理吗?而且,古代的君子,有了过错,随即改正;今天的君子,有了过错,竟将错就错。古代的君子,他的过错,好像日食月食一般,老百姓个个都看得到;当他改正的时候,个个都抬头望着。今天的君子,不仅仅将错就错,并且还编造一番假道理来为错误辩护。"①

通过伐燕这件事,不但使孟子真切地感受到了在国家大政方面宣王其实听不进他的意见,而且也使宣王感到不好意思面对孟子。宣王甚至因不好意思见到孟子而开始设法应付孟子。一次,孟子准备去朝见宣王,恰好宣王派了个人来,传他的话说:"我本该来看你,但是感冒了,不能吹风。如果你肯来朝,我便也临朝办公,不晓得能够使我看到您吗?"

孟子答道:"不幸得很,我也有病,不能到朝廷里来。"

第二天,孟子要到东郭大夫家里去吊丧。公孙丑说:"昨天托词有病谢绝王的召见,今天又去吊丧,大概不可以吧?"

孟子说:"昨天生了病,今天好了。为什么不去吊丧呢?"

---

① 原文见《孟子·公孙丑下》。

齐宣王打发人来问病,并且派医生同来。

孟仲子应付说:"昨天王有命令来,他得着小病,不能奉命上朝廷去。今天刚好一点,已经上朝廷里去了,但是我不晓得能够到达不。"

接着孟仲子派了好几个人分别在孟子归家的路上拦截孟子,说道:"您无论如何不要回家,一定要赶快上朝廷会!"

孟子没有办法,只得躲到景丑的家里歇宿。

景丑说:"在家庭里有父子,在家庭外有君臣,这是人与人之间重要的关系。父子之间以慈爱为主,君臣之间以恭敬为主。我只看见王对你很尊敬,却没有看见你对王是怎样恭敬的。"

孟子说:"哎!这是什么话!在齐国人中,没有一个拿仁义的道理向王进言的,他们难道以为仁义不好吗?不是的。他们的心里是这样想的:'这个王哪能够得上和他谈仁义呢?'他们对王就是这样的。这才是最大的不恭敬呢。我呢,不是尧舜之道不敢拿来向王陈述,所以在齐国人中没有一个赶得上我这样对王恭敬的。"

景丑说:"不,我所说的不是指这个。礼经上说过,父亲召唤,'唯'一声就起身,不说'诺';君主召唤,不等待车马驾好就先去。你呢,本来准备朝见,一听到王的召见,反而不去了,似乎和礼经所说有点不相符吧。"

孟子说:"原来你说的是这事呀!曾子说过:'晋国和楚国的财富,是我们赶不上的。但是,他有他的财富,我有我的仁;他有他的爵位,我有我的义,我为什么觉得比他少了什么呢?'这些话如果没有道理,曾子难道肯说吗?大概是有点道理的。天下公认尊贵的东西有三样:爵位是一个,年龄是一个,道德是一个。在朝廷中,先论爵位;在乡里中,先论年龄;至于辅助君主统治百姓自然以道德为最上。他哪能凭着爵位来轻视我的年龄和道德呢?所以大有作为的君主一定有他不能召唤的臣子,若有什么事要商量,就亲自到臣那里去。尊尚道德和乐行仁政,如果不这样,便不足和他有所作为。因此,商汤对于伊尹,先向伊尹学习,然后以他为臣,于是乎不大费力气而统一了天下;桓公对于管仲,也是先向他学习,然后以他为臣,于是乎不大费力气而称霸诸侯。现在,各个大国,土地的大小是一样的,行为作风也不相上下，彼此之间谁也不能驾凌在谁之上，没有别的缘故，正是因为他们只喜欢以听从他的话的人为臣，却不喜欢以能够教导他的人为臣。商汤对于伊尹，桓公对于管仲，就不敢召唤。管仲还不可以召唤，何况连管仲都不愿做的人呢？"①

情感上的疏远，就这样导致了孟子与宣王见面的次数越来越少。即便有时囿于君臣之礼，不得不相见，可一见了面，谈起话来，亦往往话不投机半句多。一次，孟子与宣王相见时，起先还是闲谈，谈着谈着，孟子突然郑重地告诉宣王说："君主把臣下看待为自己的手脚，那臣下就会把君主看待为自己的心腹；君主把臣下看待为狗马，那臣下就会把君主看待为一般人；君主把臣下看待为泥土草芥，那臣下就会把君主看待为仇敌。"

孟子此话未必是把他所以与宣王疏远的责任归咎于宣王对他的不恭。宣王智商并不低，他听出了孟子对他的责怪，但他不想直接表明自己对此事的想法，遂以攻为守反问孟子："礼制规定，已经离职的臣子对过去的君主还得服一定的孝服，君主怎样对待臣下，臣下才会为他服孝呢？"

宣王的这一问话，显然是要孟子问答连离职的臣子尚须为君主服孝，一个官职在身的臣子有什么理由可以慢待君主。孟子当然也能听出宣王这是对他方才责怪的回击，但他并不气馁，毫不含糊地回答说："谏，他接受照办了；建议，他听从了；政治上的恩惠下达到老百姓；有什么事故不得不离开，那君主一定打发人引导他离开国境，并且先派人到他要去的那一地方做一番布置；离开了三年还不回来，才收回他的土地房屋。这叫作三有礼。这样做，臣下就会为他服孝了。如今做臣下，劝谏，不被接受；建议，不被听从；政治上的恩惠到不了百姓；有什么事故不得不离开，那君主还把他捆绑起来；他到一个地方，还想方设法使他穷困万分；离开那一天，就收回他的土地房屋。这个叫作仇敌。对仇敌样的旧君，臣下还服什么孝呢？②"

孟子多次这样尖锐批评宣王，使宣王十分恼火，终于有一天他按捺不

---

① 原文见《孟子·公孙丑下》。又，此处所谓"连管仲都不愿做的人"，实指孟子自己。孟子曾明确表示反对把他同管仲相比。参见《公孙丑上》。

② 原文见《孟子·离娄下》。

住怒气,一见孟子,劈头就问孟子:作为一个卿,应当怎样守礼尽职? 孟子当然清楚宣王所以有此问,是他对自己屡次冒犯他表示极大不满,但孟子并不说穿它,却故意问道:"王所问的是哪一种类的卿?"宣王觉得难以理解,不由地丢开了原先的想法,顺着孟子的话追问道:"都是卿,难道还不一样吗?"孟子答道:"确实不一样。有和王室同宗族的公卿,有非王族的公卿。"宣王说:"我请问和王室同宗的公卿。"孟子说:"君主若有重大的错误,他便加以劝阻;如果反复劝阻了还不听从,就要把他废弃,改立别人。"听到孟子这么说,宣王突然变了颜色。见宣王脸色变了,孟子赶紧接着说:"王不要奇怪。王问我,我不敢不拿老实话答复。"宣王的脸色恢复了正常,又请问非王族的公卿。孟子说:"君王若有错误,便加以劝阻;如果反复劝阻了还不听从,自己就离职。"①

孟子身居卿相之职,他说出此话,不啻明明白白地告诉宣王,既然宣王屡次不听他的规劝,他只有辞职离开齐国这件事可做了。果然,这次交谈后不久,孟子就辞去了卿相的官职准备告老还乡。宣王知道要挽留住孟子不太可能,但想想孟子在齐国待了这么久,为齐国服务可谓竭尽忠诚,现在他要离开齐国,自己若没有一点表示,不仅会使天下贤士寒心,而自己内心也不得安宁。所以,宣王亲临孟子家中与他相见。他真诚地对孟子说:"过去希望看到您,却不可能;后来能够同在一起我很高兴;现在您又将抛弃我而回去了,不知道我们以后还可以相见吗?"孟子答道:"这个,我只是不敢请求罢了,本来是很有希望的。"

过了一些时候,齐宣王仍然想挽留孟子,就对时子说:"我想在临淄城中给孟子一幢房屋,用万钟粟来养活他们的门徒,使我国官吏和人民都有所效法。你何不替我向孟子谈谈!"

时子便托陈子把这话转告孟子;陈子也就把时子的话告诉了孟子。

孟子说:"嗯。时子哪晓得这事情做不得呢? 假若我是贪图财富,辞去十万钟的俸禄却来接受这一万钟的赐予,这难道是贪图财富吗?②"

---

① 原文见《孟子·万章下》。

② 原文见《孟子·公孙丑下》。

　　孟子不顾齐宣王一再挽留,决意离开齐国。这个消息很快在临淄城里传开了。听到这个消息,待在"稷下学宫"里的淳于髡,特意来见孟子。早在齐威王当政期间,淳于髡就与孟子结识于齐国;后两人又在魏国相遇。再后来,他们又先后由魏国再度来到齐国。可"道不同,不相谋",淳于髡虽然很敬重孟子的为人,但他很少进城与孟子相见。现在知道孟子就要离开齐国,不知道今后还能不能相见,他不能不来道别,亦不能不有所规劝。但他天性滑稽①,本意是想劝孟子,可一开口,就让人感到是讽刺、嘲笑孟子。他问道:"男女之间,不亲手递接东西,这合乎礼制吗?"孟子答道:"合乎礼制。"又问:"那么假若嫂嫂掉在水里,用手去拉她吗?"孟子说:"嫂嫂掉在水里,不去拉她,这简直是豺狼。男女之间不亲手递接,这是正常的礼制;嫂嫂掉在水里,用手去拉她,这是变通的办法。"再问:"现在天下人都掉在水里,你不去救援,又是什么缘故呢?"孟子答道:"天下的人都掉在水里了,要用'道'去救援;嫂嫂掉在水里了,用手去救援。你难道要我用手去救援天下的人吗?"②

　　孟子的这一回答,不仅告诉了淳于髡他为什么要坚持离开齐国,而且也是向追随他多年的弟子们表明信念:尽管他深知自己的价值取向与当时社会主流的价值取向是多么对立,可他决不放弃自己的价值取向以迁就社会主流的价值取向,哪怕为此而失去十万钟俸禄也在所不惜。

---

①　淳于髡在《史记》中又名列《滑稽传》。
②　原文见《孟子·离娄子》。

十一　理想破灭空悲叹　感受难忘徒凄怆

　　孟子要离开齐国的决心,不可谓不坚决,可当他真的动身走出临淄城时,他心里还是有些恋恋不舍。这里曾是他向往的地方,八九年来,他为这方热土,费去了许多心力,付出了巨大的热忱,现在要一下子就割舍对它的眷恋,他不可能做到。

　　孟子心情沉重地上了路,闷闷不乐地走了一天,才走到距临淄只有几十里地的昼邑①。看天色已晚,他和弟子们决定在昼邑过夜。住进馆会有一位想替齐宣王把孟子挽留住的人来见他,此人恭敬地坐着同孟子说话,孟子却不加理会,伏在靠几上睡了起来。那人见了很不高兴。说道:"我在准备见您的头一天便整洁身心,今天同您说话,您却装睡,不听我的,以后再也不敢同您相见了。"说着,起身就要走。孟子说:"坐下来! 我明白地告诉你。过去,鲁缪公如果没有使人在子思身边,就不能够使子思安心;如果泄柳、申详没有人在鲁缪公身边,也就不能使自己安心。您替我这个老头考虑,连子思怎样被鲁缪公对待都想不到,却用空话留我。这样一来,是你跟我决绝呢,还是我跟你决绝呢?"②

---

　　①　在临淄的西南方,是孟子自齐返邹的必经之道。
　　②　原文见《孟子·公孙丑下》。

孟子虽然慢待了那个想替宣王挽留他的人，却真心希望宣王能幡然觉悟，以听从他的规劝为理由，郑重地请他重返临淄。抱着这一幻想，他一连在昼邑住了三天，盼望着有人奉命前来，请他回去。可他失望了，宣王并没有派人来请他重返临淄。他只得快快不乐地上了路。

他的这种举动，不但令弟子们不解，也引起了有些人的不满。有个叫尹士的齐国人对别人评论这件事说："不晓得齐王不能够做商汤、周武，那便是孟子的糊涂；晓得他不行，然而还要来，那便是孟子的贪求富贵。老远地跑来，不相融洽而走，在昼邑歇了三夜才离开，为什么这样慢腾腾的呢？我对这种情况很不高兴。"

高子便把这话告诉了孟子。

孟子说："那个尹士哪能了解我呢？老远地来和齐王相见，这是我的希望；不相融洽而走，难道也是我所希望的吗？只是我的不得已罢了。我在昼邑歇宿了三夜再离开，在我心里还以为太快了，我这么想：王也许会改变态度的；王假若改变态度，那一定会把我召回。我离开昼邑，王还没有追回我，我才无所留恋地有回乡的念头。纵是这样，我难道肯抛弃齐王吗？齐王虽不能做商汤、周武，也还可以好好地干一番；齐王假若用我，何止齐国的百姓得到太平，天下的百姓都可以得到太平。王也许会改变态度的。我天天盼望着呀！我难道是像这样的小气人吗？向王进劝谏言，王不接受，便大发脾气，满脸不高兴；一旦离开，非得走到精疲力竭才肯住脚吗？"①

从孟子出自内心的这番表白中，不难看出，孟子始终相信齐国完全具备以王道统一天下的条件，因而他对自己没能说服宣王行仁政也就深感惋惜。心里存着这种惋惜，他一路上不可能走得轻松愉快。看着老师默默不语，心事重重，面色忧恺的样子，弟子们很不安，纷纷劝老师设法排解内心的忧郁。充虞首先请问："老师您似乎有不快乐的样子。但是，从前我听您说过，'君子不抱怨天，不责怪人。'②可现在您又为什么如此不快乐呢？"

孟子答道："那时是那时，现在是现在，情况不同啦。就历史而言，每过

---

① 原文见《孟子·公孙丑下》。

② 此实为孔子的话，原话为"不怨天，不尤人"，见《论语·宪问》。

五百年一定有位圣君兴起,而且还会有命世之才从中出来。从周武王以来,到现在已经七百多年了。论年数,超过了五百;论时势,现在正该是圣君贤臣出来的时候了。天不想使天下太平罢了;如果想使天下太平,在今日的社会里,除开我,还有谁呢？我为什么不快乐呢？"①

孟子这番话,说得很自负,一方面把自己定位为唯一能使天下太平,使百姓免遭苦难的贤人,另一方面把他之未能完成历史使命归咎于没能遇见圣君,而这又恰恰是"老天爷"的安排。可弟子们听起来,却不免费解:既然如此,他老人家为什么要对齐国那么留恋,对齐宣王寄托那么大的希望,以至于不得已离开齐国之后,又这般地闷闷不乐。

公孙丑毕竟跟随孟子几十年,他深知老师此时以救世圣贤自居②,只是表明了一种悲悯情怀,因为在他看来,一旦自己停止了对王道的宣传,那么还有谁不辞辛苦地到列国去劝说诸侯行仁政呢？假如不行仁政,天下的老百姓又怎么能摆脱水深火热呢？可他知道,就此劝说老师,不啻让老师更加悲伤,所以当他们师生一行走到休邑③住下歇息时,公孙丑不但不去劝老师,反倒问他:"做官却不受俸禄,合乎古道吗？"公孙丑这一请问,勾起了孟子对往事的回忆,使他想起自己在任齐国卿相期间,曾经做过不辞官却拒受俸禄的事。想起这件往事,孟子才意识到自己其实早就有离开齐国的想法,何必时至今日,反倒要如此伤感呢？于是他直率地回答公孙丑说:"不。在崇④,我看到了齐王,回来便有了离开的意思,不想改变,所以不接受俸禄。不久,齐国有战事,不可以申请离开,长久地留在齐国,不是我的心愿。"⑤听孟子这么说,再想想老师前一阵子忧郁不愉快的样子,弟子们都清楚,老师已经排解了内心的苦闷,不再惋惜离开了齐国,都为不必再替老师的身体担心而深感欢欣。

可周霄除了感到欢欣外,又总是在想一个问题:既然做官而不接受俸

---

① 原文《孟子·公孙丑下》。
② 孟子曾明确反对说他是圣人。
③ 故城在今山东藤县北十五里,距孟子家约百里。
④ 系地名,今已不可详考。
⑤ 原文见《孟子·公孙丑下》。

禄,那么老师为什么要做官呢? 他怕就这么直接询问,又会使孟子感到不愉快,便机智地问道:"古代的君子做官吗?"他暗暗地想,只要老师正面回答这个问题,他就不难了解老师所以要做官的动机所在。

孟子答道:"做官。《传记》上说,'孔子要是三个月没有君主任用他,就非常焦急,离开一个国家,一定要准备和别国君主初次相见的礼物。'公明仪也说过,'古代的人三个月没有君主任用,就要去安慰他,给他以同情。'"

周霄便问道:"三个月没有找到君主便去安慰他,不也太急了些吗?"

孟子答道:"士的失掉官位,就好像诸侯的失掉了国家。《礼》上说过,'诸侯亲自参加耕种,就是用来供给祭品;夫人亲自养蚕缲丝,就是用来供给祭服。牛羊不肥壮,谷物不洁净,祭服不具备,不敢用来祭祀。士若没有供给祭祀的田地,那也不能祭祀。'牛羊、祭具、祭服不具备。不敢用来祭祀,也就不能举行宴会,那也不应去安慰他吗?"

周霄又问:"离开国界一定带着见面的礼物,又是什么道理呢?"

孟子答道:"士的做事,就好像农民耕田,农民难道因为离开国界便舍弃他的农具吗?"

周霄说:"魏国也是一个有官可做的国家,我却不曾听说过找官位是这样急迫的。找官位既这样急迫,君子却不轻易做官,又是什么道理呢?"①

孟子说:"男孩子一生下来,父母便希望给他找妻室;女孩子一生下来,父母便希望给他找婆家。爹娘这样的心情,人人都有。但是,若是不等爹娘开口,不经过媒人介绍,自己便钻洞扒门缝来互相窥望,爬过墙去私会,那么,爹娘和社会人士都会轻视他。古代的人不是不想做官,但是又讨厌不经合乎礼义地来找官做,不合乎礼义地找官做,正和男女的钻洞扒门缝窥望是一样的。"②

孟子的这番话,虽然是回答周霄的提问,但同时也是告诉他的弟子,他之做官和辞官,都合乎古代君子的为官之道。对他来说,做官,如同农民必

---

① 周霄系魏国人,所以他才这样说。
② 原文见《孟子·滕文公下》。

须耕田种庄稼,是尽一个士人的责任;辞官,则是因为讨厌以不合乎礼义的手段保住官职。如果做官的不择手段,做官岂不仅仅为了获取俸禄,那么,做官对他又有什么意义? 他又何必干那种既做官又不接受俸禄的蠢事?可弟子们却认为,他之做官,起码有一个好处,那就是不至于使他们师生在生活上陷入贫困。孟子明知弟子们的想法很实际,但他仍坚持认为他自己不能仅仅为避免贫穷而做官。他说:"做官不是为贫穷,但有时候也因为贫穷。娶妻不是为着孝养父母,但有时也为着孝养父母。因为贫穷而做官的,便该拒绝高官,居于卑位;拒绝厚禄,只受薄俸,那居于什么位置才合宜呢? 那像守门打更的小吏都行。孔子也曾做过管理牲畜的小吏,他说,'牛羊都壮实地长大了。'位置低下,而议论朝廷大事,这是罪行;在那君主的朝廷上做官,而自己的正义主张不能实现,这是耻辱。"①

既然做官不是为了得俸禄,那么辞了官,失去俸禄,作为一个士,岂不就只有靠别人的施舍生活下去吗? 这不就变成了吃白饭吗? 彭更实在想不明白其中有什么道理,便也向孟子请教。但他不善于提问,一开口就问孟子他们一行人到处吃白饭是否太过分:"跟随的车辆几十,跟随的人几百,由这一国吃到那一国,我们这样做,不也太过分了吗。"

孟子答道:"如果不合理,就一筐饭也不可以接受;如果合理,舜接受了尧的天下,都不以为过分。你以为过分了吗?"

彭更解释说:"不是这样说,我以为读书人不工作,吃白饭,是不可以的。"

孟子说:"你如果不互通各人的成果,交换各行各业的产品,用多余的来弥补不够的,就会使农民有多余的米,别人却得不着吃;妇女有多余的布,别人却得不到穿;如果能互通有无,那么,木匠车工都能够从你那里得着吃的。假定这里有个人,在家孝顺父母,出外尊敬长辈,严守着古代圣王的礼法道义,用来培养后代的学者,却不能从你这里得着吃的;那么,你为什么尊贵木匠车工,却轻视仁义之士呢?"

---

① 原文见《孟子·万章下》。

彭更说:"木匠车工,他们的动机是谋饭吃;君子的研究学术,推行王道,那动机也是弄到吃的吗?"

孟子说:"你为什么要论动机呢?他们对你有功绩,可以给以吃的,便给以吃的了。而且,你是论动机而给吃的呢?还是论功绩而给吃的呢?"

彭更说:"论动机。"

孟子说:"这里有个匠人,把屋瓦打碎,在新刷的墙壁上乱画,他的动机也是为着弄到吃的,你给他吃的吗?"

彭更说:"不。"

孟子说:"那么,你不是论动机,而是论功绩的了。"①

孟子师生就这样在一问一答中不觉走到了滕国的境内,眼看就要回到故乡,孟子不禁悲喜交加。喜的是,经过二十多年的在外奔波,他终于健康地返回了家乡,不必再拿老脸去见诸侯,遭他们的冷眼;悲的是,虽然二十多年来他为宣传王道吃尽了颠沛之苦,付出了自己整个壮年的宝贵年华,但到头来,理想破灭,空有壮志。可孟子毕竟很看重自己的生存价值,尽管政治上的理想已破灭,他对现实已深感无奈,但他始终相信自己对社会负有不可推卸的责任。这个责任又在召唤他。他仍然要响应这个召唤,为对社会尽责任而义无反顾地走下去,直至生命的终止。

---

① 原文见《孟子·滕文公下》。

十二　诲弟子力阐人性　撰巨著永传后世

回到故乡,孟子已是近七十高龄的老人了。他心里明白,像自己这把年纪,不可能再在政治上有什么作为了。但他又不愿像普通老人那样,一心颐养天年。所以,在他晚年的十几年中,他把以前宣传王道的那种热情和执着,用到了教育弟子,整理《诗》、《书》等儒家经典上;并以对后世高度负责的精神,总结自己一生的思想、活动,在弟子们的协助下,完成了《孟子》七篇的著述。

在晚年,孟子教育弟子,已偏重于讲述做人的道理。他经常讲的一个内容,就是做人不可以丢掉人所固有的善性;人一旦丢掉了自己的善性,就与禽兽没有什么两样;而普通人,一旦善于扩充自己的善性,就会变得与圣人一般的伟大与可敬。但告子听了老师的这一教诲,却不认为然,因为他主张人的本性"无善无不善",①不应断言人性本是善良的。为了说服告子,也为了使其他弟子进一步加深对"人性本善"的理解,孟子特意就这个问题同告子展开了辩论。

告子说:"人的本性好比杞柳树,义理好比杯盘;把人的本性纳于仁义,正好比用杞柳树来制杯盘。"

---

① 意为没有什么善良,亦没有什么不善良。

孟子说:"你还是顺着杞柳树的本性来制成杯盘呢? 还是毁伤杞柳树的本性来制成杯盘呢? 如果要毁伤杞柳树的本性然后制成杯盘,那也要毁伤人的本性然后纳之于仁义吗? 率领天下的人来损害仁义的,一定是您的这种学说罢!"

告子说:"人性好比急流水,东方开了缺口便向东流,西方开了缺口便向西流。人性没有善与不善的区分,就好比水的没有东流西流的定向。"

孟子说:"水诚然没有东流西流的定向,难道也没有向上或向下的定向吗? 人性的善良,正好像水性的定向下流。人没有不善良的,水没有不向下流的。当然,拍水使它跳起来,可以高过额角;戽水使它倒流,可以引上高山。这难道是水的本性吗? 形势使它如此。本性改变也正像这样。"

告子说:"天生的资质就叫作性。"

孟子说:"天生的资质叫作性,好比一切东西的白色叫作白吗?"

答道:"正是如此。"

孟子问:"白羽毛的白犹如白雪的白,白雪的白犹如白玉的白吗?"

答道:"正是如此。"

"那么,狗性犹如牛性,牛性犹如人性吗?"对孟子的这一反问,告子无言以答。

告子于是改换论据,说道:"饮食男女,这是本性。仁是内在的东西,不是外在的东西,义是外在的东西,不是内在的东西。"

孟子问:"为什么说仁是内在的东西,义是外在的东西呢?"

答道:"因为他年纪大,于是我去尊敬他,恭敬之心不是我的预有;正好比外物是白的,我便认它为白色之物,这是由于外物的白而我加以认识的缘故,所以说是外在的东西。"

孟子又问:"白马的白和白人的白或许有所不同,但是不知道对老马的怜悯心和对老者的恭敬心,是不是也没有什么不同呢? 而且,你说,所谓义,在于老者呢? 还是在于恭敬老者的人呢?"

答道:"是我的弟弟便爱他,是秦国人的弟弟便不爱他,这是因我自己的关系而高兴这样的,所以说仁是内在的东西。恭敬楚国的老者,也恭敬我自己的老者,这是因为外在的老者的关系而这样的,所以说义是外在的东西。"

孟子说:"喜欢吃秦国人的烧肉,和喜欢吃自己的烧肉无所不同,各种事物也有如此的情形,那么,难道喜欢吃烧肉的心也是外在的东西吗?"①

孟子这是指出告子所提出的论据正好与他所强调的食是人的本性的论点相矛盾。对他的这一反诘,告子无力辩驳,遂不得不表示愿意暂停辩论。眼看着这场辩论就要以告子认输宣告结束,可就在这时,一直站在旁边听辩论的公都子,终于忍耐不住,走出来问道:"告子说,'本性没有什么善良,也没有什么不善良。'也有人说,'本性可以使它善良,也可以使它不善良;所以周文王在上,百姓便趋向善良;周幽王厉王在上,百姓便向趋横暴。'也有人说,'有些人本性善良,有些人本性不善良;所以以尧这样的圣人为君,却有像这样不好的百姓;以瞽瞍这样坏的父亲,却有舜这样好的儿子;以纣这样恶的侄儿,而且为君王,却有微子启、王子比干这样的仁人',如今老师说人的本性善良,那么,他们都错了吗?"

孟子说:"从天性的资质看,可以使它善良,这便是我所谓的人性善良。至于有些人不善良,不能归罪于他的资质。同情心,每个人都有;羞耻心,每个人都有;恭敬心,每个人都有;是非心,每个人都有。同情心属于仁,羞耻心属于义,恭敬心属于礼,是非心属于智。这仁义礼智,不是由外人给予我的,是我本来就具有的,不过不曾探索它罢了。所以说,'一经探求,便会得到;一加放弃,便会失掉。'人与人之间有相差一倍、五倍甚至无数倍的,就是不能充分发挥他们人性的本质的缘故。"②

这场辩论,在孟子的弟子们中间产生了积极的影响,使弟子彻底地打消了对于老师的敬畏心理,敢于积极站出来同老师讨论问题。一次,公都子由于对孟子经常与人展开辩论觉得不好理解,就跑去问孟子,而且问得十分尖锐:"外人都说您喜欢辩论,请问,这是为什么呢?"

孟子答道:"我难道喜欢辩论吗?我是不能不辩论呀!人类社会产生

① 原文见《孟子·告子上》。
② 原文见《孟子·告子上》。

很久了,太平一时,又乱一时。当唐尧的时候,大水横流,到处泛滥,大地上成为蛇和龙的居处,人们无处安身;低地的人在树上搭巢,高地的人便打相连的洞穴。《尚书》说:'洚水警诫我们。'洚水是什么呢?就是洪水。命令禹来治理。禹疏通河道,使水都流到大海里,把蛇和龙赶到草泽里,水顺着河床流动,长江、淮河、黄河、汉水便是这样。危险既已消除,害人的鸟兽没有了,人才能够在平原居住。"

"尧舜死了以后,圣人之道逐渐衰落,残暴君主不断出现,他们毁坏民宅来做深池,使百姓无地安身;破坏农田做园林,使百姓不能得到衣服和食物,荒谬的学说,残暴的行为随之兴起,园林、深池、草泽多了起来,禽兽也就来了。到商纣的时候,天下又大乱。周公辅助武王,把纣王杀了,又讨伐奄国,三年之后又把奄君杀掉了,并把飞廉赶到海边,也加以杀戮,被灭的国家一共五十一个,把老虎、豹子、犀牛、大象赶到远方,天下百姓非常高兴。《尚书》说过:'文王的谋略多么光明!武王的功烈多么伟大!帮助我们,启发我们,直到后代,使大家都正确而没有缺点。'"

"太平之世和仁义之道又逐渐衰微,荒谬的学说、残暴的行为又起来了,有臣子杀死君王的,也有儿子杀死父亲的。孔子深为忧虑,著作了《春秋》一部历史书。著作历史,有所褒贬,这本来是天子的职权,孔子不得已而做了。所以孔子说;'了解我的,怕就在于《春秋》这部著作吧!责骂我的,也怕就在于《春秋》这部著作吧!'"

"自那以后圣王也就不再出现,诸侯无所忌惮,一般士人也乱发议论,杨朱、墨翟的学说充满天下,于是所有的主张不属于杨朱派,便属于墨翟派。杨派主张个人第一,这便否定对君上的尽忠,就是目无君上;墨派主张天下同仁,不分亲疏,这便将否定对父亲的尽孝,就是目无父母。目无君上,目无父母,那就成了禽兽了。公明仪说过,'厨房里有肥肉,马厩里有肥马,但是,老百姓脸有上饥色,野外躺着饿死的尸体,这就是率领着禽兽来吃人。'杨朱、墨翟的学说不消灭,孔子的学说就无法发扬,这便是荒谬的学说欺骗了百姓,而阻塞了仁义的道路。仁义的道路被阻塞,也就等于率领禽兽来吃人,人与人也将互相残杀。我因而深为忧虑,便出来捍卫古代圣人的学说,反对杨、墨的学说,驳斥错误的言论,使发表荒谬议论的人不能抬头。那种荒谬的学说,从心里产生出来,便会危害工作,危害了工作,也就危害了政治。即使圣人再度兴起,也会同意我这番话的。"

"从前大禹制服了洪水,天下才得着太平;周公兼并了夷狄,赶跑了猛兽,百姓才得着安宁;孔子著作了《春秋》,叛乱的臣子、不孝的儿子才有所害怕。《诗》说过,'攻击戎狄,痛惩荆舒,就没有人敢于抗拒我。'像杨墨这样目无君上目无父母的人,正是周公所要惩罚的。我也要端正人心,消灭邪说,反对偏激的行为,驳斥荒唐的言论,来继承大禹、周公、孔子三位圣人的事业,难道是喜欢辩论吗? 我是不能不辩论的呀。能够以言论来反对杨墨的,也就是圣人的门徒了"①

孟子关于自己"不能不辩论"的这番说明,是孟子晚年最长的一次谈话。它以沉重的历史感和深度的忧患意识,表明了他在思想文化领域里所应担负的历史使命,即以儒家正统继承人的身份,捍卫周、孔等圣人的学说,驳斥异端邪说,以确保儒家精神传统发扬光大下去。

孟子的强烈的历史感和忧患意识,不但是他自己晚年"序《诗》、《书》,述仲尼之意",②整理儒家经典的驱动力,而且也是他的弟子们得以团结的凝聚力。在它的感召下,弟子们都自觉地拿他做榜样,以继续发扬儒家精神传统为己任。抱着这个目的,弟子们纷纷向他请教如何才能成就圣贤人格。这是弟子们普遍关心的问题,但每个弟子的资质和才智毕竟有所不同,所以,孟子就把圣人区分为几种人格类型,希望弟子们能根据自己的情况,效仿某一个圣人。

他说:"伯夷,是圣人之中清高的人,伊尹是圣人之中负责的人,柳下惠是圣人之中随和的人,孔子则是圣人之中识时务的人。孔子可以说是集大成者。集大成的意思,譬如奏乐,先敲镈钟,最后用特磬收束,有始有终。先敲镈钟,是节奏条理的开始;用特磬收束,是节奏条理的终结。条理的开始在于智,条理的终结在于圣。智好比技巧,圣好比气力。犹如百步以外

---

① 原文见《孟子·滕文公下》。
② 《史论·孟子荀卿列传》。

射箭,射到,是你的力量;射中,却不是你的力量,"①

这是说每个人都有能力学做圣人,但能否成就为圣人,却因人而异,不是必然的。因此,孟子总是不忘提醒弟子们务必牢记:人固然应以成就圣贤人格作为人生的最高理想,但绝不可忽略起码的做人准则,使高度的人生理想落空。为了教育弟子们无愧于做人,他经常告诫说,学做圣贤,不妨从学做"大人"或"大丈夫"做起,所谓"大人",就是有德行的人。"似是而非的礼,似是而非的义",②他是不屑于的;他"说话不一定句句守信,行为不一定贯彻始终",但能"与义同在,依义而行";③最可贵的是,他不但"能保持那种婴儿的天真纯朴",④而且能"先存乎其大者",⑤始终不会背离自己的善良本性。所谓"大丈夫",就是人格独立,意志刚毅的人。这种人能以仁义作为自己的立身标准,行得正,站得稳,"得志,与民由之;不得志,独行其道。富贵不能淫,贫贱不能移,威武不能屈。"⑥

孟子说:"天将降大任于斯人也,必先苦其心志,劳其筋骨,饿其体肤,空乏其身,行拂乱其所为,所以动心忍性,曾益其所不能。"⑦听了老师这番经验之谈,弟子们心里透亮了,真正懂得了一个人想干成大事业,就要事先做好吃大苦,耐大苦的心理准备,并且始终不松懈这种心理。如果一个人想干大事业,但不准备经受心灵性情以及肉体上的种种艰难困苦考验和磨炼,那只能是幻想,根本就没有成功的可能。

孟子说:"生命是我所喜欢的,义也是我所喜欢的;如果两者不能并有,

---

① 原文见《孟子·万章下》。

② 原文见《孟子·离娄下》。

③ 原文见《孟子·离娄下》。

④ 原文见《孟子·离娄下》。

⑤ 《孟子·告子上》。又,句中的"大",实指作为思维器的"心"。孟子认为先确立了"心",树立了正确的人生观,就不会失去人的善良本性。

⑥ 《孟子·滕文公下》。又,这段话的意思是:大丈夫得志的时候,能与百姓依仁义一道前进,不得志的时候,也能独守自己的原则;富贵不能乱他的心,贫贱不能变他的志,威武不能屈他的节。

⑦ 《孟子·告子下》。又,杨伯峻对这段话的翻译是:"天要把重大任务落到某人身上,一定先要苦恼他的心意,劳动他的筋骨,饥饿他的肠胃,穷困他的身子,他的每一行为总不能如意,这样,便可以震动他的心意,坚韧他的性情,增加他的能力。"

便牺牲生命,而求取义。生命本是我所喜欢的,但是还有比生命更为我所喜欢的,所以我不干苟且偷生的事;死亡本是我所厌恶的,但还有比死亡更为我所厌恶的,所以有祸害我不躲避。"①听了老师这番发自内心的信念之谈,弟子们的意志增强了,都暗暗发誓为了正义的事业,敢于"舍生取义",不惜献出自己宝贵的生命。

孟子说:"有所作为就好比挖井,挖到六七丈深还不见泉水,仍然是一口废井。"②听了老师的这个比喻,弟子们心里都明白,这是告诫他们以后做任何事情,都要锲而不舍,坚持不懈。如果半途而废,就会前功尽弃,一事无成。

孟子在晚年虽然过着清贫的生活,但由于他经常与弟子们畅谈人生,研讨学术,甚至展开辩论,所以他在精神上很充实。精神生活的充实,不仅使他得以享受那个时代罕见的高寿,而且使他有可能在弟子们的帮助下,完成《孟子》一书的著述,为后人留下了一份可贵的精神遗产。在孟子基本著成《孟子》后不久,大约在周赧王十一年(公元前304年)前后,孟子终于走完了他八十四年人生道路,怀着对人类社会无穷苦难的深深忧患,走向了永恒的世界。

孟子逝世以后,他的思想,并没有很快发生巨大的社会影响。虽然在战国后期,作为儒家八派之一,孟轲学派有一定的影响,但不久,在秦始皇"焚书坑儒"事件中,孟子徒党尽矣,③孟轲学派惨遭灭顶之灾。待到汉文帝时,朝廷设博士七十人,"《孟子》、《尔雅》皆置博士"。④但是,在汉武帝"罢黜百家、独尊儒术'的时候,却偏偏取缔了《孟子》博士。

到了东汉,《孟子》一书才引起了人们的足够重视,以至于当时有五六位大学问家先后注解孟子,但对孟子其人,却不曾给予特别推崇。虽有赵岐出来称赞孟子为"命世亚圣之才",⑤但认同的人寥寥无几,因为大多数

---

① 原文见《孟子·告子上》。
② 原文《孟子·尽心上》。
③ 赵岐《孟子题辞》。焦循《孟子正义》一书收有此篇。
④ 赵岐《孟子题辞》。焦循《孟子正义》一书收有此篇。
⑤ 赵岐《孟子题辞》。

学者更倾向把孟子与荀子并提,不赞成予孟子以仅次于孔子的历史地位。

唐代以后,情况大变。在读书人和士大夫中间,孟子的影响与日俱增,甚至有学士争相模仿《孟子》的文笔。而且由于韩愈等人的推崇,孟子的历史地位也不断提高。照韩愈所说,从尧、舜、禹、商汤、周文王、周武王、周公、孔子到孟子,有一个一脉相传的儒家正统。孟子死后,儒家的这个道统便失传了,所以要恢复儒家的道统,一定要从学习和继承孟子思想开始。①

在唐代,尽管孟子受到士人们的特别尊崇,但《孟子》一书,仍未被朝廷列为经书。唐代宗时的礼部侍郎杨绾和晚唐的皮日休,都曾建议列《孟子》为经书,可并没有真正付诸实施。《孟子》第一次正式列为经书,并被确立为科举考试的必读教科书,时在北宋。神宗熙宁四年(公元 1071 年)王安石变法,改革科举考试内容,以《论语》与《孟子》为"兼经",定为考试科目。南宋的大理学家朱熹,更把《礼记》中的《大学》《中庸》单独抽出来,与《论语》《孟子》合编在一起,称为《四书》。朱熹又以毕生的精力注解《四书》,撰成《四书章句集注》,这部书,后来成为历代封建王朝官方钦定的必读经典,《孟子》一书的影响,因此而变得不可动摇。

北宋神宗元丰六年(公元 1083 年),朝廷封孟子为邹国公,这是孟子死后受到的第一个封号。次年,孟子的牌位又被供奉到学庙中,置于孔子牌位旁边,与孔子一道享受人间的四时致祭。待到元朝,元文宗至顺元年(公元 1330 年)加封孟子为"邹国亚圣公。"②再后到明朝,明世宗嘉靖九年(公元 1530 年),去掉封号中的邹国公三字,直称孟子为"亚圣"。从此,"亚圣"这个称号就成为孟子的专称,确立了孟子仅次于孔子的崇高地位。孟子也因为不断加封的高而再高的封号,而逐渐成了焚香祷祝、顶礼膜拜的偶像。

作为偶像的孟子,经过"五四运动"那场"打倒孔家店"的风暴的冲击,其神圣的灵光,早已荡然无存,但作为思想家、教育家的孟子,他的影响却绵延至今,而且必将继续影响下去,与我们中华的民族精神一道永存。

---

① 参见韩愈《原道》。
② 《元史·文宗本纪三》。

孟子百问

（一） 孟子是什么时候的人

孟子是战国中期人。关于他的生年,有过几种说法。其中比较可信的,是孟子大约生于周安王十三年(公元前389年)至周安王二十年(公元前382年)期间。钱穆在《先秦诸子系年考·孟子生年》中提出了这个说法。他综合了南宋朱熹以及清代周广业、魏源等人的观点,因而这个说法与《孟子》一书中关于人物事迹的记载比较一致。孟子的卒年,为周赧王十一年(公元前304年)前后。

孟子生活的时代,周王室的中央统治比春秋时期更加衰微。经过长时期的兼并战争,原有的一百多个诸侯国,只剩下了十几个。大国有齐、楚、燕、韩、赵、魏、秦"七雄",以及越国。小国有周、宋、卫、中山、鲁、滕、邹等国。大国为了建立霸业,不断地在政治、经济和军事上积聚力量,相互间展开激烈的竞争和战斗。这些战争进行得十分残酷,小国设法在大国之间的兼并战争中保全自己。孟子说,诸侯争霸的战争是"争城以战,杀人盈城;争野以战,杀人盈野"。他曾形容当时一场恶战之后的惨景,说是"血之流杵",杀人流出的血竟然可以漂浮起舂米的杵。诸侯国的君主们不惜在千百万无辜人民和士兵的鲜血和尸骨之上,来建立自己的霸业。孟子曾经用"春秋无义战"这句话,来谴责春秋战国时期诸侯们为了争霸于天下而发动的连绵不断的战争。这个特定的时代背景,对于孟子一生的遭遇,对于他的思想和学说,都产生了极为重要的影响。

孟子时代的另一个重要的社会现实,是沉重的赋税导致老百姓贫穷困苦。孟子说当时主要的赋税有三种:布帛税("布缕之征")、谷米税("粟米之征")、劳役税("力役之征")。这些重税,使当时人民的生活陷于极端困苦的境地。各诸侯国贵族与平民百姓之间,在政治和经济上都处于十分对立的状态,阶级矛盾极为尖锐。战争的灾难,再加上赋税的盘剥,使下层群众的生活濒临绝境。孟子曾经引用《尚书·汤誓》中老百姓诅咒暴君夏桀的话:"你这该死的太阳什么时候才能灭亡?我们宁愿和你一同去死!"以此来说明当时生活在水深火热之中的老百姓对于贵族统治者的强烈的愤恨情绪。

孟子生活的时期,又是我国历史上思想学术异常活跃的时期。随着东周统治的进一步衰落,以往"学在官府"的传统被打破,各种各样的社会思想、学术流派应时而生。不同的社会阶层和集团,都有自己的思想代表。他们在政治、经济等方面提出了不同的主张,形成了不同的学派。诸侯国的君主们为了富国强兵,不惜以优厚的待遇招贤养士,让这些人各标己说。这使得思想界呈现出空前的"百家争鸣"的局面。以孔子为代表的儒学和以墨子为代表的墨学,是当时的两大"显学"。此外还有道家、法家、阴阳家、名辩家、兵家、杂家等等。班固在《汉书·艺文志》中,说当时是"九家之术,蜂出并作,各引一端,崇其所善。"而且诸"家"内部也处于不断地分化之中。墨家分成了三派,而儒家竟分离为八派。各家各派都坚持自己的政治立场和学术见解,并且经常相互辩难、激烈交锋。这更促成了思想的活跃和学术的繁荣。

总之,孟子是战国中期人。那是一个战争连绵不断,人民饱受苦难,而社会的思想、学术却呈现出生动活泼局面的时期。孟子的思想,正是在这样的社会环境中形成的。

(二) 孟子是个什么样的人物

作为战国中期的思想家、儒家学说的继承和发展者孟子,受业于孔子的孙子子思的门人,历游齐、鲁、宋、滕、魏等诸侯国,曾任齐宣王的"客卿";因思想主张不合时宜、未被当世者所用,晚年退而与弟子万章、公孙丑等著书立说,著有《孟子》一书传世。

在人性上,孟子主张人性本善,说"恶"是不良环境和后天外力作用的结果,因而在道德修养方面要求人们清心寡欲、反省内求。在义利观上,主张去利怀义,认为利益是一切战争和祸乱的根源。继承了孔子重"仁"的思想,把仁与义结合,说"仁,人心也;义,人路也",提出仁、义、礼、智、信等道德伦理规范,而仁、义为核心;说人先天就具有恻隐、羞恶、辞让、是非等道德意识,道德是天赋的。针对兵家、法家、纵横家的主刑力、倡霸业、尚攻伐的思想,孟子主张仁政、德治、王道。面对当时"天下无道"的现实,孟子力言"保民而王",把土地、人民、政事视为诸侯的三宝,肯定"民为贵,社稷次之,君为轻",认为得天下的关键在于得民,而得民的关键是得民心,朴素地意识到了在社会生产和社会变革中(主要是战争中)人民的巨大作用。

在经济上,主张实得"井田制"、分民以田,使劳有所耕、民有所养;反苛政,主薄税,以稳定民心,提高劳动者的积极性。这对于促进当时农业的发展是有益的。孟子还意识到社会分工的必要性和必然性,说:"有大人之事,有小人之事。……故曰:或劳心,或劳力。劳心者治人,劳力者治于人;治于人者食人,治人者食于人;天下之通义也"。(《孟子·滕文公上》)孟子以此论证了社会剥削现象的合理性。这表明孟子虽有"重民"的民本主义思想的萌芽,但他的思想主要还是代表封建地主阶级的利益的。

孟子之学主要是通过阐发子思"重孝"和"中庸"思想,继承并发展了孔子的"仁"、"礼",因此又被史称为思孟学派,被历代封建统治者视为孔门儒学的正宗;孟子本人也被尊为"亚圣"。

司马迁把孟子与荀子并列入传,至魏晋时,史家便以孟、荀并称。唐时韩愈提出"道统"说,说自尧、舜、禹、汤、文武周公、孔子至孟子,以一(即"道")贯之;扬孟抑荀,定孟子为孔子之道的唯一继承人。自此,后世便以孔孟并举,儒学也称孔孟之道。

(三) 孟子的"字"究竟是什么

关于孟子的"字",流传下来的一般说法是"字子车(又作子舆、子居)"。但这个说法并不可靠。最早提出这个说法的,是伪书《孔丛子》。

该书的《杂训第六》说:"今孟子车,孺子也。言称尧舜,性乐仁义,世所稀有也。"这里称孟轲为"孟子车"。三国时期,魏国人王肃写的《圣证论》引用《孔丛子》的说法,说孟子字子车。晋人傅玄则在《傅子》一书中,说孟子字子舆。"舆"本意是指车厢,又被人们用来指车。可见"子舆"也是从"子车"引申而来。但后人认为《孔丛子》一书,正是王肃和门徒假托孔子后裔、秦末儒生孔鲋之名而作,是伪书,因此不足为证。东汉时期治孟子之学的名家赵岐,在《孟子题词》中说过:"孟子邹人也,名轲,字则未闻也。"清代焦循根据这一说法,在《孟子正义·孟子题词疏》中对王肃、傅玄等人的说法提出诘问:赵岐尚且不知孟子的字,生活在赵岐之后的王肃、傅玄又是如何知道的? 司马迁在《史记·孟子荀卿列传》中,班固在《汉书·艺文志》中,都不提孟子的字。宋代王应麟则在《困学记闻》卷八的"孟子字子车"条中,明确地指出孟子"字子车"的说法是附会之说。三国时魏人徐干在《中论·序》中,孟子的"字"之所以湮没无闻,是因为战国时期的人不大敬重贤士,以致没有把孟老夫子这位大贤大德之人的"字"给记录下来。看来,孟子的确没有确凿可信的"字"流传于史籍。

（四） 孟子一生可曾做过官

据《孟子》一书记载:在齐宣王时,"夫子在三卿之中",孟子曾做过齐国的客卿;其爵位不谓不高(天子,诸侯,卿,大夫,士),其官职不谓不大(相,将,卿),但却有其名、无其实,孟子受到了很高的待遇,却没有什么实权;所以孟子不久就辞职离开了齐国。(《孟子·公孙丑下》)。

孟子曾就齐国大夫蚳(chí)蛙因向齐王进言未被采纳而辞职一事,发了一番感慨:我曾听人说,有官职的人,如不能胜任自己的职务就应该辞职;有进言责任的人,如果自己正确的意见不被采纳也应该辞职。我既无官职,又没有进言的责任,这样,我在政治上的进退就十分宽舒自由了。

孟子这番话有点自嘲的意味。但也由此可以断言,孟子说这番话应当在他任齐国客卿之前。

有人由孟子在齐国的言论最多及前后的待遇的不同,推断孟子在齐国逗留的时间不会短、周游齐国也不止一次,很可能齐威王在位时就到过齐国。这当然只是一种推猜。

另据《孟子·梁惠三下》篇记载:鲁平公准备外出会见孟子,因听信人言,说孟子先以士的礼仪办理父亲的丧事,后以大夫的礼仪办理母亲的丧事,"后丧逾(超越)前丧",有失礼义,非贤者所为,因而临时取消了会见的计划。孟子知道了此事,把自己不得与鲁平公相见归结为"命",说:"吾之不遇鲁侯,天也"。

这事似乎与孟父早亡相矛盾。实则,孟子以士的礼仪办理父亲的丧礼,当是孟子成年后,出于尽为人之子的孝道,一次较为正规的对父亲的再祭。

孟子辞去齐国的客卿之职,当然不是无缘无故的。它体现了孟子的为官之道。

孟子说,男女嫁娶是父母之心、是人之常情。但"不待父母之命、媒妁之言,钻穴隙相窥,逾墙相从",将被父母及世人看不起。孟子进而说:"古之人未尝不欲仕也,又恶不由其道。不由其道而往者,与钻穴隙之(相)类也。"(《孟子·滕文公下》)

那么,什么是求仕为官之道?

孟子说:"焉有君子可以货取乎?""仕非为贫"。若由于贫穷而做官,就应当不做大官而做小官、不受厚禄而领薄俸。由于贫穷而甘居下位却又高谈阔论,就是罪过;在国君的朝廷里做大官却不推行正确的治国之道、有所作为,就是耻辱。(《孟子·万章下》)概而言之:君子求仕为官,应该做到不在其位、不谋其政,在其位、谋其政;否则,前者难免妄言、僭越,后者难免官僚、失职。

孟子的另一段话,对"君子何如则仕?"论述得更为具体。孟子说为仕有道,所就所去各有三:国君能恭敬有礼地迎接他,对他的建议打算采纳实行,他就接受官职;国君对他的礼貌虽然不差,但对他的建议都不采纳实行,他就辞职。其次,国君虽然没有实行他的建议,但能恭敬有礼地迎接他,他就接受官职;礼貌差了,就辞职。最下等的,他早晚都吃不上饭,肚子饿得不能走出人门,国君听到了,因此周济他,给他一个小的官位,他可以接受这个官位;但如果国君的赐予有轻蔑之意,因而辱没了他的人格,他就不接受那个官位。

孟子辞去齐国客卿一职,应当属于他所说的第一种情况。

可见,孟子积极入世,看重的并非物质生活和高官厚禄,他所热心的是他的政治抱负,追求的是他的社会理想,即在现实生活中实现"仁政"和"王道"。

（五） 孟子的父母是谁

《春秋演孔图》和《阙里志》说孟子的父亲名激,字公宜,母亲姓仉(音"掌")。这种说法被后人沿袭下来。特别是关于孟子的母亲姓仉的说法,至今被很多有关孟子的书采用。

孟子的父亲去世较早。孟子主要是在母亲的抚养、教导下长大的。孟子的母亲是一位严格要求子女,并且善于教育子女的有见识的妇女,也是中国古代第一位因为教子有方而名垂青史的妇女。《韩诗外传》《列女传》、《三迁志》等书中,记载着孟母"三迁"、"断织"、"不欺子"、"不去妇"等故事。在历来重视家庭教育的中国社会中,这些故事被人们长期传诵。从这些故事的内容来看,孟子的母亲不单纯地是一位"慈母",而是一位"严"多于"慈"、见识深远、行事果断的杰出女性。她早年丧夫,单独承担起治家教子的重任。在艰辛的生活之中,一丝不苟地对孩子进行教育。孟子能够成为中国封建社会里在学识和德行方面都备受推崇的"亚圣",成为在我国历史上产生了重要影响的大思想家,与他母亲的教诲和影响有着十分密切的关系。

（六） 孟母三迁是怎么一回事

西方有位哲学家说：人是人及其文化、历史的产物。

的确，从自然意义或自然属性上讲，人是人的产物；而主要的是，人之为人在于人具有社会性，人是他所生活的文化、历史等社会环境的产物。

历代思想家尤其是教育家，无不重视环境对人的影响。

孔子说："里仁为美。择不处仁，焉得智？"（《论语·里仁》）即居住的地方以有仁风为善（邻里友好、彼此充满善意，是一种良好的风尚）。选择的住处没有仁风，怎么能说是明智呢？

《孟子·公孙丑上》篇中，孟子引用了孔子的这句话。

其实，孟子所以能成为一位伟大的思想家，与他幼年所受的教育尤其他母亲"与仁为邻、择善而从"的影响是分不开的。

据史料记载，孟子是鲁国贵族孟孙氏的后裔。孟子三岁时父亲就亡故了，后与母亲一起生活。当时，他家附近有一块墓地；孟子经常看见送葬的人群披麻戴孝的、热热闹闹，觉得非常好玩，便跟着送葬的队伍，也模仿那孝子的样子哭哭啼啼。孟母见了，觉得那环境将不利于孟子身心的健康成长，便搬家离去。不料，搬家后孟子与一群野孩子玩上了，他们经常玩一些小偷、强盗的游戏。孟母为了给孟子选择、创造一个良好的成长环境，又一次搬家了，这一次搬到了城里。谁知附近有两户打铁的和杀猪的。孟子好奇，无事时经常去看人打铁、杀猪，并模仿那些生意人吆喝叫卖。而那打铁的叮当声和杀猪时的猪叫声也吵得人不得安宁。不得已，孟母又一次搬家，这一次搬到城东一家学堂的对面；孟母和孟子每天都能听到学堂里学童朗朗的读书声。后来，孟子就入了这家学堂，且学业日进。

这就是历史上广为流传的"孟母三迁"的故事。

（七） 孟子的老师是谁

孟子幼年时,读书于学宫。读书受到的熏陶以及母亲平日的影响,使他十分敬仰孔子,崇信儒学。于是当他决定出门游学时,便毅然选择了孔子的故乡鲁国作为求师问道之地。

谁是孟子的老师呢? 在这个问题上有两种说法。一种说法,以司马迁的《史记·孟子荀卿列传)》为代表,认为孟子"受业于子思之门人",是子思的再传弟子。子思姓孔,名伋,是孔鲤之子,孔子之孙,也是当时的儒学大师。另一种说法,以刘向的《列女传·母仪篇》、班固的《汉书·艺文志》为代表,说孟子"师事子思",是"子思弟子"。认为在儒学的授受方面,子思是就是孟子的业师。还有人提出,《史记》所说的孟子受业于"子思之门人"中的"人"字,其实是一个"衍字"(多余的字)。《史记》的原文,就是"受业于子思之门"。

我们赞同如下的看法:从孟子与子思的年龄差距来看,子思不可能是孟子的业师。分析《史记·孔子世家》等史料,可以知道:子思去世之年,距孟子的出生之年,至少还有近二十年之久(详见本书《外传》)。因此,比较可信的说法应该是;孟子受业于子思的学生,是于思的再传弟子。

孟子的老师,在当时是不是有名望的儒学大师? 至少,我们不能从有关史料上看出这一点。但这位名不见经传的老师,对于孟子思想、学识的形成和发展,无疑产生了不可低估的作用。孟子通过求学于他,正式在儒家的殿堂里登堂入室。早年的学宫教育,只是使孟子对孔子创立的儒学有所了解,并且心向往之。通过在鲁国的拜师求学,孟子才系统地接受了孔子以"仁"为核心的儒学理论,而且在此基础上进一步形成了自己的"仁政"思想。同时,由于这位老师是子思的亲传弟子,孟子又从他那里接受了子思以"诚"为核心的理论,并进而提出了自己的"思诚"之说,日后由此构成了中国哲学史上的"思孟学派"。

（八）　孟子的学生有多少

《史记·孔子世家》曾载,孔子的学生大概有三千多人,而其中身通六艺的有七十二人。孔子的门徒弟子及再传弟子具体有多少,不得而知,不过,不会少;否则,就不会有战国时"儒分八家"之说。

作为孔子的四传弟子,孟子及其学派是战国中期著名的学者和儒家最有影响的学派。

《史记·孟子荀卿列传》记述了孟子得孔子之道,承儒学之业,周游列国,游说诸侯,宣传、自荐他的仁政和王道思想,结果却四处碰壁,失望而归,"退而与万章之徒序《诗》、《书》,述仲尼之意,作《孟子》七篇"。

孟子的思想,主要是通过孟子与他家别派人物之间的辩论(如兵家、法家、墨家、杨朱学派等)与诸侯王之间的对答(梁惠王、齐宣王、滕文公等)、与弟子之间的问答及孟子的独白等形式阐发的。

孟子之学虽不合时宜,未被当世的诸侯王采纳,但确有一定的影响;孟子本人也曾风光一时,"后车数十乘,从者数百人,以传食于诸侯",即跟随孟子的车子有几十辆,跟随的门生或信徒有几百个,(游说、献策)由一个诸侯国吃到另一个诸侯国。(《孟子·滕文公下》)

孟子的学生遍布于齐国、鲁国等,仅见载于《孟子》的有:万章、公孙丑、乐正子、陈臻、公都子、屋卢子、然友、彭更、公明仪、充虞、高子、徐辟、陈代、咸丘蒙、桃应等。

（九）　孟子是怎样被尊奉为"亚圣"的

战国后期,儒家分为八派,孟子只是其中一派的代表。秦始皇焚书坑儒,孟子的门徒也未能逃脱厄运。汉文帝时,在朝廷设置的众多博士中,也有为《孟子》一书设置的博士备员。这表明孟子在当时官方的思想界具有一定的地位和影响。但到了汉武帝罢黜百家之时,《孟子》博士也被取消。

东汉赵岐在其《孟子题辞》中，称颂孟子为"命世亚圣之大才"。这可以说是"亚圣"这个称号的首次出现。而这只能表明赵岐对于孟子的推崇，而不能代表当时封建统治者对于孟子的态度。此后，三国时期魏国人徐干在《中论序》中说："荀卿子、孟轲怀亚圣之才。"这是再次有人称孟子为"亚圣"，不过是和荀子并称。可见这时孟子在人们心目中的地位还并不十分突出，还远没有达到在儒家之中除孔子之外无人可比的地步。可以说，唐代之前，孟子一直不曾受到封建统治者的格外推崇。

唐代宗（李豫）宝应二年（公元 763 年），礼部侍郎杨绾上疏，主张将"《论语》、《孝经》、《孟子》兼为一经"。由此开始将《孟子》视为经典。韩愈则比杨绾更为推崇孟子。他在《原道》一文中说，尧、舜、禹、汤、文王、武王、周公之圣道传给了孔子，而孔子之后，此圣道传给了孟子。孟子死后，先圣之道也就随之失传了。这就把孟子说成了儒家"道统"的唯一继承者，实际上也就肯定了孟子是仅次于孔子的"亚圣"。韩愈的这个说法，被称为"道统说"。它极大地突出了孟子在儒家诸多代表人物中的地位，对后世产生了广泛而深远的影响。宋代王安石变法时，对科举考试的科目进行变革，将《孟子》和《论语》作为"兼经"，列为考试内容。南宋时期，朱熹将《孟子》与《论语》以及《礼记》中的《大学》、《中庸》编在一起，称为《四书》，并且撰写了《四书章句集注》一书。这部书，后来被历代朝廷钦定为士子的必读经典。元代，文宗（图帖睦尔）于至顺元年（公元 1330 年），下诏册封孟子为"邹国亚圣公"（参见《元支·文宗本纪三》）。至此，孟子被封建统治阶级的最高层正式尊奉为"亚圣"，在官方意识形态领域中的地位仅次于被封为"大成至圣文宣王"的孔子。此后孟子也曾偶尔受贬抑。例如，明太祖朱元璋读到《孟子》书中对君主不恭敬的言语时，勃然大怒地指责那些话"非人臣所宜言"，并当即降旨把孟子牌位撤出孔庙。但总的说来，孟子的"亚圣"地位，在元代以后的封建社会中不曾真正发生过动摇。从根本上说，这是因为孟子的思想学说有利于封建社会内部各种关系的调节，有利于封建社会的稳定，并且符合士大夫阶层的精神和心理需要。

（十） 与孟子同时代的著名人物有哪些

孟子生活于战国中期,活了八十多岁。此时,是中国历史上社会最为动荡混乱的时期,也是中国思想史上学术最为自由、发达的一个时期:诸子蜂起,百家争鸣;各诸侯国无不在忙于耕、战,富国强兵,假借仁义之名以行霸道,借武力优势,强国攻伐弱国,大国兼并小国,进而形成秦、齐、楚、燕、韩、魏、赵七国争雄的局面。正如司马迁所言:"当是之时,秦用商君,富国强兵;楚、魏用吴起,战胜弱敌;齐威王、宣王用孙子、田忌之徒,而诸侯东面朝齐。天下方务于合纵连横,以攻伐为贤。"(《史记·孟子荀卿列传》)孟子乃述唐、虞、三代之德,主张仁政、王道,其学说显然不合时宜。但孟子的仁义思想在当时仍有一定的市场和影响。为了维护儒家学说学派的利益,扩大其影响,孟子率他的弟子在周游列国、游说诸侯的过程中,接触了不少人物。

据统计,仅《孟子》一书中提到的、与孟子有过接触或交往的人物就有六十多位。他们可归为四类:其一,是孟子所游说的各诸侯王;其二,是孟子在周游途中,所涉及的各国有影响的政客、显臣;其三,是与孟子或孟子弟子进行争鸣、论辩的其他学说学派的代表人物或代言人;其四,是孟子的学生、弟子。

孟子所游说的诸侯王有梁惠王、梁襄王、齐宣王、邹穆公、滕文公、鲁平公等。

与孟子有过交往或言论之辩的列国显臣、学者有匡章、淳于髡、庄暴、尹士、白圭等。

与孟子进行过直接或间接争鸣的其他学说学派的代表人物或代言人有:主张"生之谓性",人性无善无不善,相传为墨家人物的告子;墨家的弟子门徒夷子等;杨朱学说的宣传者子华子、詹何等;道家别派、主张"清心寡欲"说的宋钘等;农家人物许行及其弟子陈相等;纵横家张仪、公孙衍、苏秦及景春等;兵家吴起、孙斌、田忌等;法家商鞅等。孟子骂杨、墨,驳告子,反许行,否定纵横、兵、法等是不遗余力的。

还有一些与孟子同时代的著名人物,《孟子》一书未作记载,如道家重要人物庄子、名家人物惠施等,及秦、楚等诸侯的国君和显臣及其学者等。

至于孟子的学生、弟子,《孟子》一书所载有名有姓的就有十几位,遍布齐、鲁、邹、宋、魏、滕等诸侯国,其中以万章、公孙丑、乐正子、公都子等较有影响,而《孟子》一书中的两章就是以"万章"、"公孙丑"为名的。孟子的一部分思想、言论就是通过万章、公孙丑等与孟子问答的形式阐发的。

(十一) 孟子为什么反墨子

墨子是春秋战国之际的思想家、墨家学派的创始人;墨子早年曾习儒术,因不堪其"礼"的烦琐,进另立新说,并聚徒讲学,成为儒家的主要反对者;墨学是当时的"显学"之一,可见它的影响。

针对孔子儒家的仁、义及尊尊亲亲的思想,墨子提出了"兼相爱,交相利",主张尚同、尚贤、非攻、节用、非命等;后期墨家对此又有所发展。

墨子(约公元前468—公元前376年)比孟子(约公元前372—公元前289年)早近百年;孟子生时,墨子已亡。

孟子反墨子,是由于孟子意识到了墨子之学尤其他的"兼爱"思想对于儒家所宣扬的伦理思想是一个潜在的危险。诚如孟子所言:"圣王不作,诸侯放恣,处士横议;杨朱、墨翟之言盈天下。天下之言不归于杨则归墨。杨氏为我,是无君也;墨氏兼爱,是无父也。无父无君,是禽兽也。"又说:"以言距杨墨者,圣人之徒也"。

墨子讲兼爱,主张爱无差等。孟子认为这样无疑把别人的父母视为自己的父母(当然别人也就把我的父母视为他们的父母),所以斥骂墨子"无父",和禽兽差不多。因为墨子的兼爱思想破坏至少触犯了儒家君君亲亲的伦理等级秩序,动摇了儒家学说的根基。

可见,孟子反墨子、与墨家后学相辩驳,是出于维护自己学派学说的利益。

孟子反墨子的同时,他的思想又有与墨学相近或一致的地方:墨子讲"尚贤"、"非攻",孟子有举贤、使能和反战的思想;墨子主张富民强国,认为君有罪也当诛,孟子有"重民"、"制民之产"的思想,并声明武王伐纣是"诛一夫也"而不是弑君;《墨子》有"修身"篇,孟子认为修身是治国平天下的根本和前提,说"达则兼善天下,穷则独善其身"等。

可见,先秦诸子及其学说在相互非难的同时,也在相互包容、吸收。

(十二) 孟子为什么反告子

孟子反告子,主要是为了维护他的"性善"论。孟子的性善论是他的"仁政"的政治学说、"王道"观及反省内求的道德修养的理论基础或前提。动摇了他的性善论,也就动摇了他的整个思想体系。因此,孟子反告子,激烈又彻底。

告子,名不害,生平、身世不详;相传早年曾亲近墨学。告子关于人性的言论主要有:"性,犹杞柳也;义,犹桮棬(bēi quān)也。以人性为仁义,犹以杞柳为桮棬";"性犹湍水也,决诸东方则东流,决诸西方则西流。人性之无分于善不善也,犹水之无分于东西也";"生之谓性";"食、色,性也。仁,内也,非外也;义,外也,非内也"。(《孟子·告子上》)

孟子对告子的上述言论逐句予以了批驳。

告子认为人性好比是杞柳树,道义好比是杯盘,要使人性具有仁义的品格,那就像杞柳加工成杯盘一样,需要借助人工的力量即必须借助人为;人性就像急流的水一样,东方有缺口就往东方流,西方有缺口就往西方流,人性不分善与不善,就像水不分向东流或向西流一样;所谓人性,就是人天生的素质;饮食和男女,是人的本性;仁(亲亲)是内在的,不是外在的,义(尊尊)是外在的,不是内在的。

告子看到了人性中自然的东西,说它们并非先天就赋有社会的道德的内容,这是正确的;但他由此而断言,所谓人性就是人的自然属性测有失偏颇。

人性包括人的自然属性和社会属性,其中人的社会属性是人性的本质。

孟子从人的社会属性着眼,认为人之所以为人、人区别于动物的,在于人具有仁义等道德观念或道德意识。

可见,关于人性的论述,告子所关注的是人的自然属性,孟子所关注并用以反驳告子的是人的社会属性;他们都只是从人性的一个侧面来关照人性,因而都难免片面。相比较而言,孟子的认识更有社会价值和理论意义。至于孟子说人性本善,人天生就赋有恻隐、羞恶、辞让(或恭敬)、是非之心即道德心理,则表现了他那唯心主义的为剥削阶级服务的人性观。

由孟子反驳告子的言论,可以看出孟子的激动和坚决。但由于孟子人性论的抽象和非科学性,使得他的反驳情绪多于公正、缺乏说服力,最终沦为逻辑上的诡辩。

(十三) 孟子为什么反许行

许行,战国中期农家的代表,楚人。据《孟子》记载,许行有门徒数十人,皆穿粗布衣,以编草鞋、织草席为生;曾到滕国游说滕文公,主张"贤者与民并耕而食,饔飧(yōngsūn),(指早晚餐,比喻自食)而治",反映了古代社会农民要求不分贵贱、君民同耕的理想,表现了自然经济条件下劳动者自食其力、平均主义的思想萌芽;同时在生活方式上,主张"市贾不贰,国中无伪",有"尚同"、反剥削反欺诈的思想倾向。(《孟子·滕文公上》)

许行的思想主张有其合理性。他站在农民的立场,出于维护劳动者农民的利益和生产的积极性,指责统治者不劳而获、商人欺市盘剥,要求同耕同食、自给自足、同一物价、减少贸易。

许行的思想主张同时也表现了它的落后甚至倒退的一面。因为随着社会的进步,社会分工是生产力发展的必然,并伴随着出现了私有制即剥削现象;商业贸易在相当长的一个时期又是促进生产力发展的一个重要的积极因素,因为在生产力尚不发达的情况下,物价划一只能萎缩市场,从而阻碍生产力的发展,正如孟子所反驳的:"夫物之不齐,物之情也。……子比而同之,是乱天下也。巨屦小屦同贾,人岂为之哉? 从许子之道,(民将)相率而为伪者也,恶能治国家?"(《孟子·滕文公上》)

孟子在用社会分工的必要性反驳许行"君民同耕同食",自给自足思想的同时,又论证了剥削制度的合理性,说:"百工之事固不可耕且为也,然则治天下独可耕且为与? 且一人之身,而百工之所为备,动必自为而后用之,是率天下而路也。故曰,在劳心,或劳力;劳心者治人,劳力者治于人;治于人者食人,治人者食于人,天下之通义也。"即,各种工匠本来就不能同时既耕地又做工,那么治理天下的国君显臣难道就可以同时既耕地又处理政务吗? 社会上的人是有分工的:做官的有做官的应该做的事,平民百怪有平民百姓应该做的事。况且我们每个人所需要的东西,都是各种工匠所提供的;如果一切东西一定要自己制造、劳动的才使用、才享受,那就等于叫天下的人整天都忙于奔波而无暇休息。因而,劳动是有分工的;有的人从事脑力劳动,有的人从事体力劳动;脑力劳动者治理人,体力劳动者被人治理;被治理的人养活别人,治理人的人被别人养活,这是天下通行的道理。

孟子把脑力劳动者等于统治者,把社会分工同等于社会剥削现象,是有意的歪曲。

(十四) 孟子为什么骂杨朱

杨朱是战国初期道家的代麦人物之一,主张"贵生"、"重已"、"全性葆真,不以物累形",其主要内容是"为我"。杨朱的学说在战国时期曾经风靡一时,出现"杨朱、墨翟之言盈天下。天下之言不归于杨则归墨"的局面。(《孟子·滕文公下》)

杨朱是否有自己的言论集《杨子》一书遗世,因不现史载,不可妄言。先秦及汉的一些典籍记述了只言片语、部分思想主张及对他的评价。

孟子说:"杨子取为我,拔一毛为我,拔一毛利天下,不为也";杨氏为我,是无君也;墨氏为我,是无父也。无父无君,是禽兽也。"(《孟子·尽心上》)(《孟子·滕文公上》)《吕氏春秋·不二》说杨朱"贵己"。韩非子评价杨朱,说:"畏死远难,降北之民也,而世尊之曰贵生之士";"今有人于此,义不入危城,不处军旅,不以天下大利易其胫之一毛"。(《韩非子·六反》、《韩非子·显学》)。《淮南子·泛论训》说:"全性保真,不以物累形,杨子之所立也"。《说苑·权谋》转述杨朱的话,说:"事之可以贫可以富者,其伤行者也;事之可以生可以死者,其伤勇者也"。

可见杨朱有轻物重生、贵己反战的思想,而由"为我"而导致的个人主义才是他思想的实质;他的"为我"是针对"为天下"之虚伪而发的,同时也是自春秋以来重民的民本思潮发展的一个极端。

孟子对杨朱的抨击可谓一针见血,而他对杨朱的斥骂也是出于真情实感。

孟子认为杨朱"拔一毛利天下而不为"是个极端的利己主义者,以个人的利益高于一切,不讲君臣之义、不忠君,所以斥他是"无君"、骂他是"禽兽"。杨朱的"为我"必然导致"无君",墨子的"兼爱"必然导致"无父";他们的这种思想动摇、破坏了儒家所倡议的君君亲亲的伦理等级秩序;如果说无父还只是乱伦,那么无君岂不是亡政亡国?这在孟子是不可想象的,特别是社会进入战国中期,封建国家急需加强其封建专制统治时期,所以孟子批此可谓不遗余力。

其实,在私有制社会中,个人主义是必然的产物,只是剥削者为了掩盖其剥削的实质,只讲仁义、不讲"为我",实则,他们所谓的仁义也正是他们的利益。封建制确立后,地主阶级与劳动者之间的矛盾出现了,杨朱的个人主义大力攻击剥削者的仁义,不讳言"为我",反对别人"损我",客观上反映了一部分劳动者希望自治自保的愿望。(任继愈主编《中国哲学史》第一册,第 161 页)。

（十五） 孟子为什么反对法家、兵家

法家与儒家、墨家、道家、名家、阴阳家、兵家、纵横家、农家一样，同为先秦"九流"之一。

法家与兵家、纵横家比较接近。法家强调"不别亲疏，不殊贵贱，一断于法"（《史记·太史公自序》）；主法治、厉赏罚，推行霸道，主张强化君主集权专制、以严刑峻法治民，鼓励耕战；其思想渊源于春秋时期的管仲、子产，其代表人物则是战国初期的李悝和战国中期的吴起、慎到、申不害、商鞅等。战国末期的韩非承袭并发展了他的老师荀子"礼、法"中法的思想，并综合法家各家之长，兼言法、术、势，为秦王朝统一中国做出了卓越的理论上的贡献。

生活于战国中期的孟子，亲眼看见了战争的危害。与主张"非攻"的墨子一样，孟子具有反战的思想，并以愤慨的语气控斥了战争的罪行，说"争地以战，杀人盈野；争城以战，杀人盈城，此所谓率土地而食人肉，罪不容于死。故善战者服上刑，连诸侯者次之，辟草莱、任土地者次之"。即相互攻伐的诸侯为了争夺土地发动战争，往往杀人遍野；为了争夺城市发动战争，往往杀人满城。这就是人们常说的为了土地而吞吃人肉。对这些人即使判处死刑也不足以赎出他们的罪恶。所以对喜欢发动战争的人应当处以最重的刑罚，对到处游说以连横合纵来恐恶诸侯的人应当处以二等刑罚；对为了增加赋税强迫百姓开垦荒地用尽地力的人应当处以三等刑罚。（《孟子·离娄上》）苛税，也是当时民不聊生的一个主要原因。孟子从得民心、得民进而得天下的仁政思想出发，主张"省刑罚，薄税敛。"孟子比较了解夏、商、周三代的税制，认为"耕者九一"的井亩助税制较理想。孟子反对广征田地、扩大领土的耕战政策，提出以"深耕易耨（易，快；耨 nòu，锄草）"发展农业的方针。

孟子反对暴力革命，主张温柔改良。

孟子继承了孔子"为政以德"的思想，认为治民的根本不在于严刑峻

法的淫威,而在于人们有知耻恶辱的道德心理而进行自觉的道德修养和道德教育。这与他的人性本善的理论是一致的。

在君民关系上,孟子与法家、兵家也有分歧。孟子虽然承袭了孔子的君君臣臣父父子子、尊尊亲亲的思想,但又认为其关系应该是双向的、相互的,臣事君以义、子事父以孝的同时,君必须待臣以礼、父必须待子以慈。孟子由历史上纣、桀等暴君为所欲为、极权政治的恶果醒悟到:为了封建君主统治的长远利益,必须对君主的权力有所限制,辅以适度的民主,因而极力反对兵、法家的集权、霸道,倡议王道、民主。孟子"民为贵,社稷次之,君为轻"的可贵的民主思想,是春秋以来社会上重民思想的集中反映。

当然,孟子反对法家、兵家,虽有背当时的时势,但不能就此简单地评价孟子的思想是保守、落后的。他们的思想、学说在本质上都是为新兴的封建地主阶级服务的,只是在方法上存在着分歧甚至矛盾而已;兵、法家的思想,其功效较直接、较明显,尤其在社会大动荡、大变革的时期,相对地,孟子的思想、学说,则较适合于和平时期或太平盛世封建统治阶级的统治。

(十六) 孟子为何不屑与管仲相比

管仲,名夷吾,字仲,谥号敬,又称管敬仲,春秋初期颍水之滨(今安徽省颍上县)人。早年贫困,后因鲍叔牙多次推荐,于周庄王十二年(公元前685年)相齐桓公。执政四十年,助齐桓公成为春秋时代第一霸主。尽管管仲因功业显赫名声显著,孟子却始终耻于别人拿自己与管仲相比。一次,他的弟子公孙丑问他能否使管仲的功业在齐国再度兴起,他听了很不高兴,责怪说,"管仲是个连曾西(曾参之子。曾参即曾子,系孔子晚年弟子)都不愿跟他相比的人,你以为我愿意学他吗?"(参见《孟子·公孙丑上》)还有一次,他的朋友景丑氏问他为什么不应召去见齐宣王,他回答说:"管仲还不可以召唤,何况连管仲都不愿做的人呢?"(参见《孟子·公孙丑下》)。这不啻明确申明自己不愿做管仲那样的人。孟子耻于做管仲那样的人,甚至不屑拿自己比管仲,就因为"管仲以其君霸"(《孟子·公孙丑上》)帮助齐桓公成为霸主。因为孟子提倡王道,反对霸道,他连齐桓公称霸的事迹也不愿意谈(参见《孟子·梁惠王上》),又怎么会愿意拿他与管仲相比?

(十七)　孟子为什么与淳于髡论辩

淳于髡(kūn),战国中期齐国人,曾在齐威王、齐宣王和梁惠王的朝中做过官,为人滑稽善辩,与孟子会过面。

《孟子》一书有两处记述了淳于髡与孟子的辩论。

淳于髡曰:"男女授受不亲,礼与?"

孟子曰:"礼也。"

(淳于)曰:"嫂溺,则援之以手乎?"

(孟)曰:"嫂溺不援,是豺狼也。男女授受不亲,礼也;嫂溺,援之以手者,权也(权变,变通,权宜之计)。"

(淳于)曰:"今天下溺矣,夫子之不援,何也?"

(孟)曰:"天下溺,援之以道;嫂溺,援之以手——子欲手援天下乎?"

(《孟子·离娄上》)

上述这段对话说明两个问题:其一,"礼"对孟子已不像对孔子那么重要、尊贵,在孟子的思想中,它是从属于仁或义的,在关键的时候,是可以变通的;其二,淳于髡对孟子坐而论道(仁义之学),见事而不见功——孟子的仁政王道无益于平乱息战、从而救民于水深火热之中,表示了不满。

《孟子·告子下》篇记述了淳于髡就孟子辞去齐国客卿、离开齐国一事,向孟子发难,怀疑、否认孟子为贤人;孟子就此事作了答辩。

淳于髡说:重视名誉功业的人,志在治国济民;不重视名誉功业的人,希望独善其身。先生您为齐国的三卿之一,上辅君王、下济百姓的名誉功业还没有建立就离开齐国,难道仁人贤士原来是这样的吗?

孟子未作直接的回答,没有直言齐宣王不推行、实施他的"仁政"、"王道"说,只是说:君子按照"仁"的原则行事,诚如孔子,"以礼进,以义退",没有什么可厚非的;况且,君子的所作所为,也不是一般人所能够理解的。

淳于髡与孟子的辩答,表明孟子的仁义学说及其作为,在齐国是有争议的。

（十八） 孟子为什么没点名批老庄

孟子一生好辩,他自己也承认,说是出于不得已。

为了维护自己学派的利益,更主要的是为了捍卫自己的学术思想、光大自己的政治主张,孟子先后批墨子、骂杨朱、驳告子、反许行、责法家,几乎对当时有一定影响的学说学派尤其是对儒家学派和自己的"性善"、"仁政"、"王道"说构成威胁的学说学派。无不进行反驳、予以责难;但对指责儒家的仁、义、礼、智等道德之虚伪的老子和庄子这两位道家的主要代表人物,却只言未提。

老子的《道德经》一书中非儒的言论有好多处,且深刻、犀利。司马迁在《史记·老子韩非列传》中也说:"世之学老子者则绌儒学,儒学亦绌老子。"司马迁在同篇中还记述了庄子及其思想,说:"其学无所不窥,然其要本归于老子之言。……作《渔父》、《盗跖》、《胠箧》,以诋訾孔子之徒,以明老子之术。"《庄子》书中的孔子是个被嘲讽的对象,连他的得意门生颜回等也被描述成迂腐之辈,但对孟子却没有什么微词。

对于这一违反常规的社会现象,学术界有人解释说老子是孔子的老师(据《史记》记载,孔子青年时期曾拜谒老子、向他问"礼"),而孟子对孔子推崇备至,以孔子为宗师,自称"乃所愿,则学孔子",因而,孟子对老子及其思想视若不见、存而不论,也是情理之中的事。更主要的是老子的"贵柔"及"道法自然"的思想在孟子生活的时代,影响可能还不大,对孟子的学说没有构成什么威胁。

那么,孟子及《孟子》一书讳言庄子,庄子及《庄子》一书也不谈孟子,

传记读库

则不能不令人费解。

　　孟子是战国中期邹人,约生活于公元前 372—公元前 289 年;庄子是战国中期宋人,约生活于公元前 369—公元前 286 年。他们与梁惠玉、齐宣王同时,且都与梁惠王有过直接或间接的交往。他们彼此之间是否会过面,由于不见于史,不可妄论,但若说他们彼此之间闻而未闻,孟子不知有庄子其人及庄子之学、庄子不知有孟子其人及孟子之学,也说不过去。

　　当然,也有可能孟子与庄子从未相通过,他们的学说因缺乏交往,从而也没有什么冲突。

　　我们认为主要的还在于:庄子蔑视权贵的避世思想和行为,以及他所主张的绝对自由精神和相对主义思想,于孟子,没有什么可赞赏的,但也没有什么可厚非的。因而,孟子待庄子如老子,"视若不见,存而不论"。

（十九）　孟子与庄子有无相同之处

　　庄子,名周,战国中期末宋国人,道家的重要代表;他继承、发展了老子的"道法自然"的思想,形成了以"道"为最高范畴和核心的客观唯心主义哲学体系,把事物的相对性绝对化,进而形成相对主义的认识论,从而偏离了老子朴素的辩证法;在人生观上,以出世、游世的态度,提倡安时处顺、逍遥自得,追求精神上的绝对自由和人格的独立,蔑视权贵,不愿做官从政。

　　孟子与庄子同时,他们都生活于梁惠王、齐宣王在位期间。作为儒家学说学派的重要代表,孟子继承、发展了孔子"仁"的思想,形成了以"仁义"为最高范畴和核心的主观唯心主义哲学体系;受孔子"知其不可而为之"积极进取、锲而不舍传统人生的影响,以平乱息战、拯人救世的宏愿积极入世;主张人格平等。

　　也许是道不同、不相与谋吧。庄子著书十余万字,"以低訾孔子之徒,以明老子之术",把儒家先师孔子的得意弟子颜回作为嘲讽的对象,却避而不谈孟子;孟子及《孟子》一书也讳言庄子。

　　庄子与孟子先后都拜见过梁惠王;他们彼此之间是否有过交往,由于不见史载，不可妄论。孟子生活的时代，老子道家不像墨学、杨朱之学、兵家、法家、纵横家那么显名现世，当为事实，但若说孟子不知有老子、庄子及庄子也不知有孟子，则于情理上也说不过去。为什么庄子不谈孟子、孟子不言庄子？此乃一个谜。

杨朱之学沉寂、墨学式微、兵、法及纵横诸家也完成了历史使命，"你方唱罢，我登台"，纷纷退出历史舞台；儒、道却源远流长，相成相辅，分别成为官学、民学，两千年来，始终在政治、哲学、思想、文化上影响着中华民族，成为中华民族文化长河的两大主流。作为儒、道两家的重要代表，孟子与庄子倍受后世推崇：孟子得以与孔子并列，仅次于孔子，至宋代被官方尊为"亚圣人"，孔孟或孔孟之道也成了儒家儒学的别称；而庄子则得以与老子并列，仅次于老子，魏晋以后，庄学盛行，唐朝天宝年间，庄子被诏封为南华真人，宋、元时又有所加封，老庄或老庄之学也成了道家的别称。

庄子与孟子都注重人格的独立和尊严。

庄子视官爵如粪土，追求人格的独立和精神自由，一身正气、傲然于世。孟子虽然热心政治、游说诸侯，但并不奴颜、屈膝，而是以"浩然之气"行"大丈夫"之礼，不卑不亢，把他的人格平等思想付诸实践。

在行文、文体上，庄子的《庄子》与孟子的《孟子》在先秦文学上也别具一格：庄子的文章，汪洋恣肆、恢宏瑰丽、想象丰富；孟子的文章，雄才大略、热烈理性、逻辑缜密。

庄子与孟子分别充实、丰富了道家和儒家的学说。他们对道、儒两家的贡献也颇相似。

（二十） 司马迁为什么将孟子与荀子并列入传

孟子与荀子是儒家的两位重要代表人物。

战国中、后期，随着社会和学术交流的进一步发展，有的学说自身出现了分歧，学派开始分化。据《韩非子·显学》记载，春秋末、战国初期同为两大"显学"的儒、墨，此时，"墨离为三"、"儒分为八"。儒家分离成八个小派,即"八儒":"有子张之儒,有子思之儒,有颜氏(颜回)之儒,有孟氏(孟子)之儒,有漆雕氏之儒,有仲良氏之儒,有孙氏(荀子)之儒,有乐正氏之儒"。其中具有重要地位并产生了很大影响的是孟子和荀子之学。

孟子"受业子思之门人"。子思是孔子的孙子。孟子上距孔子一百多年,相间三、四代人。孟子继承并发展了孔子"仁"、"礼"的思想,把孔子的有关道德言论和政治主张发展为系统的、有一定理论意义的伦理思想和政治学说,丰富了儒家学说、扩大了儒家学派的影响。孟子也从而成为仅次于孔子的"亚圣"。

荀子作为战国末期的思想家、儒家学说的集大成者,他继承并发展了孔子尤其孟子的思想,兼容了法家的思想;在政治上,主张礼法兼治、王霸并用。他的学生韩非和李斯对秦王朝的统一起了很重要的作用。

在人性论上,孟子主性善、荀子主性恶,两者截然对立,且都产生了很大的影响。

司马迁把孟子和荀子并列入传,除了他们的学说代表儒家内部两个重要的派别外,正如他把老子和韩非并列入传一样,还因为他们在思想上存在着一定的脉络关系。读者通过阅读孟子和荀子的传记,可以大体了解两者的区别与联系。

(二十一) 思孟学派是个什么样的学派

《韩非子·显学》把子思之学和孟子之学说成是"八儒"中的两儒,即儒家内部的不同的派别;其实,它们是一脉相承的,可以合而称之为思孟学派。

子思约生活于公元前483—公元前402年间,战国初期的思想家;姓孔,名伋,是孔子的孙子;相传是孔子的门徒曾参的学生,著有《中庸》。他继承、发挥了孔子"无过、无不及"的中庸思想,认为"中庸"是对立两端的统一与中和,是道德修养和处理事物的基本原则和方法,同时也是谦谦君子所应有的一种品质和美德。以儒家的道德范畴"诚"为世界的本原,说:

"诚者,物之终始。不诚无物"。又说:"诚者,天之道也;诚之者,人之道也。"即,真诚是贯穿于万物始终的,没有真诚,就没有万物;圣人生来就有诚的德行,这是天道,而一般人只有经过努力才能做到诚,这是人道。

又提倡孝道,认为"孝"是诸德中的大德,它关系着家国、维护着社稷;注重内心的反省等道德修养。

这些均为孟子所继承、发展,并对孟子的思想产生了很大的影响。又因孟子"受业于子思门人",为子思学说的再传人。后人便把子思与孟子之学合而称之为思孟学派,其思想以孟子的学说为主。

思孟学派属于儒家的右翼,荀子学派属于儒家的左翼。这两个学派在理论上对孔子之儒学作了不同的解释和发挥。在人性及伦理观上,前者主性本善,强调道德意识的修养和自觉性,论述了道德教育的可能性;后者主人性本恶,强调道德及社会规范的作用,论述了后天教育和良好环境对于改善人性的必要性。在哲学世界观上,前者属于主观唯心主义,后者基本属于唯物主义。

（二十二） 孟子应不应列入稷下学

公元前 356—公元前 320 年齐威王在位,在齐国都城临淄稷门外设置学宫,广招天下贤士,任他们"不治而议",从事学术和政治咨询活动;这可能是春秋五霸之一的齐桓公收养、招募门客这一传统作风的延续;至齐宣王时,学宫规模得以扩展,所招贤士近千人,其中七十六人被尊为"上大夫",而著名的有邹衍、淳于髡、田骈、慎到、接子、季真、环渊、彭蒙、宋钘、尹文、田巴、倪说、鲁仲连、邹奭、荀子等。荀子曾"三为祭酒"即先后三次任学宫的主持人。学宫汇集了道、法、儒、名、兵、农、阴阳、轻重等百家之学,成为当时各学派荟萃中心,并逐渐形成具有一定倾向的学派,后人称之为"稷下学",其中黄老思想及其影响居于主导地位。(据《哲学大辞典·中国哲学史卷》,上海辞书出版社 1985 年版)

孟子是战国中期儒家的代表人物,怀着远大的政治抱负和人生理想,周游列国、游说诸侯,曾两次到齐国,时值稷下学兴盛,那么,他是否到过稷下学宫、与稷下学有没有关系?

钱穆先生认为孟子虽游齐而不列稷下学,并著文《孟子不列稷下考》予以论述。说司马迁在《史记》"孟荀列传"、"田齐世家"等篇中记述了稷下学的有关事宜,并罗列了邹衍、淳于髡、田骈、接子、慎到、环渊等稷下学人,却只言未提孟子及孟子的门徒,足见孟子虽于齐威王、齐宣王在位之际两次至齐,但未到稷下学宫、孟学也与稷下学无关。

也有学者认为孟子游齐而不到稷下学宫,于情于理不通;且也不应把孟子是否列入稷下以是否见载于《史记》为唯一的标准。

西汉《盐铁论·论儒篇》说:"齐宣王褒儒尊学,孟轲、淳于髡之徒,受上大夫之禄,不任职而论国事。盖齐稷下先生,千有余人"。孟子在游历了宋、薛、鲁、滕、魏之后,于齐宣王时,再次游齐,且到过稷下宫,似乎当无疑。只是这段话中有两处与史不合:齐宣王尊学但并不"褒儒",孟子也非"不任职而论国事";孟子第二次游齐,名声已大,"后车数十乘,从者数百人",齐宣王给予热情招待,并委之以客卿,是有官有职的,虽不拥有实权,因而孟子有机会得以与齐宣王屡屡论政,但齐宣王觉得孟子的"仁政"、"王道"说虽言之有理,但偏离了现实,显得迂阔而无济于事,因而终未采纳。

东汉徐干《中论·亡国篇》说:"齐桓公立稷下之宫,设大夫之号,招致贤人而尊崇之,孟轲之徒皆游于齐。"有人怀疑齐桓公当是齐威王之误,因为在年限上,孟子第一次游齐当在齐威王在位期间,且未受到齐威王的重视;因稷下学以黄老之学为主,齐威王崇奉的是黄老思想而非儒学。孟子自己说明了他在齐国当时的境况:"我无官守,我无言责,则吾之进退岂不绰绰然有余裕哉?"(《孟子·公孙丑下》)这话极似春秋时期寄人篱下的门客所言。

《孟子·离娄上》篇记述了孟子与稷下学人淳于髡关于"男女授受不亲"的论辩。

可见,孟子与稷下学有一定的关系;至于他两次游齐是否落足于稷下学宫,待了多久,由于史料欠缺,不便妄论。

（二十三） 孔孟之道指的是什么

"道"，其本义原是指人们行走的道路，后来引申为事物运动变化的规律、宇宙的本原。人生的行为原则及道德规范等。

"道"，最早见载于史的是春秋时人物子产的"天道远，人道迩，非所及也"。（《左传·昭公十八年》）老子把"道"说成是先天先地、生化万物的宇宙本原，说：'道生一，一生二，二生三，三生万物"；并依此创立了道家学说。

孔子少谈天道，多讲人道。所谓"人道"即为人之道，做人的准则。孔子的人道思想包括：仁、义、礼、智、勇、温、良、恭、俭、让、尽孝、尽忠、守信以及执两、用中的中庸思想等。孔子的学生曾子说："夫子之道，忠恕而已矣"。（尽心待人为忠，推己及人为恕）。孔子自己也很看重"道"，说："朝闻道，夕死可矣。"

孟子继承并发展了孔子的仁、道思想，丰富、充实了儒家学说。孟子自言，他以祖述孔子为己任。孟子把孔子的以"仁"为核心的伦理学说发展为仁政、王道的政治理论，从而使以仁、义、礼、智、信为主要内容的儒家学说成为自汉以后封建历代王朝所推崇的正统的政治伦理思想，沦为维护封建人伦秩序和巩固封建统治的思想工具。后人以"孔孟之道"冠之。

20世纪六七十年代，批林批孔运动中，孔子的"克己复礼为仁"被批为封建的东西，确实揭示了孔孟之道的本质。

唐代韩愈排斥佛、老（实为道教），仿照佛教诸宗世祖代代相传的祖统，作《原道》，提出儒家的"道统"说：孔孟之道是有所本的，儒家的仁义、王道，远自尧、舜、禹、汤、文、武周公至孔、孟，是一脉相承的；韩愈以继承孟子、续"道统"自居。

孔孟之道至宋代，进而衍化为道学，被宋代理学家誉为"天理"，成为摧残人性、灭绝人欲的"礼教"。

（二十四） 孟子是怎样评价孔子其人的

孔子是儒家学说的创始人，是至圣先师。孟子上距孔子一百多年，以未能成为孔子的直传门徒弟子为憾，说他一生的愿望便是向孔子学习。

孟子对孔子的评价很高。说孔子是圣贤之人，是识时务者，是集大成者。

在周游列国、游说诸侯的过程中，孔子依礼而进、依义而退，对自己的政治和信念坚定不移，"知其不可而为之"，尽人力而听天命。孟子的政治生涯与孔子相类。也许是同病相怜吧，孟子对此深有感触，对孔子的思想及人格推崇备至；与孔子一样，孟子虽也有生不逢时、怀才不遇而不得施展抱负的感慨，但对自己的政治思想始终充满信心。

在《孟子·公孙丑上》一篇中，通过与学生公孙丑的问答，孟子评价了伯夷、伊尹、孔子三位古代圣贤，比较了他们的处世原则。伯夷的处世原则是：不是正统的君主不侍奉，不按正统观念行事的百姓不使唤；天下太平就出来做官，天下混乱就退而隐居。伊尹的处世原则是；任何君主他都愿意侍奉，任何百姓他都肯使唤；天下太平他出来做官，天下混乱他也肯做官。孔子的处世原则是：该做官的时候就做官，该隐退的时候就隐退；可以长久任职就长期干下去，必须马上离职就迅速走开。可见，伯夷"迂"、伊尹"俗"而孔子"正"。孟子说，孔子"仁"而且"智"，出类拔萃，自有人类以来，没有谁能与他相提并论。

孔子无过、无不及的中庸的处事原则，也为孟子所乐道，说："仲尼不为已甚者。"（孔子是位不做过头事的人）

（二十五） 孟子的仁政学说为什么不被当世者所用

孟子的仁政学说是以他的性善论为理论前提的，又是为他主张行王道、从而平治天下的政治目的服务的。

孟子说先王、圣人有不忍人之心(先天的善心、同情心),斯有不忍人之政(善政、良政);而"君行仁政,斯民亲其上,死其长矣"。

孟子把孔子"仁者,爱人"的伦理思想发展为一种政治学说,并以用仁政、行王道来宣传、推荐他的政治主张。

孟子仁政学说的主要内容有:重民、爱民而使民、用民;尊贤使能,俊杰在位;提倡发展生产,加强道德教育;主张道德感化,反对武力征服;轻赋薄税等。

孟子的仁政王道思想为汉以后的历代封建统治者所重视,尤其在宋、明时期,儒家学说和孔、孟的仁义思想备受推崇,《论语》、《孟子》为官方首肯,几乎成为读书人的圣经。

可是,为什么孔、孟及他们的思想不为当世者所重所用?

为实现自己的政治抱负和人生理想,他们不辞辛劳,周游列国,游说诸侯,可是结果怎样呢?孔子"菜色于陈、蔡",孟子"困于齐、梁"。

孔子虽说"知其不可而为之"',对自己的政治理想和信仰坚定不移;孟子更自信"欲平治天下,舍我其谁?"但他们面对怀才不遇、生不逢时,因而处处碰壁的残酷的社会现实,不能不悲哀、不能不困惑。

事实上,儒、墨、道、法、阴阳、刑名等诸子百家,何时何者昌兴、何时何者衰亡?主要取决于社会、时代的需要和抉择。

孟子生活的时代,诚如司马迁所言:"当是之时,秦用商君,富国强兵;楚、魏用吴起,战胜弱敌;齐威王、宣王用孙子、田忌之徒,而诸侯东面朝齐。天下方务于合纵连横,以攻伐为贤,而孟轲乃述唐、虞、三代之德,是以所如者不合"。(《史记·孟子荀卿列传》)可见,当社会处在"以力争天下"、"霸道"通行、"法治"有效的时代,孟子的"仁政"、"王道"思想就显得"迂远而阔于事情"了。孟子企图通过非暴力的道德的途径和手段来实现中国的统一,在全国范围内建立一个统一的封建中央集权制国家,这在当时诸侯争霸的中国是不可能的。

（二十六） 孟子的"仁"与孔子的"仁"有什么区别

　　孟子的"仁"与孔子的"仁"，存在着两个最主要的区别：其一，关于"仁"的内涵，孟子的理解与孔子有区别。在孔、孟那里，"仁"都是道德规范的最高原则，是人生最高的精神境界。但孔子主要把"仁"作为人们所应该追求的"道德思想"来说，而孟子则主要是把"仁"作为人们本来就潜在地具有的"道德心"来谈。孔子固然认为"为仁由己"，即做到"仁"在于各人自己，只要去做，并不困难，但他并不认为"仁"在每个人的心中有其天赋的内在根据。孟子则提出"仁，人心也"，认为"仁"就是人心，就是人人先天具有的"恻隐之心"、"羞恶之心"、"辞让之心"、"是非之心"，即所谓"四端"。他说人们达到"仁"的境界的过程，就是保持和扩充"四端"的过程。可见，孟子主要是从人的内在心性的角度来谈"仁"的。其二，关于实现"仁"的途径，孟子的想法与孔子有区别。孔子主张，通过社会全体成员的"克己复礼"，来实现"天下归仁"。"礼"（周礼）是为维护周朝贵族等级制度而制订的行为规范。孔子从"仁"的理论，推演出现实政治生活中的"礼治"，即以"礼"来治理天下。他主张，人人都来约束自己，克制私欲，使行为符合"礼"的规定，从而使"仁"在社会上得到实现。因此孔子的'仁"，可以说是一种对于社会全体成员的道德规范。孟子却提出，实现"仁"的根本途径，是社会的统治阶层推行"仁政"。他舍弃了孔子"仁"的理论中那些维护周礼的内容，而突出了其中仁者爱人"的观念，宣扬统治者应该"以不忍人之心，行不忍人之政"。而且，他将"仁"的理论，具体化为经济、政治、文化、军事等方面的施政方针，形成了一整套"仁政"学说。他反对诸侯为争霸天下而进行的战争，在经济上主张减轻赋税和"制民之产"，并在学校教育、人才培养、司法制度等方面提出了自己的主张。

　　战国中期，贵族无止境地兼并土地，诸侯国之间不断地爆发争霸战争，老百姓颠沛流离、生活困苦。在这样的时代，孟子从孔子"仁"的理论出发，提出"仁政"学说。他强调人民是国家之本，甚至认为人民比国君更为重要。这种观念,与孔子维护贵族等级制的思想相比,具有一定的民主性。

（二十七） 孟子继承了孔子的哪些思想

孔子是春秋末期的思想家、政治家、教育家,儒家学派的创始人。据《史记》记载,他曾向道家始祖老子问"礼"。早年,热衷于政治活动,崇尚周礼,以恢复周礼为己任,率弟子周游齐、鲁、卫、宋、陈、蔡、楚等诸侯国,但却四处碰壁,终不为所用;晚年致力于文化、教育,整理《诗》、《书》等古代文献。其思想、言论,主要集中于由他的弟子编定的《论语》一书。

在思想和经历上,孟子与孔子有许多相似之处。

孔子的思想核心是"仁",说:"仁者,爱人";"克己复礼为仁"。而孝、悌为"仁"的根本。同时,又提出了"己欲立而立人,己欲达而达人"和"己所不欲,勿施于人"的忠恕之道作为人生的原则。可见,孔子的"仁"是一个伦理的范畴,其最终目的还是为他所向往的奴隶制的等级秩序周"礼"服务的。围绕着他的政治学说或主张,孔子在人性、人格、人生、天与人、义与利、君与民、政与教、名与实、学与思、变与不变等方面均有所论述。

孟子以孔子之道的继承者自居,说:"乃所愿,则学孔子"。的确,在世界观、认识论、历史观上及政治、经济、教育等方面,孟子对孔子均有所继承。

孔子没有明确人性是善是恶、不善不恶,或可善可恶,他只是说:"性相近,习相远"。孟子由孔子的"性相近"得出"性本善",认为恶是人们后天的不良环境和不良行为的结果。孟子并以此构建了他的仁政学说。

孔子注重人格的独立和理想人格的塑造,说"三军可夺帅也,匹夫不可夺志也";提倡、肯定"志士仁人,无求生以害仁,有杀身以成仁"(《论语·卫灵公》)。孟子把"浩然之气"和"大丈夫"精神、气概作为道德修养的目标之一,甚至不惜"舍生取义"而达到道德上的理想境界。这种道德上的理想主义与孔子相近。

孔子"知其不可而为之"积极进取的人生观,也对孟子产生了影响。

传记读库

孟子对自己所代表的阶级和所从事的事业充满了信心,说欲平治天下,当今之世,"舍我其谁?"即便奔波一生而屡屡受挫,最终因年迈而要结束政治生涯了,孟子依然坚信自己政治主张的正确,说"有王者起,必来取法"。

在世界观上,孔子相信有人格意志的"天"而怀疑鬼神的存在:"获罪于天,无所祷也;""祭如在,祭神如神在。"主张"敬鬼神而远之。"信天命,又重人为:"不知命,无以为君子";"为仁由己,而由人乎哉? 己欲仁,斯仁至矣。"孟子继承了孔子的谋事在人、成事在天的思想。他曾经感叹:"我不遇鲁侯,天也。"相比较而言,孟子的天命思想较淡。

在义、利观上,孔子重义轻利,说"君子喻于义,小人喻于利。"孟子有与此类似的说法:天未亮就起床,孳孳为善求善的(善即义),是圣人舜之徒;孳孳为利求利的,是盗贼跖之徒。孟子甚至进而否定"言利"。其实,孟子所谓的"义"无外乎维护或代表统治阶级利益的道德,在本质上,仍然是一种"利"。只是孟子的义利观更精细,也更赋有欺骗性。

在君民观上,孔子"博施于民而能济众"的重民的思想,也为孟子所承袭。孟子正式提出"民为贵,社稷次之,君为轻"。由此可见孟子思想中朴素的人民性。当然,无论孔子还是孟子,他们都无法克服德治、王道的圣人史观和五百年必有王者兴的循环论历史观的局限。

在政、教观上,孔子反苛政、倡德治、主教化。孟子的政、教观与孔子的相近,只是在方法上,孟子认为对于同一内容的东西,教育比政治更容易深入人心。孔孟他们所谓的教育,主要是指道德教育。

在变与不变关于处理问题的方法上,孔子持"无可无不可"、"无过无不及"的中庸之道,表现出一定的灵活性,孟子在与淳于髡关于"男女授受不亲"的辩论和与万章关于"舜不告而娶"的问答中,阐发了他的权变思想:即在坚持原则性的同时,还要注重灵活性;其中"不变"是原则,"变"是权宜之计,同时也是为了维护最高的"不变"的原则:"仁"及"大孝"。

（二十八） 孟子发展了孔子的哪些思想

孟子对孔子的思想有继承，更有发展。

孔子的伦理、政治思想可以用一句话来概括，那就是"克己复礼为仁"。"仁"和"礼"是孔子思想的核心。

孔子所欲恢复的"礼"及与之相关的"正名"思想，在孟子生活的时代已失去了其存在的现实性。因此孟子主要继承并着重发展了孔子"仁"的思想，并把它与"义"结合起来，以仁、义作为自己学说的主要内容。

孟子把孔子的"仁者，爱人"发展为"仁者，人也"、"仁，人心也"、"仁，人之安宅也。"即把孔子的作为伦理道德范畴的仁提升到人的本质的高度。且把仁与义并列，说"义，人路也"、"居仁由义"。虽然儒家孔子的逻辑是亲亲、尊尊，君臣关系是由父子关系推衍而出的，但孟子认为君臣之义比父子之仁（亲）更为本质，因而把义置于仁之上。孟子抨击杨朱、墨子一个"为我"无义是无君，一个"兼爱"泛亲是无父，无父无君即不仁不义是禽兽。

孟子进而由仁、义推导出他的"仁政"的政治学说和"义、利"观。

孟子仁政学说的理论前提是他的性善论。说"圣人先王有不忍人之心，斯有不忍人之政"。孟子发展了孔子的"性相近"的人性观，主张人性本善。说人天生就赋有恻隐、羞恶、辞让、是非之心即道德意识或道德心理，而它们是导致仁、义、礼、智等道德观念的"善端"。这种人生之初的"善端"人人都有，只是道德高尚的圣人君子能扩而充之，而小人恶人却由于外界事物的诱惑而放弃、丢失了。因此，道德修养及道德教育的目的就是找回善端，"求其（所）放（之）心。"圣人君子有仁心而行仁政，能够"仁民而爱物"。孟子说"仁者无敌"，纵观历史，君王没有行仁政而不王天下的。这表明了孟子重道义的道德决定论和唯心主义的圣人史观。

在义、利观上，孟子把孔子重义轻利的思想向前又推进了一步：有义就行了，何必言利呢？根本否定利益存在的合理性。

孟子大大地发展了孔子要求统治者重民的思想,提出"民为贵,社稷次之,君为轻"。孟子民贵君轻的思想对后世进步思想家的民主意识产生了积极的影响。

在人格、人生、天命、政教、经权等方面,孟子对孔子的思想,在继承的基础上均有所发展。孟子使孔子语录、格言式的思想理论化、精细化了,扩大了儒家学说的影响,加强、巩固了儒家在中国哲学史上的地位。

(二十九) 孟子是怎样看待义利的

义与利是春秋战国时期一对重要的伦理范畴。义,指思想行为符合一定的道德准则;利,指利益、功利。义利之辩是关于道德行为与功利关系问题的争议。

先秦诸家,道家、法家皆非"义",认为道德虚伪、人性自私;墨家贵义重利,说"义,利也";儒家则重义轻利、厚义菲利,主张先义后利、以义制利,几乎成为一种传统。

孔子说:"君子喻于义,小人喻于利","放于利而行,多怨"。以是明于义还是明于利作为划分君子与小人阶级的标准之一;且认为一切若从利益即个人的利害着眼,行动起来往往就不会很顺利。孟子继承了孔子的义利观,并有所发展。说:"鸡鸣而起,孳孳为善者,舜之徒也;鸡鸣而起,孳孳为利者,跖之徒也。欲知舜与跖之分,无他,利与善之间也。"(《孟子·尽心上》)"为善"即行义。圣人与盗跖及平民百姓的区别,在于看他们是行义还是为利。孟子在拜见梁惠王时,不仅否定为利,甚至还否定言利,说:"王,何必曰利? 亦有仁义而已矣。"进而从天子、诸侯、卿大夫、士及普通百姓着眼,论述了各自言利、为己着想的危害性。(《孟子·梁惠王上》)

孟子把义与利对立了起来,认为人人讲利必然要危害义,利是引起社会混乱的根源。说,为臣的、为子的、为弟的怀利以事其君、其父、其兄,终将失去君臣之义、父子之仁(亲)、兄弟之悌,"怀利以相接,然而不亡者,未之有也"(《孟子·告子下》)。

孟子主张"去利怀义"。孟子反对讲利,其原因有以下几个方面:掩盖"义"的实质、为本阶级即封建地主阶级的剥削行为辩护,其实孟子所言的"义"在本质上就是体现、维护封建统治者利益的道德原则、规范,说到底也是一种"利";为自己的性善论和仁政说服务,把"义"说成是人的先天的属性之一,因而行义是天经地义的;认为人的先天善性的丧失、社会的战乱,都是源于"利"。在这一点上,司马迁也同意孟子的观点,说:"利,诚乱之始也!"墨子则持与此相反的观点,认为当时社会上的战争和动乱源于诸侯国与国之间、人与人之间爱有别而交相恶(害),因而他提倡"兼相爱"、"交相利"。相比较而言,在认识上,孟子的利义观较为深远,同时也较具有欺骗性。

在道德与利益的关系上,孟子并非一味地否定利益;关于物质利益对道德观念、道德意识的决定作用,孟子朴素地意识到了。他说,民有了恒产才有恒心;人们如果得不到基本的生活保障,"仰不足以事父母,俯不足以畜妻、子,乐岁终身苦,凶年不免于死亡,此惟救死而恐不赡",那么,"奚暇治礼义哉?"(《孟子·梁惠王上》)

关于"志"与"功"即行为的动机与效果的关系,孟子也有论述。孟子强调动机的纯粹性和对效果的决定作用:圣人有善心,才有善政,民有义心、才有义行。但也不全否定效果在道德行为评价、道德意识形成中的作用。

孟子的义利观对后世产生了深远的影响。西汉董仲舒这位儒家大师在使儒学成为自汉以后的官方哲学、学说的过程中起了相当重要的作用,他在义利观上,与孟子一脉相承,主张:"正其义不谋其利,明其道不计其功",都具有超功利的色彩。至宋明时期,理学家们甚而把"义"说成"天理",把"利"说成"人欲",主张"存天理,去人欲";从而把儒家孔、孟的还有一定的合理成分和认识价值的义利观导入泥潭。

其实,孔子的"不义而富且贵,于我如浮云",要求人们在社会生活中应"见利思义"、"义然后取"的思想和孟子的"义,人之正路也",即使在现在,也有一定的再认识价值。今人有"见利思义","不以利害义"的种种说法,这与孟子的思想有相通之处。

（三十） 孟子是怎样看待王霸的

孟子的王霸观是与他的性善论、仁政学说及主张"怀义去利"的义利
思想是一致的。

孟子生活在战国中期,目睹了诸侯国之间相互攻伐、相互兼并的战争
的危害和残酷,因而他极力反对武力的征伐,说那些善战者应"服上刑"。
他认为战争、动乱的根源在于人们无不唯"利"是图:国君、诸侯思想着如
何能利我国,卿大夫思想着如何能利我家,士及庶民则思想着如何能利我
身。人们不是以公"义"而是以各自的"利"为行为的原则。所以,孟子说
春秋无义战。

但是,继春秋五霸之后,时至战国中期,七国争雄的格局已初见雏形;
进而,结束战国割据的局面,形成统一的封建集权制的国家,已是社会历史
发展的必然趋势。

那么,不以武力征伐、兼并土地的形式统一天下,怎样才能使天下归
一呢?

孟子主张用仁政、德治、王道。

孟子说:"王者无敌"。他列举了古代圣贤先王行仁义、施德治,没有
不"王"而统一天下的。而借武力、行霸道者,只能称雄一时,不能久治天
下。因而,孟子反对法家。

孟子说春秋五霸(即春秋时五个称霸一时的诸侯,包括齐桓公、晋文
公、秦穆公、宋襄公、楚庄王)是三王(即夏禹、商汤、周文王)的罪人,当今
诸侯是五霸的罪人,卿大夫又是诸侯的罪人。因为他们都是通过武力的征
伐,越职僭位的。

孟子进而分析论述了王与霸、行王道与行霸道的不同。说,"以力假仁
者霸,霸必有大国;以德行仁者王,王不待大"。凭借武力、假托仁义之名去
讨伐别人的人,可以称霸于诸侯,这种称霸一定要有大国作基础;凭着道德

真正施行仁政的人,可以实行王道,这种王道不一定要有大国作基础。商汤实行王道最初只有方圆七十里的土地;周文王实行王道其始也只有方圆一百里的土地。凭借武力来征服别人的人,别人不会从心里服从他,只是由于力量不足以抵抗他罢了;凭着道德来说服人的人,别人会从内心里高兴地服从他,就像孔子门下的七十二弟子心悦诚服于孔子那样。(《孟子·公孙丑上》)在德治、王道的社会,国泰民安,人们不做坏事,人们不是畏刑、慑于严刑峻法,而是明耻知羞,人们的行为是自觉的而不是被动的。孟子说王道与霸道不同,霸主的百姓如果得到惠泽,只知欢乐,而圣王百姓身受德泽,总是心情舒畅、欣然自得;在实行王道的时代,万一有百姓被杀了,他们知罪而不怨恨,得到了利益,也不要为谁歌功颂德,百姓天天向好的方面发展却不知道得益于谁;圣人所到之处使人感化,所停之处神巧莫测,好像上下与天地同时运转。(《孟子·尽心上》)

实则,孟子的仁政、王道思想富有真知灼见,是为封建地主阶级的长远利益着想的,但它们不合时宜、不符合当时的形势需要,太超前了。当时,秦、齐、楚、魏等大国都在忙于耕战,企图通过变法、富国强兵,从而一统天下。正如司马迁所言,当时"天下方务于合纵连横,以攻伐为贤;"因而孟子还一味地主张仁政、德治、王道,就不能不显得"迂阔"了。

（三十一） 孟子是怎样看待"孝"的

孝,是儒家伦理学说的重要范畴之一,指养亲、尊亲;其中,以尊亲为主,孔子有言:"今之孝者,是谓能养。至于犬、马,皆能有养;不敬,何以别乎?"(《论语·为政》)。先秦时期,孝与悌合称"孝悌",意为孝顺父母、敬爱兄长。孔子把它们视作其仁学的根本,说:"孝悌也者,其为仁之本与。"(《论语·学而》)相传为孔子述、曾子著的《孝经》更是把孝视为伦理道德的根本:"夫孝,德之本也,教之所由生也";"夫孝,天之经也,地之义也,民之行也。"

孟子基本上继承了上述传统的孝道。说,"孝子之至,莫大于尊亲。"

(《孟子·万章上》)所谓尊亲,就是儒家孔子所说的父父子子的宗法伦常,在尊长爱幼、父慈子孝的关系中,强调的是下一辈对上一辈应尽的一种伦理义务。孟子以守身、事亲进而能忠君,为大孝。说:"守,孰为大? 守身为大;事,孰为大? 事亲为大。"即是说,凡是好东西都应该守护,但是应该以守护自己的良好品德节操为根本;凡是长者都应该侍奉,但是应该以侍奉父母为根本。(《孟子·离娄上》)。孟子以舜为例,说舜不以万民归顺与否为忧乐,不以是否拥有娇妻美妾为忧乐,也不以是否富贵为忧乐,而是以是否尽了孝道,并且父母是否为之开心为忧乐,舜才真正是位大孝子。只有大孝的人才会终身怀念父母。

作为孝子,孟子认为他的一切行为应以对父母尽孝为原则。孟子由此而列举了五种不孝的事宜:其一,四肢懒惰,不顾对父母的赡养;其二,嗜好下棋喝酒,不顾对父母的赡养;其三,贪好钱财,偏爱妻子儿女,不顾对父母的赡养;其四,放纵声色的欲望,使父母蒙受耻辱;其五,好逞勇敢,喜与人争殴,因此危害父母。可见,为人子的对父母不仅要尽赡养的伦理义务,还要存爱、敬、恭、尊之心。

孟子说"君子有三乐",其中之一便是"父母俱存,兄弟无故。"即君子有三件值得庆幸、高兴的事,其中之一是父母健在、兄弟也没有灾病。因为父母、兄弟是孝悌的对象。

同时,孟子也注意到了孝与慈、忠(义)与礼的相对性:子对父孝,父对子也要慈;臣对君忠(义),君对巨也要有礼。有"老吾老",也有"幼吾幼";有"君吾君",也有"臣吾臣"。

孝及忠,具有绝对性,也具有相对性。

孟子这么说,不是没有道理的。因为,绝对的孝、忠可能有悖人性人情;而人们对父如果能尽为子之孝,对君则就能尽为臣之忠;忠、孝是维持封建家庭及国家伦理纲纪的关键。

种族的延续是自然的法则,也是社会伦理得以维系的前提。

孟子借"舜不告而娶"之事,阐明了"不孝有三,无后为大"。舜未禀告父母就婚娶,有失孝敬、违背了古礼;但这与不娶而断子绝孙之事相比,就算不上什么了。在孟子看来,孝是有原则的,孝与不孝是相对的。

孟子又由在丧礼中守孝时间的长短而阐述了,尽孝不在形式,而在于内心是否诚敬。

孟子认为一个人虽天生就赋有道德意识,但他的道德观念的强弱还必须借助于外在的道德教育。因此,孟子主张:"谨庠序之教,申之以孝悌之义。"(《孟子·梁惠王上》)

孔孟的孝悌思想对中国封建社会的影响很大。汉以后,不少朝代的统治者都提倡以"孝"治天下。忠、孝、节、义,成为宋、明、清时代主要的道德伦理范畴。

(三十二) 孟子是怎样看待"礼"的

礼,原是礼仪、礼制之意,现在衍生为礼貌;泛指中国奴隶社会及封建社会等级制的一种社会规范和道德规范。

礼,在奴隶社会及封建社会初期,曾起过重要的作用。《左传》说:"礼,经国家,定社稷,序民人,利后嗣者也。"

孔子提倡仁学、以恢复周礼为己任,主张对民"齐之以礼",说:"克己复礼为仁"。

孟子虽然说过:"予未得为孔子徒也。予私淑诸也",即我未能得做孔子的弟子,我只能私自通过诸位贤人来学习孔子的学说。孟子并未完全承袭孔子的仁、礼思想,他只是主要继承了孔子"仁"的学说,并把它与"义"结合,以仁、义为核心构建了自己的伦理思想及道德理论;对于孔子的"礼",他虽还有所涉及,但已赋予了它新的内容。

孟子把仁、义、礼、智并提,说这四种道德规范是由人的天生的四种道德心理发展而来的。孟子说人天生就有恻隐之心、羞恶之心、辞让之心、是非之心;其中,辞让之心就是礼之端,即"礼"就是由辞让之心发展而来的。

孟子说君子所以能成为君子,在于君子有仁心、有礼心,"仁者,爱人;有礼者,敬人"。当然,君子在爱、敬别人的同时,也就被人爱、敬了。因此,

孟子提倡:"非仁无为也,非礼无行也"。即不仁的事不做,无礼的事不干。(《孟子·离娄下》)

孟子对孔子能"进以礼,退以义"及得与不得归之于"命"的为人处事原则,很佩服。

在君臣关系上,孟子在强调臣事君以"义"而尽忠的同时,也提倡君使臣以"礼"。君与臣、父与子在人格上是平等的,在权利与义务上是相互的。这种貌似民主的思想虽然是抽象的,但仍不失其进步性和积极意义。

孟子与淳于髡关于"男女授受不亲,礼与?"的辩论,论述了在特殊的情况下,古礼或传统的礼制规范是可以变通的,"礼"的社会规范从属于"仁"的道德原则。这在孔子,是不可想的。也可见,"礼"在孟子的政治伦理学说中并不占有很重要的地位。

在孟子生活的战国中期,奴隶社会的礼制已没有恢复的必要和可能,而封建社会的礼制尚没有确立、完善;维系社会秩序的主要是刑法和利益。孟子从封建社会的长远利益着想,提倡仁政、德治、礼义,主张王道,反对力刑、法治、霸道;这些政治主张、伦理思想因不合时宜,未被当世者所用。而同为儒家重要代表人物之一的荀子,则能适应战国末期社会发展的时代要求,集各家而大成,赋予儒家的"礼"以法的含义、以法辅礼,主张礼法并用、王霸并行,给儒家儒学充实了较强的现实的内容。

至宋代,儒家传统的仁、义及礼的思想被发展为理学,其中"礼"的内涵也发生了质的变化,演绎成了"理":"礼谓之天理之节文者,盖天下皆有当然之理,但此理无形无影,故作此礼文画出一个天理与人看,教有规矩,可以凭据,故谓之天理之节文"。(朱熹《朱子语类》)

（三十三） 孟子是怎样看待"友"的

孟子认为人之所以不同于禽兽的,在于人有道德意识;但人最初的道德意识或道德心理极为淡薄,而易受到外界物质利益或其他不良环境因素的影响,因而丧失人本初的善性,甚至沦为"恶"。所以,圣人的天职就是以仁义道德教化百姓,以明人伦:"父子有亲,君臣有义,夫妇有别,长幼有序,朋友有信"。这就是后世所说的"五伦"即五种伦理关系:父子之间有骨肉之亲,君臣之间有尊卑之礼,夫妇之间有内外之别,老少之间有长幼之序,朋友之间有诚信之德。(《孟子·滕文公上》)

孟子认为"友"的本质是"信"。

孟子的弟子万章问怎样交朋友? 孟子回答说:"不挟长,不挟贵,不挟兄弟而友。友也者,友其德也,不可以有挟也"。即,交朋友不要依年长、有地位或兄弟富贵向对方摆架子;要以诚信的品德来交朋友,不能有什么依仗的因素。大夫交朋友是这样,国君交朋友是这样,至尊的天子交朋友也是这样。否则,他就不可能交上知心的挚友。孟子进而说,地位低的人尊重地位高的人,叫作尊重贵人;地位高的人尊重地位低的人,叫作尊重贤人。尊重贵人与尊重贤人的道理是相同的——相互信任、相互尊重,情义第一、平等互惠。而这又是以无势利之心、无贵贱之意和真诚无欺、人格平等为前提的。(《孟子·万章下》)

五伦之中,只有"朋友"一伦游离于国、家之外,因而较少伦理道德上的义务,最易形成相互的、真正的平等关系。

孟子的朋友之"信"与仁、义、礼、智四种道德之端合并成为"仁,义,礼,智,信"的"五伦",它们与孔子的"温,良,恭,俭,让"相对,分别成为中国传统文化中重要的伦理范畴。

到明、清时期,"忠、信、节、义"成为最高的道德准则。

"信",现在为诚实、信誉之意。

(三十四)　孟子所讲的"神"是什么意思

"神"这个概念,在春秋战国时代,主要有三种用法。一是指有人格的主宰世界的神灵,如"天神"、"鬼神";二是指微妙的变化,如《易·系辞上》:"阴阳不测之谓神";三是指人的精神,如《荀子·天论》:"形具而神生"。而在《孟子》一书中,"神"字仅出现了三次,属于重复使用率很低的词。一处见于《万章上》第五章:"使之主祭而百神享之,是天受之;使之主事而事治,百姓安之,是民受之。"此句中的"神",就是指有人格的主宰世界的"天神"。另一处见于《尽心上》第十三章:"民迁善而不知为之者。夫君子所过者化,所存者神。上下与天地同流。"此句中的"神",据杨伯峻注,是神妙、神秘的意思,但解为"精神"亦未尝不通,意思是说君子以自己的精神感化人们,人们一旦受到感化,其精神也就留存了下来。还有一处见于《尽心下》第二十五章:"充实之谓美,充实而有光辉之谓大,大而化之之谓圣。圣而不可知之之谓神。"后一句意为"圣德达到了神妙不可测度的境界就叫作'神'",此句中的"神",当是神妙莫测之意。

(三十五) 孟子是主张法先王还是法后王

所谓先王,就是指重礼义、行德治的尧、舜、禹、汤、周文王和武王等;所谓后王,就是指尚征伐、行霸道的春秋五霸齐桓公、晋文公、宋襄公、秦穆公、楚庄王等。

孟子主性善,倡仁政、德治、王道,反对力刑、霸道。说:"五霸者,三王之罪人也(三王指夏禹、商汤、周文王和武王三代君王)"。

齐宣王野心勃勃,想一统天下,因而就齐桓公、晋文公当年称霸诸侯一事向孟子发问,想听听孟子有什么高见。孟子却借口孔子及孔子的门徒没有人谈过此事、后世不传,自己没有听说过而予以搪塞,随即话锋一转,向齐宣王大谈起仁政、王道来。(《孟子·梁惠王上》)

齐宣王曾就要不要拆毁周天子建造的泰山"明堂",请教于孟子。孟子明确答道:"明堂"是古代圣贤的君主接见诸侯、实行王道仁政的殿堂;如果大王您要实行王道仁政,那就不要拆毁它。(《孟子·梁惠王下》)

孟子还以赞颂的口气多次提到周文王怎样行王道、仁政、德治。

但是,孟子的法先王又不同于孔子的言必称尧舜、意在恢复周礼;孟子是在"法先王"的形式下,宣传他的主要是为新兴的地主阶级服务的政治学说,其中包括:与民同乐、保民而王的重民思想;"分田制禄",实施不同于奴隶制而带有封建色彩的新的"井田制";不满世袭,提倡"尊贤使能,俊杰在位";肯定贸易的作用;"省刑罚,薄税敛",实行薄税轻赋的惠民政策;等等。

"法先王",从形式上看,是保守落后的,似乎有悖于历史发展的规律。

孟子的"法先王",却有许多进步的东西。

其实,古代思想家关于法先王还是法后王之争,只是方法上的差异,他们的学说、思想在本质上几乎都是为统治阶级服务的——有的为奴隶主阶级服务,有的为封建地主阶级服务而已。

（三十六） 孟子的天命观是怎样的

孔子说:"生死有命,富贵在天。"(《论语·颜渊》)

孟子继承了孔子的天命思想,并有所发展。

在中国古代,天与命本是两个不同的概念。天是人格化了的神,是超自然力量的象征;命是一种必然性,是天志的结果。老子未曾言"命",却设置了一个"象帝之先"的道,并屡言"天道";墨子有"非命"篇,但并不否认"天志";孔子对鬼神是敬而远之,对天与命虽有所怀疑,总体上还是"畏天命"。

春秋战国之际,随着社会由奴隶制向封建制的转化和社会生产力的大力发展,天上的神权和地上周朝的天子王权都受到了冲击,被动摇了,君与神的权威被削弱了,民与人的作用被重视,社会上及思想界出现了怨天、骂天、疑天的思潮。孟子的天命观就是这一时代背景下的产物。

孟子说:"莫之为而为者,天也;莫之致而至者,命也"。(《孟子·万章上》)没有谁去做就做成了,这就是天;没有谁去招致事情还是出现了,这就是命。天是不以人的意志为转移的,命是人的力量所不及的。孟子认为天的意志是不可违抗的,说:"顺天者存,逆天者亡。"(《孟子·离娄上》)

天的意志是通过人事来体现的:"天与贤则贤,天与子则子"(《孟子·万章上》)孟子把自己仕途上的舛运和不幸,也归结于天,说:"吾之不遇鲁

侯,天也。"(《孟子·梁惠王下》)

孟子的"天"虽有意志,但已不具有绝对的权威。既然天志是借人事得以呈现,那么,天意对人力就不能不有所让步。孟子说:"夫人必自侮,然后人侮之;家必自毁,然后人毁之;国必自伐,然后人伐之。太甲曰:'天作孽,犹可违(避免);自作孽,不可活',此之谓也。"(《孟子·离娄上》)功遂天成,事在人为。

关于"命",孟子倾向于宿命论;然而,他对人力在变命中的作用还是持肯定态度的。他说:"莫非命也,顺受其正。是故知命者不立于岩墙之下。尽其道而死者,正命也;桎梏而死者,非正命也"。(《孟子·尽心上》)生死、穷达、吉凶等一切社会现象都是命定的,一个人要想适得其所,就应该顺性认命;从命即知命,知命认命,就不会逆命非命,即不逆命而生、不非命而死;一个人如果做到了这一点,在生活中虽不完全听天由命,也不至于任意妄为。

孟子还论述了"性"与"命"的关系,说:"尽其心者,知其性也;知其性则知天矣"。(《孟子·尽心上》)孟子从他的"人性善"这一抽象的人性论出发,认为人们的"心"理状态、思想感情都是差不多的。"尽心"即人们扩充自己先天赋有的恻隐之心、羞恶之心、辞让之心、是非之心等道德心理;"知性"即人们认识并相信仁、义、礼、智这些道德品质不是从外面灌入的,而是由人的心中自动涌现出来的。这句话是说人们只要发展、扩充各自的四种道德心理即善的四个萌芽,就能认识自己的善性即天生赋有的仁、义、礼、智四种道德品质,从而就可以说认识了"天命"。孟子给"天"赋予了道德的属性。

孟子另一段关于"性"与"命"的论述,实质上阐述的却是力与命的关系,说:"口之于味也,目之于色也,耳之于声也,鼻之于嗅也,四肢之于安佚也,性也;有命焉,君子不谓性也。仁之于父子也,义之于君臣也,礼之于宾主也,智之于贤者也,圣人之于天道也,命也;有性焉,君于不谓命也。"(《孟子·尽心下》)人天生有"性"即感官物欲,但对它们的追求和拥有不是任意的、无限的,而是由"命"决定的;所以在这方面,君子认"命"而不一味地讲"性"。另一方面,仁、义、礼、智及圣人替天所行之道,都是命定的;同时,仁、义、礼、智又是人的本性所固有的,因此,在道德修养以及施仁于民等方面,君子不该一味消极地认命,而应积极地发挥自己的主观能动性,即有"性"而不谓"命",尽人力而不一味地听天命。

命,非性,不可求,也不应求;性,非命,可求,而且应当求。性与命是对立的。但当求性求不得时,孟子又把性转人命,说是命不让你求。性与命又是可转化的、统一的。

总之,孟子唯心主义的天命观不乏辩证的因素,尊天也重人,信天命又重人为。可以把孟子的天命或天人观概括为一句话:成事在天,谋事在人。

（三十七） 孟子的历史观是怎样的

《三国演义》开篇有一句话,说:天下大事,分久必合,合久必分。

社会及其历史的发展过程并非如此简单,但其螺旋形发展的规律却基本如此。

孟子的历史观是带有循环论色彩的唯心主义的圣人史观。

《孟子·滕文公下》说:"天下之生久矣,一治一乱"。

社会的治乱兴衰是社会基本矛盾发展的结果。孟子不可能认识到这一点,但他能透过纷繁复杂的社会现象窥视到社会发展过程中某些赋有规律性的东西,还是很可贵的。孟子纵观历史,看出从尧舜到商汤是五百多年,从商汤到周文王是五百多年,从周文王到孔子又是五百多年,从而得出五百年必有王者兴,五百年必有圣人出的结论。孟子把人类社会发展过程中历史性的巧合说成社会发展的周期甚至规律,难免有附会之嫌。

在君民关系上,孟子思想中有其闪光的东西,他说:"民为贵,社稷次之,君为轻";他的重民的思想源于他意识到人民在社会农业生产和社会变革尤其在诸侯国相互攻伐之战中的重要作用。孟子在政治上倡仁政、主王道;主张欲"平治天下"必施行"仁政",欲施行"仁政"必得乎"民心"即得到人民的拥护和支持,而得民心的根本在于于民以利:"制民之产"、"省刑罚,薄税敛,深耕易耨",即分田与民、薄税轻赋,息战养民,提高人民生产劳动的积极性,发展农业生产,从而富民强国。

《孟子·离娄上》说:"桀纣之失天下也,失其民也;失其民者,失其心也。得天下有道,得其民,斯得天下矣;得其民有道,得其心,斯得民矣"。

孟子的"重民"思想虽然在客观上有利于人民,但主观上并非为人民争权利、争民主,其目的在于"用民",即还是立于统治阶级的立场,为统治阶级服务的。

由于阶级和历史的局限,孟子不可能具有"人民,只有人民,才是创造历史的动力"这一唯物主义的历史观。相反,他认为圣人能先知先觉,天生就是为教化、统治人民的。社会历史是完全由圣人、帝王主宰的。这是典型的唯心主义的圣人史观。

(三十八) 什么是孟子的"天人合一"思想

孟子认为,"天"(或"天命")是自然和社会人事的主宰,是决定一切事物命运的不可抗拒的力量。天"莫之为而为",看上去它什么也没有做,但什么事都由它来决定。因此,人应该顺从天意,服从天命。就拿王位的继承问题来说,看上去是由国君决定谁来继承王位,其实国君没有权力将天下授予某人。他在决定自己的继承人时,必须遵从天意。天虽然不说话,却能够"以行与事示之",通过自然现象和社会现象来表达它的意愿。国君的行为如果违背了天意,国家就会出乱子。可见孟子的"天人合一"思想的前提,是"天"处于主宰的地位,"人"处于服从的地位。人接受天的安排,从而实现"合一"。这自然是一种唯心主义的"天命论"观念。不过我们应该看到,孟子的这种观念是为他的"仁政"理论服务的。他特别强调君主的一切言行必须顺从天意,而"天意"从根本上说,就是"仁民而爱物",因此君主应当以"仁政"推行于天下。这表明,孟子的"天人合一"思想,是他的"仁政"理论的组成部分。

孟子把天理解为人类的道德观念的本原。他继承和发挥了子思的思想,认为天的本性是"诚"。所谓"诚",是一种真实无妄的属性。由于天是万事万物的主宰,天的"诚"的属性,决定了人的"善"的本性。只要人们能够"思诚",努力地去体会天道的这种"诚",去实现自己固有的"善",就能够在精神上达到与天地万物相合一的境界,就可以了解宇宙化育的根本道理。而在这一认识天道的过程中,人"心"的思维能力同样是"天"所赋予的。认识天道、并且按照天道来行事,人就可以"所过者化,所存者神",就可以成为圣人。简言之,通过反思,来认识和培植自己身上与生俱来的善性,由认识自己的善性,进一步去认识"天",并且使自己的行动符合"天道"。这是孟子"天人合一"思想的基本含意。《孟子·尽心上》提出:"尽其心者,知其性也;知其性,则知天矣。存其心,养其性,所以事天也",主张通过"尽其心"(扩充自己善良的本心)、"养其性"(保养自己善良的本性)的人生修养方法,在精神上与天地相沟通,达到"上下与天地同流"的崇高境界。所谓"事天",就是按照天意来行事。这是从人生修养和人的认识的角度,来谈论"天人合一"问题。可见,"天人合一"思想,又是孟子的伦理学说和认识学说的重要组成部分。

(三十九) 怎样理解孟子的"民贵君轻"思想

孟子说:"民为贵,社稷次之,君为轻。是故得乎丘民而为天子"。(《孟子·尽心下》)

孟子这句话的意思是说,有了人民,才有国家,有了国家,才有君王;得到普天下人民的拥护和信赖,才算真正得到了天下而成为天子。即,得民心的才能作天子,解决"民"的问题十分重要,君的问题比较好解决。

民为贵的"贵",不是尊贵、贵贱的意思,而是贵重、重要的意思。孟子说民为贵、君为轻,并不是说民比君尊贵,孟子不可能有这样的革命思想。作为封建地主阶级思想家,孟子看到了人民力量的巨大,意识到了在社会变革的生产实践中人民群众的历史地位和作用,从封建统治者的根本利益和长远利益着眼,他要求统治者要行仁政,要爱民、重民;当然,爱民、重民不是封建君主的目的,其目的是为了使民、用民。

孟子"重民"的思想是我国春秋时期就产生的"民本"思想的继承和发展。《管子·牧民》说:"政之所兴,在顺民心;政之所废,在逆民心"。孔子也曾说"民信"不可去。后来荀子把民与君的关系比作水与舟,说水可载舟,也可覆舟。

当然,封建社会的历代思想家包括孔子、孟子这样的大思想家,都不可能真正认识"人民,只有人民,才是创造世界历史的动力"这一伟大的真理;他们的历史观多半是圣人史观,而不可能是人民史观。

(四十) 孟子思想中有无民本主义

所谓"民本"就是以民为本,它是"人本"的一个重要组成部分。

在奴隶社会之前的远古时代,由于生产力的低下,人们的生产、生活完全受自然力的支配;人们把人力物力征服,无法认识的一些社会现象和自然现象,如社会上出现的等级制、宗法观念、私有制及自然界中的雷、电、地震、洪水、瘟疫等灾祸,都归结为超自然的具有人格的"神"(也叫"天")作用的结果。那时,是以神为本的,人匍匐在神的脚下。

随着生产力的解放、生产的发展、社会的进步,到了奴隶社会,人类进入文明时期,"人"从"神"的束缚中解脱出来,社会上兴起了一种以人为本的社会思潮。那时的"人本"只是相对于"神本"而言的,因为奴隶在奴隶主的眼里是不被看作"人"的,他们只是会说话的工具。随着奴隶与奴隶主阶级矛盾的日益激化,奴隶彼此连绵的起义掀起了大规模的奴隶战争。奴隶作为一个时期推动社会历史前进的主力;其作用得到了充分的体现。

至奴隶社会末期、封建社会初期即春秋战国之际,奴隶制彻底动摇了,一部分奴隶转变成为奴农或农民。奴隶、奴农、农民作为"人民"、成了生产力的主体和社会变革成败的关键因素。当时,一些进步的思想家,如孟子等,意识到民心民意与社会政治的关系,把得民心、得民即得到人民百姓的支持和拥护与得天下等同起来。这就是孟子仁政、王道思想中惠民、仁民而使民的"民本"思想。

孟子"民本"思想的主要言论有:"保民而王";"与民同乐";"人皆可以为尧、舜";"民为贵,社稷次之,君为轻";"诸侯之宝三:土地,人民,政事"等。

孟子否定帝王将相由天定,认为天子诸侯"保民"而王、伤仁害义悖民则沦为贼寇,说武王伐纣不是"弑君"而是"诛一夫也";普通百姓与帝王将相在人性和人格上,是平等的,只要尽心尽性、充实仁义,就能够成为尧、舜那样的圣贤。

当然,孟子的民本、民贵的思想,只是就人民在统治者王天下过程中的重要性而言的,而非民比君尊贵、人民的社会地位在君主之上之意,孟子不可能有现代意义的民主思想。

(四十一) 怎样理解孟子的"天时、地利、人和"

孟子的这一思想,见于《孟子·公孙丑下》的首章。其主旨是将"天时、地利、人和"作为治理社会、成就大业的三种必要条件,并侧重强调"天时不如地利,地利不如人和",将"人和"作为三个条件中的最根本的条件。所谓"天时、地利、人和",是战国时代的成语,但各家引用它却各有所指。《荀子·王霸》篇有云:"农夫朴力而寡能,则上不失天时,下不失地利,中得人和而百事不废"。可见,荀子所谓"天时",是指"农时";所谓"地利",是指"地力";所谓"人和",是指"分工"。而孟子的解释是:长期围攻一座小城,"必有得天时者矣",但不能取胜,这就说明"天时不如地利";守卫一座坚固的城池,其城墙不可不谓高,其护城河不可不谓深,其兵器和甲胄不可不谓锐利坚固,其粮食不可不谓多,可敌人一来,便弃城逃走,这就说明"地利不如人和"。根据这个解释,可明孟子所谓"天时",是指是否宜于攻战的阴晴寒暑之天气;所谓"地利",是指山川地形及人工防御工事;所谓"人和",指人心所向,人与人之间的团结。

作为一种优良的精神传统,孟子的"天时不如地利,地利不如人和"的思想,在中国政治文化史上产生了深远的影响,至今仍然有不可低估的现实意义,因为:尽管现代文明已经远远地超越了古代文明,但对现代人来说,要建设国家,保卫国家,其根本的、决定性的因素,仍然不在于物质条件是否优越,而在于是否赢得人心、获得广大民众的支持。"得道者多助,失道者寡助",孟子于二千多年前说的这句话,难道不值得我们永远记取?

（四十二） 怎样理解孟子的"尽心、知性、知天"

"尽心、知性、知天"是孟子哲学思想中的重要内容。

子思在《礼记·中庸》中,已经提出了"尽性"之说,认为人的道德属性来源于天,人应该努力实现并充分扩充自己的本性,进而使天下万事万物各得其所、各成其性。孟子继承和发挥了《中庸》的这一观念。他认为人的"心"从属"天",人心具有道德的属性。人的"恻隐之心"、"羞恶之心"、"辞让之心"、"是非之心",正是这种道德属性的表现。不过,道德属性在人心中虽有根基,但毕竟只是一种处于萌芽、开端状态的东西,只能称之为"四端"。所谓"尽心",正是说人们应该认识到自己心中具有"四端",然后尽量地去体悟、扩展这种道德心。在这里,孟子强调"四端"得之于天,而人们据以认识自己的道德心的思维能力,同样是天所赋。

体悟、扩展自己的道德心,可以使人们认识到自己先天就具有"善性",而且认识到这种善的本性来自于天道——"诚"。因此,通过"尽心",人们就能进而"知性",即认识自己的本性。在这里,孟子强调人的本性根源于"天",而不是后天从外界获得的,所谓"知性",就是要认识这种"我固有之"的本性。这种本性,概括地说就是仁、义、礼、智。人倘若不能认识自己善的本性,那么在道德修养上就不会具有自觉性,最终就会被外物所蒙蔽而迷失本心,他的行为就会既不符合做人的仁义礼智之道,也有悖于天意。所以"知性"既是一个认识(人的自我认识)问题,又是一个道德践履方面的问题。

由"知性",人们进而可以"知天"——认识天命。孟子说,天命对于人来说是一种"莫之致而致者",是必然的、不可抗拒的力量。但这种力量并不是盲目的、不可认识的,而是具有理性的、可以认识的。"诚者天之道,思诚者人之道",天道的本性是"诚",这是一种真实无妄的品性。天正是按照这种品性,公正无私地主宰着自然和人事。人通过"尽心、知性",可以认识天道运行的规律。这是人对于外界的认识。这种规律,就是"天命"。认识了天命,人们就懂得了"莫非命也,顺受其正"的道理,就能够在生活中以积极的态度去顺应天道,承受上天给自己安排的"正命",而不至于步入邪道。所以,"知命"不仅是指认识"天命',而且还包括顺应"天命",认识正是为了顺应。这里值得注意的是,孟子所说的"天"、"天命",固然是指人类所无法抗拒的异己力量,但它不是人格神所拥有的无边法力,而是一种超越于自然和人类社会之上的、具有道德属性的主宰力量。这当然也是唯心主义思想,但这种道德主义的"天命"观,毕竟不同于宗教的"天命"观。

一言以蔽之,就是《孟子·尽心上》所说的:"尽其心者,知其性也;知其性,则知天矣。"心、性、天,三者相互贯通,而以"天"为最高标准、最终依据。人的"心"和"性",都得之于"天"、从属于"天"。由"尽心"而"知性",由"知性"而"知天",这既是人的道德修养的基本方法,又是人的认识(包括自我认识和对于外界的认识两方面)的基本途径。可见孟子的"尽心、知性、知天"之说,不仅体现了他的"天人合一"思想,而且反映了他的伦理学说和认识学说的基本观念,是他的哲学思想的重要内容。它对于孟子之后的中国哲学思想的发展,特别是宋明理学的形成和发展,产生了深远的影响。

(四十三) 怎样理解孟子的"穷则独善其身,达则兼善天下"

孔子有句话"学而优则仕",说学习而又有余力则可以从政;我们通常把它理解为好好学习、成绩优秀,有知识就有机会做官。

天子,诸侯,卿,大夫,士。中国古代的士大夫阶层确实是以知识分子为主,"学"也确实是广大平民知识分子通往仕途的主要途径。人们常用"金榜题名时"、"洞房花烛夜"来形容一个人在事业、生活上的幸福美满;而"书中自有黄金屋"、"书中自有颜如玉"更是激励着历代莘莘童子、芸芸书生废寝忘食、发奋读书。

因为读书可以修身(当然是圣贤之书),而修身是齐家、治国的前提。

中国古代的圣人、贤达尤其是儒家的代表人物和注重儒家思想的学者,多强调人性的修养和理想人格的培养。

孟子主张道德人格至上,颇有人格主义的思想倾向;作为一名很有学识而又富有政治理想的知识分子,他满怀抱负,始终坚信自己的仁政王道学说,一身浩然正气、一世挺拔人格,能进能退,可穷可达,不热心显达、不低眉权贵,表现了超然横世的"大丈夫"气概。

孟子说:"故士穷不失义,达不离道。穷不失义,故士得己焉;达不离道,故民不失望焉。古之人得志泽加乎民,不得志修身见于世,穷则独善其身,达则兼善天下。"(《孟子·尽心上》)

所谓"穷"即困顿,指贫贱、贫穷之际或身为普通百姓、没官做的时候;所谓"达"即显达,指富贵、腾达之际或做大官的时候。所谓"义"即做人的道德准则,气节,人格尊严等;所谓"道"即仁,人道,人民的希望和心意及统治者的利益等。

显达的时候,有机会实现自己的政治抱负,就"兼善天下",施惠于民;穷困的时候,没有机会实现自己的政治抱负,也不一味地怨天尤人,而是修身养性,"独善其身",做一名具有尊严和人格的平民百姓。

孟子在《孟子·滕文公下》一篇中还说,"居天下之广居,立天下之正位,行天下之大道。得志与民由之,不得志独行其道"。这样,无论得志不得志,只要心胸中藏着"民"和"道",就可以做一名顶天立地的大丈夫。

孟子是这么说的,也是这么做的。

据《孟子》记载,有一次齐宣王托病不能亲自去看望身为客卿的孟子,要在朝中召见他;孟子感觉到齐宣王有怠慢自己之意,本来是要"将朝王"的,索性自己也推托"不幸而有疾,不能造朝"。(《孟子·公孙丑下》)另有一次，滕国国君的弟弟滕更来请教孟子，孟子意识到他是"挟贵而问"，心意不诚，便未作回答。(《孟子·尽心上》)孟子感慨道：他是一男子大丈夫，我也是一男子大丈夫，我为什么要惧怕他呢？

的确，看穿了权势，人们的人格是平等的；这种所谓平等的人格在阶级社会里当然是抽象的。

孟子的"穷、达"观对中国历代知识分子特别是赋有道家思想观念的知识分子产生了深刻的影响，几乎成了他们的人生原则。

（四十四） 怎样理解孟子的"劳心者治人，劳力者治于人"

《孟子·滕文公上》篇有一段孟子批驳许行的故事。许行是战国时期农家的代言人，代表基层劳动农民的利益，主张"贤者与民并耕而食，饔飧（yōngsūn）早、晚饭自烹，指生活自理）而治"；它反映了古代社会农民要求人无贵贱、君民同耕的理想。

孟子从社会分工主要是农业与百工分工的必要性着眼，论述了许行所主张的君民同耕而食的非现实性，进而论述了君君民民关系存在的合理性和必然性，说：

然则治天下独可耕且为与？有大人之事，有小人之事，且一人之身而百工之所为备，如必自为而后用之，是率天下而路也。故曰：或劳心，或劳力。劳心者治人，劳力者治于人；治于人者食人，治人者食于人。天下之通义也。

许行及其信徒可以粗布麻衣、自食自耕，过着自给自足的生活；但他们那种自给自足的自然经济依然是相对的、有条件的，他们用于耕作的机械器具和生活用品都是用他们劳动收获的粮食换来的。随着社会的发展，人们的生产、生活方式有了很大的进步，在衣食住行方面，又耕又织、生产生活上完全自给自足是不可能。社会的广泛交换导致了社会的分工；社会分工是生产力发展到一定阶段和社会文明进步的标志和产物；伴随着社会分工、阶级也产生了。于是，便出现了劳心和劳力之事、劳心和劳力之人，社

传记读库

会分工有了贵贱、社会劳动有了尊卑:体力劳动者受役于脑力劳动者,广大劳动人民奉养少数不劳而获的剥削者、统治者。孟子说这是天经地义的事。

孟子在与许行弟子的论辩中,肯定了社会分工的必要性和必然性,这是对的;而他由此混淆了脑力劳动者与统治者、剥削阶级之间的区别,进而肯定剥削的合理性,说"无君子莫治野人,无野人莫养君子",则是荒谬的。

它说明孟子虽有重民的思想,有分田与民、轻租薄税的主张,他的基本立场却是代表新兴的封建地主阶级的,是剥削阶级的代言人。

（四十五） 怎样理解孟子的"万物皆备于我"

孟子在《尽心上》篇中说:"万物皆备于我矣。反身而诚,乐莫大焉;强恕而行,求仁莫近焉"。

有人把这句话解释为:我心本来具备一切善性,通过尽心、知性、存心、养性等方法反身内求而达到至诚的境界,就是最大的快乐;为仁由己,而且己欲立而立人、己欲达而达人、己所不欲勿施于人。

这种解释符合孟子的性善说和人心天生赋有仁、义、礼、智之端倪的思想,但不够确切。

有人把"万物皆备于我"理解为"天下万物都在我的心里具备了",近似于陆九渊的"宇宙即吾心,吾心即宇宙"和王阳明的"心外无物"的世界观。并由此而断言孟子是位主观唯心论者。但它在语意上与上下文不连贯:孟子在这一段文字中论述的是道德修养的问题,他不可能在其中陡然插入一句关于本体论的话。

朱熹把"万物皆备于我"注为:"万物之理,具于我身",把"物"训为"事"、"事之理"。朱熹以义理之学注解《孟子》,当然自成体系,然而《孟子》一书中绝无"心包万理,万理具于一心"之类的话。

实则,孟子"万物皆备于我"这句话的前一段文字是论述"性"与"命"的。孟子把君臣、父子等伦理关系归于"命",说是天命决定的,人力不可违抗;而处理这样的社会伦理关系要依靠个人的主观努力,应按照人性本善和人心天生赋有仁、义、礼、智"四端"的本性行事,反求诸己,尽心、尽性。孟子接着说:"求则得之,舍则失之,是求有益于得也,求在我者也;求之有道,得之有命,是求无益于得也,求在外者也"。即有些东西经过努力追求是能够得到的,而不追求就失去了,求之在我的是自己本性方面的道德修养,这是应该追求的;还有一东西如生死、富贵,是天命决定的,个人追求也没有用,就不应该去追求。

所以孟子的"万物皆备于我"的"万物"当释意为"诸善":人性本善,皆备于我心。

孟子认识到了人的主观能动性在道德修养中的作用,这是应该肯定的;但他夸大了这种能动性,认为人类诸事无不可以"心想事成",这就难免不沦为主观唯心主义。

(四十六) 怎样理解孟子的"诚者天之道,思诚者人之道"

孟子与孔子一样少问"天"而热心于"人",只是在关注现实人生和政治的同时,才不得不涉及"天";因此,孟子丰富的伦理思想上导于他的"天"、"性"、"命"的唯心主义世界观,下服务于他的仁政、德治、王道的政治学说,他的世界观、伦理思想及政治学说是一致的。

儒家经典《大学》说,大学之道在明明德、在亲民、在止于至善;又说格物、致知、诚意、正心、修身、齐家、治国,最终得以平天下,其中"诚意,修身"是核心。

儒家的另一经典《中庸》则为人们提供了为人处世的方法"中庸"和人生的大道"诚"——"诚者,天之道也;诚之者,人之道也"。"诚"则能化,即能"成己成物";不诚,无物。

孟子关于"诚"及其作用的论述,与《大学》、《中庸》两书的相类。

孟子认为一个位卑职贱的官吏要想治理好百姓,得不到上级的信任,是不可能的;而要想得到上级的信任,首先要得到朋友的信任,朋友的信任又是以能否取悦于父母为前提的,如果侍奉父母却得不到父母的欢心(因为不诚),那么就不可能得到朋友的信任。孟子进而说:"悦亲有道;反身不诚,不悦于亲矣。诚身有道;不明乎善,不诚其身矣。是故诚者,天之道也;思诚者,人之道也。至诚而不动者,未之有也;不诚,未有能动者也"。(《孟子·离娄上》)即一个人要使自己心诚也有办法,那就是要先懂得善;如果不懂得什么是善,那也就不可能使自己心诚。因而,诚是自然的本性,追求诚(一种理想的道德境界)是人的本性。一个人至诚而无一点虚假,要是不能使人感动,是没有的事;反之,缺乏诚心的人,是不可能感动人的。(《孟子·离娄上》)

可知,孟子认为得天下在于得民、得民在于得信(取信于民)、得信在于悦亲、悦亲在于诚身、诚身在于明善。所谓"明善",就是体识人天生的本然善性。至此,孟子主张人性本善,"怀义去利"的重道义的伦理思想与他的唯心主义的世界观统一起来、天与人合二为一。

孟子所说的"诚"是一个道德范畴,也是一个哲学范畴;有时作名词,有时作动词。

孟子说:"万物皆备于我矣。反身而诚,乐莫大焉。"(世间万事万物的道理在我心中都具备了。反躬自问感到自己是真诚的,那就没有什么比这更使我快乐的了。)这句话中的"诚"是指一种真诚的道德境界。孟子又说:"心之所同然者,何也? 谓理也,义也"。其实,也就是诚或善。孟子还说过:"有诸己之谓信。"所谓"信",就是诚。

"诚",是自然的本性,它诚信无欺、又化育万物,因而是"天之道";"思诚",是人的本性,人天生向善,自主自觉地通过道德修养反身至诚,因而是"人之道"。

孟子认为"诚"与"善"一样,本是人先天就有的,后由于外界不良因素的作用,从而有所丢失、放弃;但人同时又具有潜在的致诚、向善的心理和天赋能力,因而人具有道德的自觉性。

关于到达"诚"的途径,《中庸》提供了尊德行和道学问两种方法;孟子出于他的圣人史观,倾向于"尊德行";至宋代,在道德修养上,理学与心学则各重一途而同指一"诚"。当然,宋时的"诚"这一范畴又赋予了天理及心性的成份。

孟子与《中庸》的作者一样,在认识到"诚"的道德价值及政治意义的同时,也难免唯心地把它神秘化、神奇化了。

（四十七） 怎样理解孟子的"权变"思想

《论语》记载了一段孔子正"名"、护"位"的事:按当时的级别标准,身为士大夫的季孙氏只配享受二佾之乐,但他却享受了只有天子才能享受的八佾之乐;对于季孙氏的僭越行为,孔子怒喝道:"是可忍孰不可忍!"面对当时大量的名不正、言不顺、名不符实的现象和周王朝已失却了统治地位的社会现实,以及周文化日渐衰落的历史趋势,孔子站在奴隶主的立场,为维护奴隶主的利益,提出了"正名"的思想,主张一切法先王,反对变革。《论语·子罕》篇说:"可与适道,未可与立;可与立,未可与权。"道德原则、规范是千古定律,不可变通。

自言继承了孔子遗志的孟子对孔子的学说、思想,有继承,也有发展。对于当时的社会伦理道德,孟子比孔子前进了一步,他主张"权变",即根据具体情况,权衡、变通;当然不变是绝对的,变是相对的,不变的是原则,变的是方法。

《孟子·离娄上》篇记述了孟子与齐国学者淳于髡的一段对话:

淳于髡曰:"男女授受不亲,礼与?"孟子曰:"礼也"。曰:"嫂溺,则援之以手乎?"曰:"嫂溺不援,是豺狼也。男女授受不亲,礼也;嫂溺援之以手,权也。"

孟子认为男女之间不亲手接递东西是古礼的规定,其目的在于避免、防范男女之间的不轨行为,不可违;但当嫂子不幸失足落水了,就不能见死不救、还死守那个"男女授受不亲"的规矩;伸手援救溺水的嫂子,这种行为虽然不符合"男女授受不亲"的古礼,但从根本上它体现了"仁"的道德原则。即我们在现实生活中不能死守某一条具体的道德规范,而要懂得道德的实质,要能够通权达变。孟子认为舜未禀告父母而私自娶妻是大孝,因为它虽不符合古时"父母之命、媒妁之言"等婚配的礼制,但却体现了人伦的道理——据传说,舜的父亲暴虐,母亲顽固,常欲陷害舜;舜如果先禀告父母而后娶,必不得娶,而不娶必违背"不孝有三,无后为大"之孝经。舜能通权达变、不墨守成规,于不孝中成大孝。孟子对舜的这一行为给予了肯定。

孟子的权变思想含有辩证法的因素。他的"权"近乎"中",不偏不执,颇类于孔子的"无过、无不及"。他说:"可以取,可以无取,取伤廉;可以与,可以无与,与伤惠;可以死,可以无死,死伤勇。"(《孟子·离娄下》)。在对待两可之间的事,要坚守"中道",要权衡而明乎变通,否则就难免固执其一而失之偏颇。在利人利己的关系上,他说:"杨子取为我,拔一毛而利天下,不为也;墨子兼爱,摩顶放踵,利天下,为之;子莫执中。执中为近之。执中无权,犹执一也。"(《孟子·尽心上》)孟子认为杨朱和墨子的思想主张都太偏激、片面了,各执一端而偏离"中道",都不可取;子莫能折中而行"中"道,比较接近古圣王之道,但若一味折中而不懂权变,还是难免沦为偏执而有害于"道"。

孟子在论述权变思想的过程中,接触到了原则性与灵活性的关系问题,这在认识及思维发展史上是应该肯定的。

孟子的灵活性的变(权)是服务并服从于他的原则性的不变(道)的。

（四十八） 孟子为什么主张人性善

孟子说:"人性之善也,犹水之就下也。人无有不善,水无有不下。"(《孟子·告子上》)孟子认为人性本善。

春秋战国时期,随着生产力的发展和社会的进步,广大劳动人民在社会生活尤其在农业生产和战争中的作用越来越重要,当时的统治者和为统治阶级服务的思想家对此有了相当的认识;社会上日渐兴起了"重民"的民本思潮;社会正由奴隶社会向封建社会过渡,劳动者也相应地由奴隶向农民转化,在社会上有了相对的人身自由。因此,怎样教育人民更好地为统治者服务,成为当时亟待解决的一个社会问题;关于人性的善恶及人的本质问题作为一种理论被提到哲学的议事日程上来,而直到战国中、后期才在思想上引起广泛而深入的探讨。

关于人性的善恶问题,孔子也有所涉及,他说:"性相近也,习相远也。"(《论语·阳货》)孔子没有说明人性是本善还是本恶,他只是说人初生下来在性情上是相差不多的,没有善恶之分,没有大聪和大愚之别,善或恶、聪或愚都是后天大同环境下习染的结果。

人性包括自然属性和社会属性。孔子所说的"性相近"颇类于人的自然属性,"习相远"颇类于人的社会属性。在阶级社会中,人的社会属性以阶级性为主。人,是一定的社会、历史、文化的产物;马克思主义者认为,人的本质,在其现实性上,是他的各种社会关系的总和。人性当以社会属性为主。告子所谓的"食、色,性也",说饮食和男女的欲望是人生来就有的性情。从这一方面着眼,人和动物确实没有什么本质上的区别。实则,告子所谓"性"多半指的是人的自然属性。

那么,孟子为什么主张人性善?

孟子的人性善或"性善论"是为他的政治思想服务的,是他的仁政学说和道德修养的理论根据。

孟子在政治上倡法先王、主王道、推崇明君圣贤治世的圣人史观。

孟子把他的"仁政"建立在统治者对劳动人民发善心即"仁心"上面,说统治者怀有不忍人之心、始有不忍人之政;而不忍人的"仁心"是统治者与被统治者、大人与小人所共有的,在这一点上,"圣人与我同类者",只要让人性沿着"仁心"或"善"这一方向发展,孟子认为小人也可以成为大人,说"人皆可以为尧舜"。

孟子认为人性是道德的本源,是人之所以为人的本质,而人先天就赋有"善"端、具有发展成为仁、义、礼、智的四种道德心理即"四心"

在人性问题上,孟子主张人性本善,属于唯心主义的先验论。他说:"仁、义、礼、智,非由外铄我也,我固有之也。"(《孟子·告子上》)又说:

> 无恻隐之心,非人也;无羞恶之心,非人也;无辞让之心,非人也;无是非之心,非人也。……恻隐之心,仁之端也;羞恶之心,义之端也;辞让之心,礼之端也;是非之心,智之端也。

把天赋的恻隐、羞恶、辞让、是非四种道德心理扩而充之,就会成为仁、义、礼、智四种道德规范和道德品质;而不扩充它们甚至"失其本心",不但"善"性会丧失,还会产生"恶"。

孟子认为人之不善或人的恶性与"人性本善"并不矛盾,那是由于主观不努力向善修习和后天不良环境浸染的结果。他举例说,生活于富裕年成的青少年性情多懒惰、生活于灾荒年成的青少年性情多暴烈,并非他们生性就懒惰或暴烈,而是环境所就;正如近郊的山多半光秃秃的,并非它们原本不生草,不长树,而是经常遭遇斧斤砍伐、牛羊啃食的结果。

孟子的人性本善为他的天赋道德论提供了理论根据,虽具有欺骗性,但也从为善、防恶这一面论证了进行道德修养和道德教育的可能性和必要性。孟子承认恶的道德品质是人们后天不良行为和不良环境所致,有其合理性。而且他还承认善与恶在一定条件下可以相互转化。这种善恶观比后来儒家所讲的性三品说(即性分上、中、下三等说)更赋有辩证的因素。

孟子的性善论对后世产生了深远的影响,几乎成为宋代以后所有封建统治者所共同尊奉的正统的人性论,因为在形式上它赋有人性平等的道德色彩,而实际上它把封建社会的仁义道德等纳入先天的人性,从而有益于统治者对劳动人民的统治。

(四十九) 怎样理解孟子的性善论与荀子的性恶论的区别

荀子说:"人之性恶,其善者伪也。"(《荀子·性恶》)

作为战国末期的思想家、教育家、儒家学说的集大成者,荀子在继承并发扬儒家仁义礼治思想的同时,也兼顾并吸收了法家的思想。在政治上,他主张礼法兼治、王霸并用,说:"礼义者,治之始也","法者,治之端也","隆礼尊贤而王,重法爱民而霸"。实则,这也是战国时期社会政治生活的现实和必然。

在人性方面,荀子主张人性本恶,所谓的"善性"是后天人为教化的结果、即"化性起伪"的结果,因而,他很注重教育和环境,尤其是环境对人及人性的影响。

荀子说:"今人之性,饥而欲饱,寒而欲暖,劳而欲休,此人之情性也。……用此观之,然则人之性恶明矣,其善者伪也。"

荀子从人的自然属性着眼,看到了人性中自私自利的一面,揭示了孟子所谓的人性本善的虚伪和统治阶级所倡议的仁义道德的伪善,有一定的进步性和历史意义。

与孟子的性善论一样,荀子的性恶论也难免其片面性。且两者在本质上并没有什么区别:它们虽然从善、恶两个对立的方面对人性进行了理论上的探讨,但由于作者阶级和历史的局限及为统治者服务的最终的共同目的,终究都难免沦为抽象的人性论。

孟子的性善论认为:人性本善,人的心理潜藏着先天的道德观念。一个人只要保持、充实、发展他的善的本性,恶就无从产生,他就拥有了一颗亲近仁、义、礼、智等道德规范的善心,并由善心衍生出善行,进而成为一个善人;相反,如果一个人丧失了从善为善之心,那么他就无所谓恻隐、羞恶、辞让、是非之心或意识了,他所谓不虑而知的"良知"和不学而能的"良能"也就随之丧失了,恶就乘虚而入,天长日久,他就成为一个赋有恶心、行恶行的恶人了。孟子由此而论证了道德修养和道德教育的可能性和必要性。孟子的许诺和信仰是:只要人人存其本然的善性,"求其放心",把业已丢失了的善性找回来并予以光大,人人都有可能成尧成舜。在人性论上,孟子是位理想主义者。

荀子的性恶论认为:人天生就赋有自私自利的秉性,但人毕竟不完全同等于动物,人除了具有类似于动物所有的"性"外,还赋有"情",即人具有社会性;人为了生活,还必须为善,在行为上,利己的同时,还必须利他,即人富有道德属性。荀子认为恶是人性中先天的东西,而善则是不然,而是后天人为道德教育和严刑峻法威示的结果。与孟子相比,在人性论上,荀子是位现实主义者。虽然他也讲"涂之人(路人)可以为禹",但那是就人们去恶为善的理想性而言的。

孟子的性善论和荀子的性恶论都对后世产生了影响,其中汉及唐、宋的性情说即性善情恶说和性三品说便是例子。

(五十) 孟子的性善论对宋明理学有什么影响

孟子主张人性本善,人天生就赋有恻隐、羞恶、辞让(恭敬)、是非之心;人有此四心就像人与生俱有手、足四肢一样,四心分别是仁、义、礼、智"四德"的开端或萌芽。孟子的性善论是唯心的,先验的。

孟子的性善论对程、朱理学尤其是陆、王心学产生了重大的影响。

孟子把义与利、善与恶对立起来,以唯心主义的本体论阐述了他的先验的唯心主义人性观和圣人史观的政治学说。

在人性问题上,北宋理学家程颢、程颐及南宋理学集大成者朱熹基本上继承了孟子的性善论,又有所发展和补充,在理论上更精细。

关于人性的善恶问题,孟子主"善",告子主"不恶不善"或"可恶可善",荀子主"恶",汉时的扬雄主"善恶混",唐时的韩愈和北宋的李靓主"性三品"(上善,下恶,中则可善可恶),唐时的李翱等则主"性善情恶"。总体而言,孟子的性善说占主导地位。

北宋政治家王安石出于他的政治改革和变法的理论需要,对他以前的各家的人性说逐一予以批驳,主张善恶道德是源于情且通过修习并依据是否"当于理"才有的,而作为情之"本"的性则无善恶可言;说彼此争执的诸子所言,"皆吾所谓情也、习也,非性也"。王安石也反对同时的有唯物主义思想倾向的理学家张载所谓的"天地之性"、"气质之性"的人性二重说,说性情一也(一里一表):"喜、怒、哀、乐、爱、恶、欲未发于外而存于心,性也;喜、怒、哀、乐、爱、恶、欲发于外而见于行,情也。性者,情之本;情者,性之用。故吾曰性情一也。"(《王文公文集·性情篇》)朱熹吸收了王安石"性发乎外者,情也"的性情思想。

在人性上,唯心主义理学家程颢、程颐主"天命之性"与"气禀之性"的二重人性说:"天命之性",纯善;"气禀之性"有善有恶,其气清者为善,其气浊者为恶;两者,其中以"天命之性"为主。二程由天人"一理"的理本宇宙观推衍出他们的"性即是理"、"理、性、命,一而已"的人性论,并由二重人性说导出"天理"与"人欲"两立的理欲对立论。

实则,二程的二重人性论和理欲观与孟子的人性本善说和去利怀义的义利观,在本质及理论形式上是相同的,不过前者精细、后者粗糙,前者把后者的主观唯心主义发展为客观唯心主义而已。

朱熹综合了张载的"气"论、二程的"理"论及他们的人性善恶二重说,并以"理"论为主,构建了他的比较完备的客观唯心主义理学体系。

朱熹是以"理"一元论和"理一分殊"为根据来论述人性的,主张性同气异:"人之所以生,理与气合而已";理全善而气有清浊善恶;"人、物性本同,只气禀异。……天地间只是一个道理,性便是理。人之所以有善有不善,只缘气质之禀各有清浊。"(《朱子语类》卷四)按照此说,圣贤君子因禀的是清气所以善,小人野人因禀的是浊气,所以恶,人生之命由天定。

实则,这无外乎孟子人性本善和天命思想的发挥和补充。朱熹以义理思想注《孟子》便是一个实例。

南宋学者陆九渊继承、发展了思孟学派(主要是孟子的)主观唯心主义哲学及伦理思想,结合佛教禅宗,创立了与程、朱"理学"相对立的"心学";明朝王守仁又进一步发挥,形成了较有影响的陆、王"心学"学派。他们主张"心即理"。程、朱与陆、王形成了唯心主义理学内部客、主观两大阵营。

陆九渊认为心即理,而且理由心生;心是宇宙万物的本原。说:"人皆有是心,心皆具是理,心即理也";"万物森然于方寸(即心)之间,满心而发,充塞宇宙,无非此理";"四方上下曰宇,古往今来曰宙,宇宙便是吾心,吾心即是宇宙"。人同此心,心同此理;此心此理不仅是普遍的,而且是永恒的。(《陆九渊集·杂说》)这是对孟子性善说的理论概述。

王守仁承袭、发展了陆九渊的心学,与陆九渊一样,把"心"作为其学说的最高范畴,并把它同等于孟子的"良知";说自己学说的宗旨就是"致良知"。王守仁"致良知"学说的理论基础是:心即理、心外无理即"心理合一"。王守仁"良知"的主要内容包括:良知即是非之心;良知即天理;世界万事万物都是"吾心之良知"发育流行的结果,"心者,身之主也,而心之虚灵明觉,即所谓本然之良知也。其虚灵明觉之良知应感而动者谓之意,有知而后有意,无知则无意矣。知非意之体乎? 意之所用,必有其物,物即事也。……凡意之所用,无有无物者,有是意即有是物,无是意即无是物矣,物非意之用乎?"(《王文成公全集·答顾东桥书》)可见,事(物)是意的产物,意是知(良知)的产物,而良知即心的明觉;良知又是人的至善本性,"性无不善,故知无不良",又恢复到孟子的性善论。

王守仁的"满街人是圣人"与孟子的"人皆可以为尧、舜"同出一辙,是主观唯心主义性善说的必然。

而王守仁藉"但在常人,多为物欲牵蔽,不能循得良知",从而为他的"致良知"等道德修养和道德教育的必要性和可能性寻求理论根据,与孟子因世人"放心"(放弃、丢失良心善性)而"求其放心"、提倡"存心"相似。

可见,孟子的性善的人性说在宋明时代为学界所重视,它为宋明的唯物主义者所批判,又为唯心主义者所继承。当然,无论批判或继承,又都是有取有舍的。

(五十一) 孟子"四端"的基本内容是什么

《孟子·公孙丑上》说:"恻隐之心,仁之端也;羞恶之心,义之端也;辞让之心,礼之端也;是非之心,智之端也。"

恻隐之心即同情心,羞恶之心即羞耻心和憎人为恶之心,辞让之心即孟子认为人的这四种道德心理是与生俱来的,是仁、义、礼、智四个道德规范的开端或端倪。"人之有是四端也,犹其有四体也。"即人的恻隐、羞恶、辞让、是非之心与人的四肢一样,是天生就有的。那么,无恻隐、羞恶、辞让、是非之心,"非人也。"

孟子进而论述了"四端"对于人生和社会的意义:"有是四端而自谓不能者,自贼者也;谓其君不能者,贼其君者也。凡有四端于我者,知皆扩而充之矣,若火之始燃,泉之始达。苟能充之,足以保四海;苟不充之,不足以事父母"。即一个人有了上述的"四端",就好像身体有了四肢一样。有了这四种开端,还无所作为的人,是自暴自弃的人;认为自己的君主即使有了这四种开端也无所作为的人,是抛弃君主的人。凡是具有这四种开端的人,如果都懂得把它们发扬光大,那就会像是刚点燃的星星之火可以燎原、刚流出的泉水可以汇成江河一样。如果国君能扩充发扬这四个开端,就能使天下安定;如果普通人不能扩充发扬这四个开端,那会就连自己的父母也无法奉养。(《孟子·公孙丑上》)

孟子认识到了道德心理、道德意识在道德修养和道德教育中的重要性,把孔子的道德学说深化了、理论化了,是很可贵的;但孟子又把这种重要性膨胀了,与他夸大道德的作用、有道德决定论的倾向一样,难免不滑向唯心主义。

(五十二) "四端"与"四德"是怎样联系起来的

"四端"即四种道德心理或意识:恻隐之心,羞恶之心,辞让之心,是非之心。"四德"即仁、义、礼、智四个道德规范或主要范畴。

孟子以道德先验论把"四端"与"四德"联系了起来。

孟子说"四端"犹如人的手、脚四肢,是与生俱来的;人天生就赋有那种道德心理或意识;恻隐之心是仁的开端,羞恶之心是义的开端,辞让之心是礼的开端,是非之心是智的开端;扩而充之,"四端"就是"四德",即"四端"是"四德"的来源。

孟子有时也把"四端"与"四德"等同起来:"恻隐之心,人皆有之;羞恶之心,人皆有之;恭敬(即辞让)之心,人皆有之;是非之心,人皆有之。恻隐之心,仁也;羞恶之心,义也;恭敬之心,礼也;是非之心,智也。仁义礼智,非由外铄(shuò,同烁)我也,我固有之也,弗思耳矣。故曰'求则得之,舍则失之'"。(《孟子·告子上》)孟子认为仁、义、礼、智及其心理不是由外面虚饰而成的,而是我们本来就具有的,不过我们平时没有自觉地思考它们罢了。因此,"只要探求,就能得到;一旦放弃,就会丧失"。人与人之间的差距,在于他们各自在多大程度上发挥了人的这种善的本性。

孟子还把人的生理、心理与道德相比附,说:人的口舌对于味道,有相同的嗜好;耳朵对于声音,有相同的乐感;眼睛对于色彩,有相同的美感。至于人心或思想,也有相同之处,那就是对理、义即人伦、德行的喜好。理、义能使我们高兴,就像羊猪狗的肉合乎我们的口味一样。在这一点上,孟子就没有孔子现实了;孔子说"吾未见好德如好色者也",好色即喜欢漂亮的女人是人的天性,而人之于道德品质,则需借助外因如教化等。

孟子就是利用人类生理、心理上的共同点来论证仁义道德意识具有先天的普遍性的。

(五十三) 孟子所说的"井田制"是怎么一回事

在《孟子·滕文公上》一篇中,记述了滕国国君文公向孟子询问怎样治理国家的问题时,孟子就实行仁政的具体内容和措施,论述了经济和教育问题。

孟子说:"民事不可缓也。……民之为道也,有恒产者有恒心,无恒产者无恒心",而教育的目的在于"明人伦"。

所谓"恒产"、"恒心",就是说:对于老百姓,通常是有固定产业的人一般就有稳定的思想,没有固定产业的人一般就没有稳定的思想。孟子的哲学在整体上虽属唯心主义,在这个问题上,他却朴素地意识到了物质对意识、利益对道德的决定作用。

在保证、解决了国家税收的前提下,稳定、提高农民从事农业生产的积极性,是孟子"治民之产"、"有恒产"的基本思想。孟子认为君王行仁政,首先必须从经界(地界)开始:正地界,均井田,平谷禄。"经界既正,分田、制禄可坐而定也。"即如果田地界限划得不正确,那么井田地的大小就分不均匀,作俸禄的田租也就不会公平合理。因此,暴君和贪官污吏总是要千方百计地把正确的田界搞乱,从中渔利。因而,只要田地的界限划分正确、明了,分配田地给百姓和制定官吏的俸禄标准的事,便能毫不费力地办好。

孟子比较了夏、商、周三代的税制,认为商朝实行的"井田"式助税制较合理。

所谓"井田制",孟子描述道:"方里而井,井九百亩,其中为公田。八家皆私百亩,同养公田;公事毕,然后敢治私事。"(《孟子·滕文公上》)。即在一块方正的土地上划出一个井田单位("井"字田,囲);每一井田单位有田九百亩,中间的一百亩为公田,其余的八百亩为私田、分给八家耕种。这八家共同耕种好公田;公田耕种好了,然后再料理私田上的事。

可见,孟子治民之产、"井田制"的经济思想其实质是封建社会的,是为新兴的地主阶级服务的;他把"井田"描述为商王朝的助税制,不过是一种假托,因为在奴隶社会,奴隶是不可能拥有属于自己的私有土地的。

(五十四) 孟子所说的"不忍人之心"是什么意思

所谓"不忍人之心"即人的不忍之心,孟子解释为恻隐之心、仁爱之心。

《孟子·公孙丑上》说:"人皆有不忍人之心。……所以谓人皆有不忍人之心者,今人乍见孺子将入于井,皆有怵惕恻隐之心——非所以内交于孺子之父母也,非所以要誉于乡党朋友也,非恶其声而然也。由是观之,无恻隐之心,非人也;……"

孟子说:每个人都有一颗怜恤同情别人的心。我所谓的每个人都有的怜恤同情心是这样的——譬如现在一些人突然看到一个孩子将要掉进井里,大家都会立刻产生一种惊恐、同情的心情。这种心情的产生,既不是由于要与这孩子的父母攀亲结交,也不是为了在邻里朋友中博得好名声,更不是由于讨厌这孩子的哭声。从这件事可以看出,一个人要是没有同情心,就不配做人;……同情心是仁爱的开端。

孟子认为人的不忍之心即同情心是天然的、普遍的。

孟子还用不忍之心、不为之行来解说仁、义:"人皆有所不忍,达之于其所忍,仁也;人皆有所不为,达之于其所为,义也。"(《孟子·尽心下》)因为人都有同情心,所以人人都有不忍心做的事,如果把它扩大到忍心做的事上(并且停止做他忍心做的坏事),那就是仁;因为人都有羞耻心,所以人人都有不愿做的事,如果把它扩大到愿意做的事上,(并且停止做他愿做得不好的事),那就是义。孟子进而说,人如果能扩大自己不愿意害人的善心,那么仁就用不完了;人如果能扩大自己不愿意作恶的心,那么义就用不完了。

总之,一个人如果能扩充他那天赋的仁义之心,那么他就能做一个有道德的人、一个顶天立地的"大丈夫"。

(五十五) 孟子所说的"不忍人之政"是什么意思

孟子所谓的"不忍人之政"就是仁政。

"人皆有不忍人之心。先王有不忍人之心,斯有不忍人之政矣。以不忍人之心行不忍人之政,治天下可运之掌上。"(《孟子·公孙丑上》)

人天生都有同情、怜悯别人的心。以往的圣人国君因为有同情、怜悯百姓的心,这才有同情、怜悯百姓的仁政;凭这关怀同情百姓的好心来实行关怀怜悯百姓的仁政的国君,他们治理国家就像在手掌上运转东西一样容易。

孟子由他的性善论导出仁政、王道学说。

孟子仁政思想的主要内容有:反对诸侯之间的武力攻伐战争,主张对善战者"服上刑";"省刑罚",反对严刑峻法,提倡仁义德治;反对以力服人的霸道,提倡以"仁"王天下的王道;"薄税敛",实行"制民之产"、予惠于民的"井田制";"民为贵",重民而使民;"予民同乐",以得民心;"尚贤使能",使"俊杰在位";兴办学校,以"明人伦",进行道德教育等。

孟子的仁政、王道学说,因不合时宜,未被当世者所重所用,但却为汉以后尤其宋、明时期的封建统治者所推崇、重用,对我国中、后期封建社会的政治及文化思想产生了深远的影响。

（五十六） 孟子所说的"不动心"是什么意思

公孙丑问曰:"夫子加齐之卿相,得行道焉,虽由此霸王,不异矣。如此,则动心否乎?"

孟子曰:"否。我四十不动心。"

——《孟子·公孙丑上》

孟子的学生公孙丑问孟子:"先生您做了齐国的卿相,要是能够推行您的政治主张,由此成就霸业或者王业,那是不足为怪的。如果真的那样,您会由于疑惑畏惧、患得患失而动心吗?"孟子答道:"不。我从四十岁以后对什么事都不动心了。"

孟子的"不动心",是指一种坚定不移的意志、信念或决心,也是一种精神境界。

孟子坚信自己的性善、仁政、王道学说的正确性,虽败不馁;坚信行仁义为人间的正道,胸中充满"浩然之气",不为外界的物欲、淫威、女色、荣誉等所动摇,表现了一种"富贵不能淫,贫贱不能移,威武不能屈"的大丈夫气概。

公孙丑接着又问道:要做到"不动心",可有什么诀窍?

孟子说,有。

孟子以勇敢为例,因养勇的方法、方式不同,把勇敢由低到高分为三种:血气或匹夫之勇,志气之勇,理直气壮之勇。第一种情况,勇者只凭力气过人、不畏强敌,在行为上表现出无往而不敢;第二种情况,勇者依恃的不是力气,而是志气勇气,心中有"志",且坚定不移,不以一时的成败为荣辱,虽败犹荣,因而在气势上能不屈于权贵、不辱于强胜;第三种情况,心中有理,因而无所畏惧,因为理便是道,行仁义正道便能"以小克大,以弱胜强"。因此,培养勇敢应该由表及里,恃力、养气而存理。

孟子的"不动心",在精神或人生境界上,与孔子的"不惑"、庄子的"木鸡"相类似。

孔子曾说:"四十而不惑"。朱熹注说,君子在四十这个年龄上,应该道明而德立了;"三十而立"之后,事业有成,于人情世故,也大明大白了,不会再因个人一时的利害得失而动摇自己心中的信念。即一个人的世界观、人生观、真理观等已经确定了。

庄子的"木鸡"——一种喂养的斗鸡,大智若愚、大勇若辱——所以能以木讷取胜,在于它坚信必胜、不动心于外。

可见,孟子的"不动心"并没有什么神秘性,不过是封建士大夫修养身心所达到的一种心理状态或精神境界。

（五十七）　孟子为什么说"春秋无义战"

春秋战国时期,是我国古代社会由奴隶制向封建制过渡的转折时期;社会矛盾逐渐由奴隶主与奴隶的矛盾转化为奴隶主与封建地主和封建地主与农民之间的矛盾;农奴的人身获得了相对的自由,由奴隶对奴隶主的完全依附到农民对封建地主的独立自主,土地成为农民与封建地主之间联结的主要纽带。因此,通过战争兼并土地成为封建地主阶级各集团扩大势力范围的主要手段,也是促使中央专制集权封建化的必要过程,是历史发展的必然趋势。

孟子出身于奴隶主贵族之家,生活于战国中期,他的思想却主要代表着封建地主阶级的利益,具有改良的倾向,在当时属于进步的思想家。

战国时期是我国封建制形成和确立的时期,春秋时代出现的新因素,到这时已经发展成了强大的势力。当时,诸侯国之间的兼并战争非常激烈,许多诸侯国展开了变法运动,新旧贵族之间的斗争也很尖锐。周天子的统治已不复存在,各诸侯国的统治者都以"王天下"为己任,准备重新统一天下。随着政治形势的发展,当时的思想界也形成了各种不同的流派,百家争鸣进入了高潮。(朱伯崑《先秦伦理学概论》第46页)

诚如孟子自己所言,当是时也,"圣王不作,诸侯放恣,处士横议"。孟子学说就是这一特定历史时期的产物。

孟子所谓的春秋无义战,与墨子的"非攻"观一样,都是反对战争的。作为赋有民本思想色彩的思想家,从人民及人民生活着眼,更从封建地主阶级的根本利益着想,他们看到了战争的危害性。战争的主体是奴隶和农民,战争的直接受害者也是他们;同时,战争还破坏了农业生产的正常秩序、挫伤了农民生产的积极性,在一定时期阻碍了农业的生产和发展。"争地以战,杀人盈野;争城以战,杀人盈城。"(《孟子》)孟子主张"善战者服上刑"。

孟子并非一味地反对战争。他是说如果违背民意、失去了民心,没有人民的支持,光靠掠夺性的杀人的战争,统治者在政治上最终是不会成功的。他说,"天时不如地利,地利不如人和","城非不高也,池非不深也,粟非不多也;委而去之,是地利不如人和也。"(《孟子》)这有其合理性。但孟子夸大了战争中人的因素,忽略甚至无视必要的物质条件,说只要上下一心,用木棒就可以"挞秦楚之坚甲利兵,"即使使用最差的武器也能战胜拥有强大武器的敌人,则难免沦为主观唯心主义。

富国强兵、奖励耕战是春秋尤其战国时期的时代主题。如果没有各诸侯国之间的兼并战争和连带的土地兼并,就不可能出现战国中后期的七国争雄局面和秦王朝统一后的集权专制的封建社会。

孟子说春秋无义战,是立于奴隶主统治者周天子的一面而言的。因此,孟子所谓的无义战的"义",其实就是周天子周王朝的"利"。

（五十八） 孟子为什么说武王伐纣不是"弑君"

在《孟子·梁惠王上》一篇中，有一段齐宣王与孟子的对话：宣王认为商汤当初起兵攻伐夏桀王、周武王当初起兵攻伐殷纣王，是臣弑其君，问孟子可不可以这么说。孟子回答道："贼仁者谓之贼，贼义者谓之残，残贼之人谓之一夫。闻诛一夫纣矣，未闻弑君也。"

孟子不承认武王伐纣是杀君行为，而是诛一普通人"纣"。因为纣王失义于臣、失义于民，不再为君，而沦为一民贼。

孟子认为人之为人，其有别于禽兽的在于人有"仁义"之道、有人伦思想。孟子人伦思想的基本内容是：父子有亲，君臣有义，夫妇有别，长幼有序，朋友有信。

孟子的人伦思想是对等的、相互的：父慈子孝，父不慈，子可以不孝；君臣有义，君不仁，臣可以不义。子应从父，但父不可为所欲为；臣应事君，而君不可失道，无道而行。

孟子所谓的君臣有义之"义"，其主要内容还是敬长、尊君。说，"欲为君尽君道，欲为臣尽臣道"（《孟子·离娄上》）。君道即君之义，即爱臣、仁民、明理；臣道即臣之义，即事君、尊君、谏正而尽善。

为臣的请求使君为善，劝君弃邪，是敬君，是行为臣之义；为臣的如果明知君行不善而不力谏，那就是贼君，是臣之不义。孟子的这种君臣观可以说是对孔子主张事君可以"勿欺也而犯之"思想的发展。当然，对于行不仁不义而又拒谏的暴君，如桀、纣之徒，已沦为民贼，当在被诛伐之列。

孟子在《离娄下》篇又言："君之视臣如手足，则臣视君如腹心；君之视臣如犬马，则臣视君如国人；君之视臣如土芥，则臣视君如寇仇。"

孟子认为君与臣的关系在道义上是相互的、是平等的，君主不是绝对的；人君没有至高无上的特权。

孟子的这种君臣观已赋有民主、民本思想的萌芽，是他的"民贵君轻"重民思想的反映，具有理性的色彩。

孟子毕竟是封建地主阶级思想家,他代表的是封建统治者的利益,所维护的是封建君主专制。在与墨家及杨朱学派的辩论中,他指责墨子的兼爱是无父、杨朱的为我是无君,无父无君是禽兽。由此可见孟子君君、亲亲思想的浓厚和严重。

孟子的君臣、君民观对后世历代进步思想家的民主观产生了积极的影响。

（五十九） 孟子是否有"尚贤"思想

主张不主张"尚贤",在战国时代,实际上是一个究竟是拥护新地主阶级还是同情旧奴隶主贵族的立场问题。孟子在思想上代表着从奴隶主贵族转化过来的地主阶级保守派的立场,因而对这个问题,孟子的认识具有两面性。一方面,他确实主张"尚贤"。他说:"尊贤使能,俊杰在位,则天下之士皆悦,而愿立于其朝。"(《孟子·公孙丑上》)这是要求统治者尊重有道德的人,使用有才能的人,使杰出的人都乐意在朝廷里谋一官半职。孟子还强调,在得以实现"无敌于天下"的五个条件中,真正做到"尊贤使能",是首要的条件。

另一方面,孟子又反对不拘一格任用人才。他说:"国君进贤,如不得已,将使卑逾尊、疏逾戚,可不慎与?"(《孟子·梁惠王下》)意思是说,统治者在选拔贤人时,如果迫不得已准备把卑贱者提拔在尊贵者之上,把疏远者提拔在亲近者之上,必须慎重对待,不可掉以轻心。孟子所以要这样提醒统治者,是因为在他看来,一个文化传统深厚的国家,"非谓有乔木之谓也,有世臣之谓也"(《孟子·梁惠王下》),其文化象征不在于有高大的树木,而在于有累代功勋的老臣。这些老臣之可贵,是因为他们所敬慕的,一国的人都会敬慕;一国人所敬慕的,天下的人都会敬慕,则德教就可以浩浩荡荡地洋溢于天下。孟子还提醒统治者说:"为政不难,不得罪于巨室。"(《孟子·离娄上》)所谓"巨室",就是指有累代功勋的老臣的家族。孟子的这个观点是无法与其仁政思想统一的。很显然,假若照孟子的这个主张行事,治理国家以不得罪功勋世家为原则,那么提拔贤能,任用新进,推行仁政,岂不成了一句空话?

（六十） 孟子是否有"五行"思想

关于孟子是否有"五行"思想,是一个较为复杂的问题。在《孟子》一书中,未见孟子提及"五行"范畴,亦未见有将金、木、水、火、土分别配以某种东西的文字,这起码表明孟子不屑于谈论阴阳五行家们津津乐道的话题。但是,由于荀子在《非十二子》篇中,曾作如下评论:"略法先王而不知其统,犹然而材剧志大,闻见杂博,案往旧造说,谓之'五行',甚僻违而无类,幽隐而无说,闭约而无解。案饰其辞而祇敬之曰:'此真先君子之言也'。子思倡之,孟轲和之",故后世亦有一些学者为文论证孟子有"五行"思想。例如章太炎就著有《子思孟轲五行说》。在章太炎之后,郭沫若明确指出:"在思孟书中虽然没有金木水火土的五行字面,而五行系统的演化确实是存在的"(《儒家八派的批判》)。郭沫若为他的这个论点所做的论证是:在《孟子》一书中,有论述"四端"的文字:"恻隐之心仁之端也,羞恶之心义之端也,辞让之心礼之端也,是非之心智之端也。人之有是四端,犹其有四体也";亦有论述与仁义礼智为配的"天道"。而所谓"天道",就是指"诚";所谓"诚",就是指"信"。此类论述,在郭沫若看来,与所谓"木神则仁,金神则义,火神则礼,水神则智,土神则信",在思想上是吻合的。

（六十一） 孟子的"浩然之气"何意

四书之一的《大学》,其主要内容就是在论述为人处世的八条目:格物,致知,诚意,正心,修身,齐家,治国,平天下。其中,道德意义上的"修身"是关键。因为一个健全的理想人格是日积月累的道德修养的结果,而理想人格又是理想社会的前提。孟子就有一句话,说:"达则兼济天下,穷则独善其身。"

中国古代思想家尤其是儒家的代表,很注重人的道德修养。孟子曾言,"我善养吾浩然之气。"

什么是"浩然之气"?

孟子说不容易讲清楚。但"其为气也,至大至刚,以直养而无害,则塞于天地之间;其为气也,配义与道;无是,馁也。是集义所生,非义袭而取之也"。

这种气不是一般的气,它是道德上的一种精神之气;它至大,可充塞于天地之间,至刚,能坚而不克。因为它含有义和道,是义之气、道之气;是"集义所生"的,不是偶然或侥幸由外部得来的。孟子接着说,养这种气是一个日积月累的过程,急不得,且不可存任何功利之心。

其实,孟子的"浩然之气"实际上就是人们经过长期的道德修养而达到的一种精神境界。达到这种境界的人,凭着心中的社会道义和一身凛然正气,在道德上就是一位顶天立地的大丈夫;不为富贵所淫,不为贫贱所移,不为威武所屈。

"浩然之气"作为一种精神力量,孟子难免有夸大之嫌;而且他所说的道与义,当然是指体现封建地主阶级统治者利益的所谓道义。

不可否认,孟子的"我善养吾浩然之气"的思想,对培养中华民族的民族正气和民族气节产生了积极的作用。

孟子还讲过"志",说:"夫志,气之帅也。……持其志,无暴其气。"他认识到了意志在人的道德修养中的作用,关于"志"与"气"之间关系的论述也有其合理性。

（六十二） "良知、良能"何意

孟子说:"人之所不学而能者,其良能也;所不虑而知者,其良知也。孩提之童无不知爱其亲者,及其长也,无不知敬其兄也。亲亲,仁也;敬长,义也;无他,达之天下也(没有别的什么能像仁义那样可以通行于天下)。"(《孟子·尽心上》)

良,朱熹注释为"本然之善";并引理学家二程的话说:"良知良能,皆无所由,乃出于天,不系于人。"

可见,"良知"是人生来就具有的智慧,"良能"是人生来就具有的能力;良知良能,就是人不需要学习和思考的、与生俱来的认识和感悟仁义道德的能力。

这与孟子的人"性本善"说是一致的。

孟子认为人天生就赋有恻隐、羞恶、恭敬、是非之心,即具有善的四个端倪;这善的"四端"如果得到正常的发展,就会成为仁、义、礼、智"四德"。

孟子认为人不仅具有先天的本然善性,而且还能超验地体识它,即人还具有先天的道德意识和认识能力。孟子由先验的唯心主义人性论推导出他的超验的唯心主义道德学说。

孟子还有"良心"一词。良心即本然的善心;它与我们现在所谓道德责任感的"良心"一词不尽相同。

(六十三) "求其放心"何意

孟子主张人性本善。那么,他怎样解释人性的不善或恶呢?

孟子以"牛山之木"为例,说,牛山上的草木本来是很茂盛、美丽,后来由于乱砍滥伐和牛羊的啃啮、践踏,就变成一座光秃秃的山了;人们看到它现在寸草不生的样子,还以为它本来就如此呢。其实,生长草木本来是山的本性。

孟子由此而类推到:在人的身上,也本来就存在着仁义之心的。有些人之所以丧失了善良的本性("其所以放其良心者"),也就好像是斧子砍伐树木,如果天天毁伤它,它能长得茂盛吗?尽管他们的本性使他们一天到晚也能产生善心,接触到早晨的新鲜气息后,使他们的好恶之心与大家有所接近,然而第二天遇到了像斧伤那样的摧残行为,那么,他们刚生长出来的善心就会被摧残,要是反复这样地加以摧残,那么他们夜里产生的善心就不能保存到早晨。到了夜里产生的善心不能保存到早晨时,那他与禽兽的距离就不远了。人们看到他如同禽兽的样子,就以为他从未有过善良的素质。这难道是那些人的本性吗?所以说世间万物,得到了培养,就会生长;否则,就会消亡。(《孟子·告子上》)即仁义之心是每个人都有的,但如果平时不注意保存、充实、扩大、那么它就会逐渐丧失,以至于无仁无义,那就和禽兽差不多了。

孟子说圣贤君子所以与一般人不同,在于一般人因受耳目感官物欲的诱惑而"放心'——忘掉、放弃、丢失了良心,即本然之善的仁义之心——而他们能借心之官的思维,进行反省,不受感官的左右,能"存心"——保持着仁义之心而不忘掉。

所以,所谓"求其放心",就是找回人们放弃、丢失了的"良心"即仁义之心。

"求其放心"是孟子道德修养的目的之一。

"仁,人心也;义,人路也。舍其路而弗由,放其心而不知求,哀哉!……学问之道无他,求其放心而已矣。"(《孟子·告子上》)

那么,怎样"求其放心"? 如何"存心"?

这涉及孟子道德修养的方法。孟子继承、发挥了子思《中庸》"诚"的思想,主张"反身而诚"、反省内求。

这里有一个逻辑问题:人的内在的本然善性既然已经丧失了、仁义之心已经丢弃了,怎么还能内求呢?

孟子搬出孔子。孔子曾言:为仁由己;吾欲仁,斯仁至。孟子因而说:"诚者,天之道也;思诚者(思念人的本然善性),人之道也。至诚而不动者,未之有也;不诚,未有能动者也。"(《孟子·离娄下》)。即:思诚,则诚至。孟子在这个问题上,无限地夸大了人的主观能动性尤其认识能力,并把它神秘化,这就难免在认识上不陷入唯心主义的泥潭。但孟子看到了道德修养在于提高人的精神境界及在道德修养过程中人的自觉性和理性反省的重要作用,还是很可贵的。

孟子还有"存心、养性、事天"之说:"存其心,养其性,所以事天也。"即保存天然善心、培养那种天然的本性,就是正确对待天命、顺应天命了;天命就在人的心、性之中。它表明孟子的哲学是主观唯心主义的。

（六十四）　孟子所讲的"大人"是什么意思

"大人"这个词，在春秋战国时代，是个常用的词，注家通常将它解释为"大人物"，或指地位高的人，或指道德高尚的人。《孟子》一书中的"大人"，也是指这两种人。用以指称地位高之人的用法，见于《尽心下》："说大人，则藐之，勿视其巍巍然。"可见，这句中的"大人"，就是指诸侯。但孟子更多的是以"大人"指称道德高尚的人。这种含义的"大人"，是相对于"小人"而言的，它实际上也就是孟子所推崇的理想人格。作为一种理想人格，"大人"的基本行为准则就是"居仁由义"（《孟子·尽心上》），一切言行必须符合"仁义"规范。这种人，说话不一定句句守信，行为不一定贯彻始终，但"惟义所在"，（《孟子·离娄下》），能与义同在，依义而行，这种人"不失其赤子之心"（《孟子·离娄》），能够保持那种婴儿的天真纯朴的心，但他又能以自己道德人格去影响有权势的人，敢于纠正君主不正确的思想（《孟子·离娄上》有云："惟大人为能格君心之非"）。这种人，"从其大体"（《孟子·告子上》），特别注重精神境界的完善，凡似是而非的"礼"、似是而非的"义"，他是绝对不会照着去干的（《孟子·离娄下》云："非礼之礼，非义之义，大人弗为"。）

（六十五）　孟子的理想君主是什么样的

孟子周游列国、拜见诸侯，其目的就是要寻求能采纳他的政见的国君，推行他的王道、仁政、德治的政治主张；不得志，退而与万章之徒讲学、著书立说，也还是在宣扬他的那种政治主张。

孟子是位理想主义者。

他认为人性本善，人心天生具有仁、义、礼、智等道德规范的本能；恶是后天不良环境影响的结果。因此，只要发扬人的善性、光大人的良心，人人都可以成为尧、舜那样的人物。

因此,孟子的理想君主便是那些效法先王之道、行仁政、施德治、与民同乐的圣贤君子。

孟子认为每个人都有一颗怜恤同情别人的心,先王因为有怜恤同情百姓的心,这才有怜恤同情百姓的仁政;凭这关怀同情百姓的好心来实行关怀怜恤百姓的仁政的国君,他治理国家就会像在手掌上运转东西一样容易。(《孟子·公孙丑上》)而历史上真正施行仁政的国君没有不王天下的。

孟子意识到了实施仁政与得民心、得民、进而得天下的关系,主张为人君者必须爱民、重民,与民同乐。

孟子与齐宣王论述了与民同乐的重要性:“乐民之乐者,民亦乐其乐;忧民之忧者,民亦忧其忧。(君子)乐以天下、忧以天下,然而不王者,未之有也。”(《孟子·梁惠王下》)齐宣王听了孟子的一番言论,深有感触,又颇为诚恳地说,我想行王道、施仁政,可是我天生喜欢钱财和女色,怕这些对王道、仁政有碍。孟子说“好货、好色”确是不良习性,但如果您在好货、好色的同时,能“与百姓同之”,还能心想着人民,那么,您的所谓好货好色的行为就没什么可厚非的。

孟子的理想君主不仅仁、贤,而且明、智。

孟子批评了当世的一些君王不似古代的圣贤、明君闻过改之,而是文过饰非。甚至指名道姓骂梁惠王“不仁”!

当然,孟子的理想君主依然是统治者,所代表的当然是封建地主阶级的利益,虽然他们在实行仁政、王道的过程中也有重民、爱民的思想。

(六十六) 孟子的理想社会是什么样的

孟子没有成段的文字描述他的理想社会,但透过他与人论辩的只言片语,我们还是能看到他的理想社会的轮廓:

君王发善心、行仁政、“省刑罚,薄税敛”,“仁民而爱物”;使耕者有其田,劳力者的生产劳动所得"仰足以事父母,俯足以畜妻、子,乐岁终身饱,凶年免于死亡",劳心、劳力分工合理,秩序井然;老有所老、幼有所幼,鳏寡孤独皆有所养;君臣有义、父子有亲、朋友有信,君民同乐;没有战争、动乱,民风淳朴,人们安居乐业、过着自给自足的自然生活,有"恒产"、有"恒心",社会上,"君行仁政,斯民亲其上、长其长矣","尊贤使能,俊杰在位",人们重义轻利、唯义是从,甚至"舍生取义",人们过着一种仁政王道的道德生活。

孟子没有说明他的这种理想社会是一个个和睦相处的诸侯王国、还是大一统的"天下"之国。孟子屡言"王天下",他的天下王国或理想社会已赋有封建的生产关系,但依然有奴隶制的痕迹。

（六十七） 孟子的理想人格是什么

人格是指一个人的道德品质,包括道德观念、修养、气质、性格、能力等;也是人之为人最基本的东西。一个人一旦丧失了人格,便意味着丧失了人的尊严和价值,寡廉鲜耻,没有什么道德观念可言了。

孟子说:"大人者,言不必信,行不必果,惟义所在。"即德高望重的人说话不一定句句守信用,做事不一定件件有结果,只是看言行是否合乎义。所谓"义"就是道德原则及规范。

孟子认为圣人、君子能怀之以"仁"、处之以"礼"、行之以"义",他们是"人伦之至",是人们做人的楷模。

《孟子·滕文公下》载述了纵横家景春与孟子的一段对话。景春说:"公孙衍、张仪难道不是真正的男子汉大丈夫吗? 他们发怒能使诸侯害怕,静下来可使天下太平。"孟子说他们算什么男子汉大丈夫? 真正的男子汉大丈夫,以天下为己任,行仁、行礼、行义,能进能退、可穷可达,"达则兼善天下,穷则独善其身",具有健全挺拔的人格,"富贵不能淫,贫贱不能移,威武不能屈。"

具备这种大丈夫之气或人格的人,他们具有强大的感召力。

孟子说圣人、君子是百代人的老师，伯夷、柳下惠就是这样的圣人、君子。受过伯夷高尚风格情操影响的人，贪婪的变得清廉、懦弱的变得坚强起来；受过柳下惠高尚风格情操影响的人，刻薄的变得厚道了、心胸狭隘的变得宽宏大度起来。孟子感叹道：如果不是圣人、君子，能产生这样的影响吗？

而使他们的道德人格高扬的就是"义"，它甚至比生命更重要。

孟子自己就曾说："鱼，我所欲也；熊掌，亦我所欲也。二者不可得兼，舍鱼而取熊掌者也。生亦我所欲也，义，亦我所欲也；二者不可得兼，舍生而取义者也。"（《孟子·告子上》）

孟子的"舍生而取义"与孔子的"杀身成仁"一样，是对理想人格最集中的概括。

孟子主张人格平等。以为国君是个男子汉大丈夫，我也是个男子汉大丈夫，我怕他什么呢？孟子在游说诸侯的时候，也确实做到了有礼有节、不卑不亢。但与他的人性本善、人皆可以为尧舜一样，由于抽象性，他的人格平等的思想就难免虚弱、甚至虚伪。

（六十八） 孟子是怎样看待人生的

孟子的人生观体现在他对义利、生死、荣辱、德福、为与不为等问题的看法或态度上。

在义利关系上，孟子继承了孔子的见利思义、先义后利的思想，又有所发展：说，何必言利呢，有义就行了；如果一切从利益出发、从利益着眼，那么人们的动机就不纯了，当然也就不会有好的结果；利益是战争和祸乱的根源，而"义"即道德则是指导人生的原则，它在价值上甚至高于人的生命。孟子说，生命是我所珍贵的，道义也是我所珍贵的，如果两者不可同时拥有，那么我宁愿牺牲生命而维护道义。

在生死问题上，孟子表现了人之常情，亲生恶死。孟子认为对于人生，生命是可贵的，但有比生命更可贵的东西，那就是"义"；死亡是可恶的，但有比死更可恶的东西,那就是伤仁害义的"辱生"。《吕氏春秋》一书中记述了杨朱学派人物关于"贵生"的论述,他们把人生分为四个层次:全生,亏生,死亡,迫生。苟且、忍辱的"迫生"还在死亡之下。可见,他们也重视人生的质量和意义,注重人的精神生活和社会价值。孟子的生死荣辱观与此相类。他举例说:一碗饭、一瓢汤,得到就能活,得不到就会死,然而呼喝唾骂着地施舍,就是旅途中挨饿的人也不愿接受;用脚踏过的食物送给人,就是乞丐也不屑一顾。可是现在有些人对万钟的俸禄不问是否合乎礼义就接受了。孟子指责那样的人不知荣辱、丧失了自己的人格尊严。孟子进而说,对于国君:"仁则荣,不仁则辱。"

孟子由当时的社会现实生活体察到了:德与福并不总是一致的,而且德行往往招致祸患;相反,一些不义之徒或品质恶劣的人,却过着富贵的生活。孟子认为那些圣人君子、仁人志士为了实现人生的理想,不顾个人的生死得失,他们的行为才是我们应该效法和肯定的。在价值上,道德的原则高于幸福的原则。孔子有一句话,说:不义而富且贵,于我如浮云。孟子有与此相同的价值观。孟子说,舜早年吃干粮和野菜的时候,好像打算一辈子就那样生活下去;等到他做了天子以后,穿着细葛布衣服,弹着琴,尧的两个女儿侍奉他,这些又好像是他本来就有的一样。(《孟子·尽心下》)舜的"德"给他带来了"福"。但是像舜那样的德高望重的人,他看重的是仁、义而不是福、乐,因而,在别人看来是很幸福、很快乐的荣华富贵的生活,他觉得很平常、很平淡。

关于为与不为,孟了有两句话:其一,"人有不为也,而后可以有为",即一个人只有放弃某些事不做,然后才可以有所作为。这与我们常说的"有所为,有所不为"不尽相同;其二,"无为其所不为,无欲其所不欲,如此而已矣。"即不做不应该做的事,不要不应该要的东西,一个人能这样做就行了。

关于人生观,《孟子》是这么说的,孟子一生也是这么做的。

（六十九） 孟子思想中的消极成分有哪些

作为二千三百年前的思想家,孟子思想不可避免地具有时代的局限性。以现代的眼光来看,体现其局限性的那些思想,便是他思想中的消极成分。凡属于消极成分的那些思想,对现代人的精神生活都不会产生积极的影响,而只能产生不良影响。

孟子思想中的消极成分,大体上可以作二种区分。一种属于反映其唯心主义世界观和唯心史观的那些论断,诸如宣扬信天命的"莫非命也,顺受其正",(《孟子·尽心上》)宣扬主观可以代替客观的"万物皆备于我"(《孟子·尽心上》)宣扬轻视人民群众的"使先知觉后知,使先觉觉后觉"(《孟子·万章上》),此句的意思是说,上天生育人民,就是要让先知先觉的人使后知后觉的人有所觉悟。则这个论断实际上包含有对人民群众的轻视,认为他们天生愚笨,须靠天生聪明的圣贤的教育,才能有所觉悟。这类论断,由于都是构成孟子唯心主义哲学体系的重要内容,所以只有在分析透孟子哲学体系之后,才有可能正确认识其何以是一种消极的思想。

孟子思想中另一种消极成分,都具有以下特点:它们未必同孟子整个思想体系有必然的联系,但它们一直发生着巨大影响,而其影响对现代人来说,显然是有害的。属于这类消极思想者,有所谓"男女授受不亲,礼也"(《孟子·离娄下》),如果现代人听信这种主张,以男女之间不亲手递接东西作为异性交往的礼节,那么现代人将无法维持其正常的生活秩序。有所谓"不孝有三,无后为大"(《孟子·离娄下》)。有所谓"为富不仁"(《孟子·滕文公上》)。现代人若相信这种说法,将不讲道德、不择手段获取财富视为发家致富的正道,那么不但会造成整个社会的道德沦丧,而且也会因每个人都不择手段而必然破坏正常商业秩序,最终必将为此付出惨痛的代价。

（七十） 《孟子》的经济思想有哪些

孟子说诸侯有三件宝：土地，人民，政事。

春秋战国时期，我国社会正由奴隶制向封建制转化，生产关系得到了解放、生产力得以发展，各诸侯国通过战争相互兼并，最终形成高度集权的大一统的封建制国家，已是历史发展的必然趋势。因此，如何扩大土地面积、怎样拥有更多的人民以及采取什么样的政策，的确是各诸侯国所面临的三大现实问题。

作为生产资料的土地和作为劳动力的人民，是封建社会生产关系和生产力的主要因素。如何有效地利用土地、提高劳动者的积极性，在当时，不仅是个政治问题，也是个关系到国计民生的经济问题。作为代表封建地主阶级利益的思想家孟子，敏锐地意识到了这些问题，并向他所游说的各国诸侯王提出相应的对策。

关于农田土地和农业生产，孟子主张实行"井田制"。说："方里而井，井九百亩，其中为公田。八家皆私百亩，同养公田；公事毕，然后敢治私事。"（《孟子·滕文公上》）即在一块方形土地上划出一个井田单位；每一井田单位若为九百亩的话，中间的一百亩为公田，其余的八百亩为私田、分给八家耕种；这八家共同耕种中间的公田，公田耕种好了，然后再料理私田上的农事。孟子说推行井田制是君主实行仁政的开端。因为，农民耕种公田可以保证公粮的缴纳，而有了可以自由支配的一定的私田，能够种粮植树、并从事饲养家禽家畜及鱼鳖水产等副业；倘若不违农时、又风调雨顺，那么他们就能够丰衣足食、安居乐业——用孟子的话说，即"养生丧死无憾"。而这、是"王道之始也"。（《孟子·梁惠王上》）

国君听取了谋士的良言，采取了良策，还必须要有良臣去实施、推广。因此，孟子说："不信仁贤，则国空虚（贤寡民稀）；无礼义，则上下乱；无政事，则财用不足（朱熹注：生之无道、取之无度、用之无节之故也）。"（《孟子·尽心下》）

税收和劳役,是封建社会两项重要的财政收入。

孟子比较了夏、商、周三代的税收制度:夏朝每户给田四五十亩而实行贡税法,商朝每户给田七十亩而实行助税法,周朝每户给田一百亩而实行彻税法。所谓贡税法就是比较几年内的好坏收成,取一个平均数作为税收基数,不分丰年、灾年,都按这个基数来征税;所谓助税法就是借助农人的劳力来耕种公田以实现税收;所谓彻税法就是按十分抽一的税率来征税。孟子比较的结果认为,助税法较为理想,它能在保证国家税收的前提下,极大地提高劳动者生产的积极性。

孟子主张"省刑罚,薄税敛。"

民不畏死,奈何以死惧之? 民,知耻知止;且有了"恒产"才会有"恒心"。因此,国君在行仁政、施德治的同时,必须得民、惠民、富民。

劳役与捐税一样,是封建社会统治者剥削劳动人民的主要形式之一。但不可无度。

孟子警告说:征收布帛、征收粮食、征发人力这三种赋役,作为国君,只能采用其一而缓用其他两种;如果同时用两种,百姓就会有因此而饿死的;如果同时用三种,即又征棉又征粮又征人,百姓就会因此而被弄得妻离子散、有亡家的可能。

孟子还有一段与农家代表许行的门徒关于"市贾不贰"的议论,其内容颇类于我们现在的市场经济和宏观调控的思想。

许行的门徒陈相说:"如果按照许先生的学说去做('布贾不贰'),那么市场上的同一物没有两种价,国内因而也没有欺诈行为,即使是让小孩子到市场上去买东西,也没有人欺骗他。麻布和丝绸的长短相同,价钱就一样;麻线丝绵的轻重相同,价钱就一样;各种粮食只要多少相同,价钱就一样;鞋子只要大小相同,价钱也一样。"孟子反驳道:"各种货物的品种质量不一样,这是货物的实际情况,('夫物之不齐,物之情也')有的价钱相差一倍到五倍,有的价钱相差十倍到百倍,有的价钱相差甚至千倍到万倍。你们硬要把精粗优劣不同的货物的价钱拉平,那是扰乱天下市场的做法。要让粗糙的鞋子和精美的鞋子都卖相同的价钱(虽然它们的尺码大小相同),人们怎么会做这样的傻事呢？按照许先生的学说去做,那是领着大家一同去弄虚作假('相率而为伪者也')。那样怎样能治理好国家呢?"(《孟子·滕文公上》)

孟子的井田制与他之前的古代奴隶制的有所不同。孟子所生活的时代已是封建社会初期。他主张分给农民以土地,"治民之产",使他们不饥不寒,甚至长者老人还能衣帛、食肉,从而"死徒无出乡"。这对于发展农业生产、安定社会秩序是有利的,是新兴的封建地主统治阶级所希望的。

孟子恢复井田的经济决策工不是为了恢复商、周之制,而是为了便于"分田制禄"。他所主张、肯定的生产关系,是封建制的,而不是奴隶制的。(任继愈主编《中国哲学史》第一册第 141 页)

孟子的经济思想与他的政治思想是一致的,也是为他的政治思想服务的。

（七十一） 孟子的政治思想有哪些

孟子政治思想的渊源,应当说是孔子的"德治"思想,即以仁德治天下。但孔子的"德治"是与"礼治"相联系的。他要求人们按照"亲亲"、"长长"的原则,遵从和维护上下有序、尊卑分明的等级制度。而孟子则将孔子"德治"思想中"仁者爱人"的观念加以突显,将其中维护以"周礼"为代表的贵族等级制的观念予以淡化,从而将"德治"思想演变为自己的以"仁政"为核心内容的政治思想。他的政治思想尽管在实质上与孔子的思想没有不同,但却更有利于巩固封建制度,符合封建统治阶级的长远利益。

孟子从当时的社会现实出发,向统治者提出忠告说,如果继续对外发动战争、对内重税盘剥,人民被逼得走投无路,必然会铤而走险,起来造反。贤明的君主,应该像父母爱护子女一样,去爱护自己的人民,那么人民也会像子女敬爱父母一样,去敬爱君主。这是君主推行"仁政"的思想出发点。从根本上说,孟子当然是维护封建等级制的,但他的这种主张君民相亲相爱的观念,为君民关系设置了一种看似平等乃至具有温情的气氛。

　　孟子认为，"仁政"的实现，要从推行井田制（他称之为"经界"）开始。他主张给每个农户分配一百亩耕地和五亩宅基地。划定田界，国家收取劳役地租。至于其余的副业生产，如家畜饲养、种桑植麻，则由农户自行安排。这是一种自给自足的封建自然经济。孟子说，老百姓有了"恒产"（固定的产业），能够安居乐业，就能安分守己，就有"恒心"；没有固定的产业，生活朝不保夕，就难免有越轨之心。因此必须"制民之产"。可见，孟子这种使老百姓有"恒产"的主张，目的是使他们在政治上有"恒心"，从而有利于封建社会的长治久安。

　　在政治制度和政策方面，孟子对君主的基本要求是"以不忍人之心，行不忍人之政"。一切制度、政策的制订和执行，都要从仁爱、怜悯、宽厚之心出发。尧、舜、禹、汤、文王、武王、周公之所以能够推行"仁政"，就是因为他们有"不忍人之心"。孟子说当时君主的"不忍人之心"，首先就该表现在坚决停止兼并战争上。兼并战争给百姓带来了深重的灾难，是一种最大的"不仁"。一些人为了自己的名利、地位而鼓动君主发动战争，君主应该严厉地处罚他们。孟子明确地对于法家的思想提出了指责。法家认为只有通过兼并战争，才能实现天下的统一。孟子也赞成天下统一，但他认为这种统一应该通过贤君推行"王道"、"仁政"而实现。反对兼并战争，是在当时特定的社会背景之下，孟子政治思想的重要内容。

　　孟子还主张大办学校。他认为，要想推行"仁政"于天下，就必须使儒家思想被人们普遍地接受，让人们遵循以仁、义、礼、智为核心的社会道德规范。有了这种统一的道德观念，"仁政"的推行，在社会上就有了思想基础。他还提出，国君应该尊重和任用贤才。所谓贤才，首先必须是仁德之人。如果让不仁之人获得了高官，那就会在很大的范围里造成恶果。这种见解，同样是针对当时儒家在政治上的主要对立派——法家学派的。法家主张以"尚贤"作为选用人才的标准，主要以是否善于打仗、能否在兼并战争中建功立业，作为选拔人才的标准。对此，孟子坚决反对。他说唯有选拔"仁人"，才能推行"仁政"。

　　约而言之，孟子政治思想的内容比较广泛。他从"行仁政"的观念出发,提出了多方面的政治主张。在总结春秋战国时期一些国家兴亡规律的基础上,他为当时的统治者设计了一套体恤民情、注重民心向背的政治方案。尽管这个方案实质上是维护统治阶级利益的工具,但其中包含着颇为鲜明的"重民"思想。这种思想,后来对于中国封建社会政治思想的发展,特别是民主观念的形成,产生了积极的影响。

（七十二） 《孟子》的美学思想有哪些

孟子的美学思想不多。

《孟子·尽心下》有一段记载:

浩生不害(齐国人)问曰:"乐正子何人也?"孟子曰:"善人也,信人也。""何谓善? 何谓信?"曰:"可欲之谓善,有诸己之谓信,充实之谓美,充实而有光辉之谓大,大而化之之谓圣,圣而不可知之之谓神。乐正子,二之中,四之下也。"

孟子说,一个人值得喜欢就叫"好"(善);他自己确实具有这种好的品德叫作诚实(信);这种好的品德充实于他本身就叫"美";以上善、信、美不仅充实,而且光辉地表现出来了,就叫"大";大而能融化贯通就叫"圣";圣而又神妙莫测就叫"神"。乐正子的人品在善、信之间,在美、大、圣、神之下。

所谓"信",也就是伦理道德上的"真"。

可见,孟子所谓的"美"就是善与真的发展和体现。它大而化之,就是圣人的美德或具备这种美德的圣人。

孟子这里所说的"美",更多的还赋予道德的属性,并非纯粹的形而上的美学。

在审美上,孟子涉及了美的本质与形式,并认为美的本质更为重要。

孟子说:"形色,天性也;惟圣人然后可以践形。"即人的身体容貌的美

是天生的,只有圣人才能以内在的人性美来体现这种天赋的外形的美。(《孟子·尽心上》)

孟子在论述王道"与民同乐"思想的时候,也说明了人们从众、与众的审美心理。

齐宣王自称爱好音乐。孟子得知后对齐宣王说,您要是真的非常爱好音乐,那么齐国就将准会治理得不错。齐宣王不明白其中的道理,孟子反问道:"单独一个人欣赏音乐感到快乐,与别人在一起欣赏音乐也感到快乐,您说究竟哪一种更快乐呢?"齐宣王说:"与别人在一起欣赏音乐会更快乐。"孟子进而又反问道:"与少数人在一起欣赏音乐感到快乐,与众多的人一起欣赏音乐也感到快乐,您说究竟哪一种更快乐?"齐宣王说:"与众多的人一起欣赏音乐会更快乐。"(《孟子·梁惠王下》)

孟子的这段论述,无意间说明了审美容体的客观性及审美主体的社会性。

孟子还说过:"口之于味也,有同耆焉;耳之于声也,有同听焉;目之于色也,有同美焉。"(《孟子·告子上》)可见,孟子的主观唯心主义哲学并没有导致他否认美的客观性。

孟子的"充实之谓美"对中国美学产生了一定的影响。

(七十三) 《孟子》的伦理思想有哪些

孟子的伦理思想颇为丰富。他的伦理思想与他的政治思想是一体的,并且是为政治思想服务的。其主要内容有:"性本善"的人性论及"良知"、"良能"的唯心主义先天道德说;"去利怀义"的义利观及道德决定论;"人伦"说及"仁义"之道;存心养性、反身内求的道德修养论等。

孟子认为人性本善,人天生具有"恻隐之心"即同情心、"羞恶之心"即羞耻心或憎人为恶的心、"辞让之心"即恭敬心、"是非之心"即分辨善恶的心等道德意识;这些道德意识是仁、义、礼、智等道德规范的来源;可见,"仁义礼智,非由外铄我,我固有之也。"(《孟子·告子上》)孟子由人的善之

"四端"即四种道德心理推衍出仁、义、礼、智"四德"即四种道德规范,并认为"四端"、"四德"是天赋的、人天生就有的,而不是外界环境或力量作用的结果。那么,既然如此,人们在道德意识及其发展的机会上应该是均等的,在道德上就不应该有大人与小人、君子与野人之别了。在这个问题上,孟子承认机会均等,说"人皆可以为尧、舜",而所以存在着大人君子与小人野人之别、如风的大人君子之德和如草的小人野人之德,孟子解释道:大人君子能保存并发展那种道德之心,而小人野人为物欲、利益所惑则弃之放之。因此,道德教育、道德修养的目的,就是求其所放之心即原善、并扩而充之。"学问之道无他,求其放心而已矣"(《孟子·告子上》)。

孟子还用"良知"、"良能"及"良心"来论述道德的源起。说:"人之所不学而能者,其良能也;所不虑而知者,其良知也。孩提之童无不知爱其亲者,及其长也,无不知敬其兄也。亲亲,仁也;敬长,义也。"(《孟子·尽心上》)所谓"良",朱熹训为"本然之善";良能即生来具有的能力,良知即生来具有的智慧,良心即生来具有的善心。可见,人天生就具有道德的本能。

孟子的道德源起说,赋有超验、先验论的色彩,与他的"性善"说一样,当然是唯心的。而他的"心之所同然"的论证,混淆了人的道德意识与生理感觉,把心理上属于自然性的东西也说成是社会的,偷换概念,在逻辑上犯了异类相推的错误。

在义利关系上,孟子主张去利怀义,甚至说有义就行了、何必言利。孟子认为人们追求利益、唯利是图,是一切战乱和祸患的根源。"为人臣者怀利以事其君,为人子者怀利以事其父,为人弟者怀利以事其兄,是君臣、父子、兄弟终去仁义,怀利以相接,然而不亡者,未之有也。"(《孟子·告子下》)可见,孟子是义非利、去利怀义的目的,是为了维护封建的尊尊卑卑、君君亲亲的社会等级秩序和伦理关系。孟子把"为利"还是"为善(即为义)"作为区分小人与君子的道德评价标准。其实,孟子所谓的"义",不过是统治阶级的道德原则,在根本上,它所体现或代表的也还是统治阶级的利益,还是一种"利"。因而,在表现形式上,孟子的义利观具有超功利的色彩。

针对法家的尚力刑、倡霸道，孟子在伦理和政治上主张仁义、仁政、王道；说怀有仁义之心的诸侯国君主只要施王道、行仁政，就可以得天下。在这方面，孟子有道德决定伦的倾向。

孟子认为人之所以为人、人异于禽兽的，在于人有仁义之心、具有道德意识。

"人之有道也。饱食、暖衣、逸居而无教，则近于禽兽。圣人有忧之，使契为司徒，教以人伦：父子有亲，君臣有义，夫妇有别，长幼有序，朋友有信。"（《孟子·滕文公上》）

人虽然天生就有善性及明善的心理，但还必须要圣人教以人伦，帮他们明善，教育他们以使他们明白：父子之间有骨肉之亲、君臣之间有尊卑之礼、夫妇之间有内外之别、老少之间有长幼之序、朋友之间有诚信之德。这五种关系也就是后人所说的"五伦"。五伦之中，以"仁、义'为本（亲，也即仁）；说"亲亲，仁也；敬长，义也。"亲亲，即事亲、尊亲。爱亲，其主要内容是孝；敬长，即恭兄、尊君，其主要内容是君臣之义。"五伦"后来成为儒家也即封建社会伦理道德的主要内容，而仁义则上升为道德原则。

在道德修养上，孟子主张尽心、知性或存心、养性以及反省内求等，这与他的性善说是一致的。他强调道德修养的自觉性，意识到一定环境对人性的影响，从而承认道德教育的必要性，有其合理的成分。

（七十四） 《孟子》的教育思想有哪些

孟子以孔子之道的继承者自居。孔子"学而不厌，诲人不倦"的生活原则和行为，对孟子也产生了积极的影响。孟子也注重言传身教。当然，孟子所谓的"教"与孔子的一样，主要是指道德教育。

孟子说："民之为道也，有恒产者有恒心，无恒产者无恒心。"孟子意识到产业生产及人们生活的稳定与否与人们思想的稳定与否的关系。进而说，如果百姓生活安定了，就要兴办"庠"、"序"、"学"、"校"等教育机构来教育他们。教育的目的是"明人伦"，即阐明并教导人们懂得人与人之间的伦理道德准则。(《孟子·滕文公上》)而被教育者之所以愿意接受教育,乐于亲善明理,在于他们知耻、恶恶。

关于教育的原则和方向,孟子明确指出是仁义道德、"养其大者为大人。"

关于教育的方法,孟子承认"教亦多术矣"。孟子把君子教育人的方法归纳为五种:有像及时雨灌溉万物那样教育人的,有以帮助人养成优良品德的方式来教育人的,有以诱导发展人的特有才干来教育人的,有以解答疑难问题来教育人的,有以间接方式影响人自学成才的。

关于政与教的关系,孟子也有所论述:"仁言不如仁声之入人深也,善政不如善教之得民也。善政,民畏之;善教,民爱之。善政得民财,善教得民心。"(《孟子·尽心上》)即良好的政治不如良好的教育深入人心;良好的政治,百姓害怕它,而良好的教育,百姓喜爱它。良好的政治能得到百姓的财物,良好的教育能得到百姓的心。得"民心"则得"天下"。(《孟子·尽心上》)

《孟子》中的一些寓言故事、成语,从某些方面也道出了教学的方法或原理,如"拔苗助长"、"一曝十寒"、"不以规矩,不能成方圆;不以六律,不能正五音"等。

显然,孟子的教育思想是为他的政治思想服务的。

(七十五)　是谁最早评价孟子

最早对孟子做出评价的要数荀子。荀子,名况,字卿,战国末期思想家、教育家。孟子逝世时,他大约十岁,故他生活的年代距孟子生活的年代,也只相差几十年。而且,作为儒家八派之一的"孙氏之儒"的牛首(荀卿又称孙卿),他与同样作为儒家八派之一的"孟氏之儒"的领袖孟轲,在学术史上的地位原先是平等的,故汉代的学人多喜孟荀并称,连司马迁也将他俩合写成一个传记,称《孟子荀卿列传》。

荀子著有《非十二子》一文。在此文中,他将子思与孟子并提,评价他们说:"略法先王而不知统,犹然而材剧志大,闻见杂博。案往旧造说,谓之五行,甚僻违而无类,幽隐而无说,闭约而无解。案饰其辞而祗敬之曰:'此真先君子之言也。'子思倡之,孟轲和之。世俗之沟瞀儒,嚾嚾然不知其所非也,遂受而传之,以为'仲尼、子弓为兹厚于后世'。是则子思、孟轲之罪也。"这个评价,把孟子说成只能粗略地效法先王,而不知道先王的根本纲领,却偏偏装出一副好像很有才能、很有志向、知多识广的样子;还说孟子把自己臆造的学说,说成真正是孔子的言论,由于言辞修饰得当,态度又十分恭敬,所以这个谎话,骗得许多无知的儒生不知道他说的是不对的,还以为孔子真因此而被后世推崇。可见,孟子最先受到的评价是一个贬多于褒的评价。荀子还著有《性恶》篇,从人在生理上和物质上的欲望,反复论证人的本性是恶的,驳斥孟子所谓"人性本善"。

(七十六) 最早的孟子传记是谁写的

最早为孟子写传记的人,是司马迁。但司马迁又没有为孟子单独写一篇传记,而是将他与荀子放在一起,合写成一篇《孟子荀卿列传》。其实,这篇列传,也不能说专写孟荀,因为它连带写了许多与孟荀同时代的著名人物,而且用于写这些人物的文字,在量上远远超过了写孟荀所用的文字。尽管现今有人认为,司马迁这样写,有深意在矣,但这篇传记对孟子生平与思想的记载毕竟过于简略。

这篇列传记载孟子的一段文字,只有一百四十四字,主要写了这么几层意思:孟子名轲,是邹国人,他是孔子之孙子思的再传弟子。在他学有所成,通晓仁义道理以后,出游到齐国,服侍齐宣王,但没有被宣王重用。他就又来到魏国,为魏惠王出谋划策,魏惠王以为他的主张迂腐且不切实际,也没有听从他的建议。孟子之不被齐、魏所用,原因就在于他的理想与当时社会的普遍崇尚相背离,"天下方务于合从(纵)连衡(横),以攻伐为贤",他却总是讲述尧舜及三代的旧道德,希望通过道德力量实现全天下的和平统一。在齐、魏受挫以后,孟子回到家乡,与万章等弟子一起整理儒家经典《诗》、《书》，阐述孔子学说的含义，撰成《孟子》七篇。

（七十七）　韩愈为什么说孟子接续"道统"

这里所谓"道统"，是指儒家思想传统（道）得以承前启后传下去的系统。早在春秋时代，孔子就有关于尧舜相传授的言论。后来孟子把孔子的言论进一步扩充，历叙由尧舜到孔子的传授过程，断言由尧舜传至商汤，由汤传至文王，由文王传至孔子，各经历了五百余年。（参见《孟子·尽心下》）孟子并强调，儒家学说在孔子死后，遭到了异端邪说（主要指杨朱与墨翟的学说）的猛烈攻击，影响已经不太大，他的历史使命，就是要继承孔子的精神传统，捍卫儒家学说。

到了唐代，韩愈出于反对佛教的需要，重新构造儒家的"道统"以对抗佛教的"祖统"。为了强调儒家思想在时间上早于佛教，为华夏正统思想，他断言儒家仁义道德的思想传统由尧一直传至孟子："尧以是传之舜，舜以是传之禹，禹以是传之汤，汤以是传之文武周公，文武周公传之孔子，孔子传之孟轲。"韩愈还强调，儒家的这个一脉相传的道统，在孟子死后，"不得其传"（参见《孟子·尽心下》），已失其传，因而要恢复儒家的道统，使儒家的仁义道德思想发扬光大起来，就必须从学习和继承孟子的思想开始。而他的历史使命，就是上接孟子，把儒家"道统"再传下去。为此，他有责任批判佛道思想，消除其普遍影响，使儒家仁义道德思想深入人心，永葆其生命力。

（七十八）　康有为是怎样评孟子的

康有为是中国近代资产阶级改良派的代表。改良派的思想特征，便是根据近代的民主意识改造孔孟思想，但他们决不打算像资产阶级革命派那样，彻底地打倒孔孟偶像。所以，康有为除了表示对孔子尊崇外，也一再表示他很尊崇孟子。他把孟子对于儒家的作用，比做佛教之有龙树，基督教之有保罗。他说:"孔子不可知,欲知孔子者,莫若假途于孟子。盖孟子之言孔道,如导水之有支派脉络也,如伐树之有干枝叶卉也,其本末至明,条理至详。通乎孟子,其于孔子之道得门而入,可次第升堂而入室矣。"(《孟子微·自序一》)

康有为还十分推重《孟子》,曾明确地断言:"举中国之百亿万群书,莫如《孟子》矣。传孔子《春秋》之奥说,明太平大同之微言,发平等同民之公理,著隶天独立之伟义,以拯普天生民于卑下钳制之中,莫如孟子矣!探冥冥之本原于天生之性,许其为善而超擢之;著灵明之魂于万物皆备之身,信其诚有而自乐之;秩天爵于人人自有而贵显之,以普救生人神明于昏浊污蔽之中,莫如孟子矣。"(《孟子微·自序二》)

从这个断言中,不难了解,康有为之所以十分推重《孟子》,主要是看中了《孟子》一书所包含的古代民本、民生思想,认为它乃"发平等同民(即每个公民权利、人格是同等的意思)之公理"。基于这个认识,康有为在撰写《孟子微》这部以阐发《孟子》义理为主旨的著作时,特别注意发掘《孟子》一书中的所谓民主思想,例如他这样解释《孟子·尽心下》第十四章:"此孟子立民主之制,太平法也。盖国之为国,聚民而成之,天生民而利乐之。民聚则谋公共安全之事,故一切礼乐政法皆以为民也。但民事众多,不能人人自为公共之事,必公举人任之。所谓君者,代众民任此公共保全安乐之事。为众民之所公举,即为众民之所公用。民者如店肆之东人,君者乃聘雇之司理人耳。民为主而君为客,民为主而君为仆,故民贵而君贱易明也。众民所归,乃举为民主,如美、法之总统。然总统得任群官,群官得任庶僚,所谓'得乎丘民为天子,得乎天子为诸侯,得乎诸侯为大夫'也。今法、美、瑞士及南美各国皆行之,近于大同之世,天下为公,选贤与能也。孟子已早发明之。"(《孟子微》卷一《总论第一》)

康有为所撰《孟子微》,较之其他以义理解《孟子》的著作,在体例上亦很特别,它是将《孟子》七篇分类改编为十八篇;篇名依次为《总论》、《性命》、《心身》、《仁义》、《礼智》、《孝弟》、《仁不仁》、《王霸》、《仁政》、《同民》、《政制》、《外交》、《战第》、《贵耻》、《师友》、《辩说》、《论古》、《辟异》。

康有为认为,历代注解《孟子》虽多,但都未深悟《孟子》一书的微言大义。而他这样改编《孟子》,"提其要而钩其元,揭其大义于首篇,而次其纲领节目"(《孟子微》卷一),则便于读者掌握《孟子》书中的微言大义,"开卷可以知孟子大道之全"。(《孟子微》卷一)

（七十九）　冯友兰是怎样评孟子的

冯友兰是中国现代著名的哲学家、哲学史家。早在 1930 年 3 月,他便在《哲学评论》(原主编为霍世英。1926 年开始由冯友兰主编。1936 年中国哲学会于南京成立时,此刊被作为中国哲学会会刊,仍由冯友兰主编)上发表《孟子哲学》一文。此后,于 1931 年出版《中国哲学史》(上;此书下卷本出版于 1936 年);于 1948 年出版英文本《中国哲学简史》;于 1962、1964 年出版《中国哲学史新编》第一、二册。自 1980 年开始,在不足十年的时间内,他终于在以上几种著作的基础上,修订成了共七册的《中国哲学史新编》(前六册已由人民出版社出版,第七册亦已出版于香港)。所以,《中国哲学史新编》对孟子的评说,应该说最准确地反映了冯友兰对孟子其人的评价,以及对孟子学说的认识。

《中国哲学史新编》第二册第十二章题目为《孟轲——儒家思想向唯心主义的过渡》。在这个题目下,冯友兰对孟子的思想进行全面分析。他的分析,涉及了以下诸方面:孟子政治态度及政治思想、孟子论"王、霸",孟子所谓"井田制",孟子所主张的仁和忠恕之道、孟子的性善论和伦理学,孟子的历史观及其对于道家墨家的斗争、孟子对于人类精神生命的理解和体会。在分析孟子的政治态度时,他指出,当时社会政治矛盾表现为旧的奴隶制和新的封建制的斗争,新兴的地主阶级和旧的奴隶主阶级的斗争。在这个斗争中,从奴隶主贵族转化过来的地主阶级是保守派。从商人、手工业或小生产者上升过来的地主阶级是激进派。在思想战线上,孟子是前者的代表,法家是后者的代表。但保守是一个相对的词,说孟子是保守派,是就他对奴隶主贵族的态度显然比法家温和得多这个层面而言的,若就对老百姓的态度来说,孟子宣传王政、反对霸政,"他倒可以说是中国封建社会中的开明思想家。因此,孟子的政治思想,也就显然具有两面性。孟子反对法家所主张的变法,政治思想在这一方面是保守的,但另一方面,孟子对老百姓的力量,有比较充分的认识。知道统治者必须减轻剥削,缓和矛盾,尽力争取老百姓的拥护,才能巩固自己的统治地位。法家则主张对劳动人民实行严厉的统治,认为劳动人民不过是统治者实现它的要求的工具。这是孟子的思想比法家进步的一面"。

对孟子政治思想的基本内容,冯友兰的分析循这样的思路进行:先剖析"王霸"之辩以确立孟子所谓"王道"的真正含义,然后再依次阐述孟子关于实行"王道"的物质条件——井田制;实行王道的精神条件——仁和忠恕之道。经过这样层层细致的分析,冯友兰得出的结论是:王霸之争,是地主阶级内部的两个派别保守派和激进派斗争的反映。孟子认为"王"与"霸"的根本区别在于"以德"和"以力"的不同。他反对"霸道",就是反对"以力服人",即以暴力服人,对内严厉实行刑赏,推行法治,对外以武力进行兼并。他主张"王道",就是提倡"以德服人",即用礼乐教化对老百姓说服教育。推行"王道",既要在经济上实行"井田制",亦要在意识形态上提倡仁和忠恕之道。作为王道的经济基础,"井田制"的实质在于实行计口授田:一夫百亩的土地制度。这个土地制度,与法家李悝的"尽地力之教"基本上是相同的,所不同的是李悝所实行的剥削方式是实物地租或货币地租;孟子所讲的剥削方式是劳役地租。作为王道的精神支柱,"仁"的重要内容是"不忍人之心",即不忍看见别人痛苦的心。所谓行"仁政",也就是统治者根据自己的"不忍人之心"推己及人的结果。而孟子所谓"忠恕",也就是孔子所说的"忠恕",是"善推其所为",将自己原本就有的"仁"推及人。但孔子所讲"仁"及"忠恕",在个人修养方面讲的较多,孟子则应用之于政治及社会。

在分析孟子性善论时,冯友兰指出,孟子所说的"性善"的那个"性",有逻辑和道德的意义,但也不完全排斥生物学的意义;孟子所谓性善,也还不是说,每一个人生下来都是道德完全的人。他是说,每个人生下来,在其本性里面,都自然有善的因素,或者说原则。这些因素或原则,他称为"端",就是苗头的意思;孟子所讲的人性,是离开人的阶级性讲的,是抽象的人性。在分析孟子伦理思想时,冯友兰强调,在动机与效果问题上,孟子特别注重动机;在"义"与"利"问题上,孟子特别强调"义"与"利"的对立,坚定地反对谈"利";在"志""功"问题上(志是行为的动机,功是行为的效果),就个别问题讲,孟子也还是把"功"放在第一位,"志"放在第二位;可是作为一般的伦理理论,他就把"志"放在第一位,"功"放在第二位了。在阐述孟子的历史观时,冯友兰指出,孟子把历史说成是"大人物"的历史,而且他强调"大人物"每五百年出现一次,在时间上有一定的规律。孟子认为,从孔子到自己,虽仅有百余年,但"杨朱墨翟之言盈天下",极大地损及圣人之道,所以他的历史任务,就是批判道家和墨家。在分析孟子对人类精神生活的理解和体会时,冯友兰指出,孟子思想的一个主要贡献是他从人类道德生活中得来的对于人类精神生活的理解和体会。这在《孟子》中的《尽心上》的前五段(即①孟子曰"尽其心者,知其性也。知其性,则知天矣。存其心,养其性,所以事天也。夭寿不贰,修身以俟之,所以立命也";②孟子曰:"莫非命也,顺受其正;是故知命者不立于岩墙之下,尽其道而死者,正命也;桎梏死者,非正命也";③孟了曰:"求则得之,舍则失之,是求有益于得也,求在我者也。求之有道,得之有命,是求无益于得也,求在外者也";④孟子曰:"万物皆备于我。反身而诚,乐莫大焉,强恕而行,求仁英近焉";⑤孟子曰:"行之而不著焉,习矣而不察焉,终身由之而不知其道者,众也。")可以看出。这五段,是孟子对人类精神生活的理解和体会,也是人类精神生活的一种反思。孟子还具体地描绘出来有这样的精神生活的人的精神境界。这就是他讲的"浩然之气"。"浩然之气"。是一种精神状态。这是一种很高的精神境界,这是一种很高的精神生活。《孟子》中的这一章(即《公孙丑上》之第二章,其关于"浩然之气"的论述是这样的:"敢问夫子恶乎长?"曰:"我知言。我善养吾浩然之气。""敢问何谓浩然之气?"曰:"难言也。其为气也。至大至刚,以直养而无害,则塞于天地之间。其为气也,配义与道;无是。馁也。是集义所生者,非义袭而取之也。行有不慊于心,则馁矣。我故曰,告子未尝知义,以其外之也。必有事焉,而勿正,心勿忘,勿助长也。"),这是孟子对于这种精神生活的概括的叙述和深刻的分析。

(八十) 胡适是怎样评孟子的

胡适不曾撰专文或专著论孟子。但确有对孟子及其学说的专门评说。此评说,见于那本著名的《中国哲学史大纲》(卷上)。这是中国第一部以西方资产阶级观点和方法整理中国哲学的著作,商务印书馆1919年2月初版,至1930年共出了15版。1931年该书收入"万有文库"时,书名改作《中国古代哲学史》。胡适虽承认孟子在中国哲学史上占有一席地位,但他在《中国哲学史大纲》(上卷)中分配给孟子的篇幅比较少,这表明他对孟子及其学说并不十分推重。《中国哲学史大纲》(上卷),共分十二篇,除第一篇《导言》外,其余十一篇,均下设若干章。在所分的十一篇中,老(聃)孔(丘)墨(翟)庄(周)自不待说,连杨朱别墨亦都各占一篇,唯独孟子,只占一章。若十分推重孟子,绝不会出现如此厚彼(庄墨)薄此(孟子)之事。

在《中国哲学史大纲》上卷第十篇《荀子以前的儒家》之第二章中,胡适这样评说孟子:关于孟子生卒年代,他认为明人所纂《孟子年谱》说孟子生于周烈王四年(公元前373年),颇近理。至于他死在哪年,便不易定了。但《孟子年谱》所说死于赧王二十六年(公元前289年)11月15日,也还有理;关于《孟子》一书,他强调,前人谓《孟子》或是全真,或是全假,但"依我看来,大约是真的",(此语见于该书第一篇《导言》)"但恐孟子这书未必是他自己作的"。言下之意,是认为《孟子》真实地反映了孟子思想,但《孟子》一书却是由他的弟子们整理而成;关于孟子的思想,他着重分了四个方面,即"论性"、"个人的位置"、"教育哲学"、"政治哲学"。在"论性"这个方面,他指出:孟子所谓"性"包含官能、善端及一切良知良能这三种。孟子以为这三种都有善的可能性,所以说性是善的,人性既然是善的,一切不善的,自然都不是性的本质。孟子认为人性虽有种种善的可能性,但人人多不能使这可能性充分发达。所以他强调人之不善,都由于"不能尽其才"。而人"不能尽其才"有三种原因,即由于外界的影响、由于自暴自弃、由于"以小害大以贱害贵"。他特别指出,孟子认定外界境遇对个人的影响,和当时的生物进化论颇相符合。所谓"当时的生物进化论",是指庄子关于"物无主宰,自生自灭"(此非庄子原话)的主张。在评论孟子关于"个人的位置"的主张时,他指出,孟子叫人做"大丈夫",大丈夫"富贵不能淫,贫贱不能移,威武不能屈。"则叫人做"大丈夫",说明"他把个人的人格,看得如此之重"。这是因为他以为人性都是善的,有一种平等主义,但孟子的平等主义,只是说人格平等,并不是说人的才智德行都平等。在分析孟子的"教育哲学"时,他指出:孟子深信人性本善,所以不主张被动的和逼迫的教育,只主张各人主动教育,即通过自身的养性,使本来的善性充分发达。教育虽然是自动的,却不可没有标准。其标准就是遵循前人经过许多努力才确立的做人立学的规矩。

在评论孟子的"政治哲学"时,他强调,孟子的政治学说很带有民权的意味,但孟子那些有关重民轻君的带有民权意味的议论,却是从他的性善论上生出来的,孟子的政治学说又含有乐利主义的意味,但他同时又极力把义利两字分得很严,因为孟子所攻击的"利"字只是自私自利。这种为利主义,与利民主义绝对相反。

(八十一) 鲁迅是怎样评孟子的

鲁迅是新文化运动的旗手,而发轫于"五四运动"的新文化运动,又是以"打倒孔家店"为号召的,因而对孟子这位"孔家店"里的"二老板",鲁迅决不会有什么好感,必然要给予彻底的批判,但这是把孔子、孟子思想作为一个思想体系而言的,若将鲁迅有关言论进行归纳整理,做出具体分析,便不难发现,鲁迅对孟子的批判,毕竟不像他对孔子的批判那样,或冷嘲热讽,或贬斥有加,或剖析见血,或抨击激烈,种种批判武器,轮番用之。而对孟子,鲁迅的批驳,在方式上往往是温和的。例如,鲁迅认为中国历史上不曾实行过"真的王道",故他把宣传"王道"政治视为对劳动人民的欺骗,斥之为"妄言"。尽管如此,他对孟子竭力鼓吹"王道"、反对"霸道"所进行的批驳,口气却相当平和:"孟子生于周季,所以以谈霸道为羞,倘使生于今日,则跟着人类的智识范围的展开,怕要羞谈王道的罢。"(《关于中国的两三件事·(二)关于中国的王道》,见《且介亭杂文》)

　　鲁迅对孟子其人其说不曾做出全面否定性的评价,他只是就孟子某些言论加以驳斥,显其荒谬,露其破绽。比方说,他有一段论述,既戳穿了孟子讲"君子远庖厨"(见《孟子》卷一《梁惠章句上》)的虚伪性,又道明了孟子主张"万物皆备于我"(见《孟子》卷十八《尽心章句上》)的主观唯心主义实质:"其实,'君子远庖厨也'就是自欺欺人的办法:君子非吃牛肉不可,然而他慈悲,不忍见牛的临死的觳觫,于是走开,等到烧成牛排,然后慢慢地来咀嚼。牛排是决不会"觳觫"的了,也就和慈悲不再有冲突,于是他心安理得,天趣盎然,剔剔牙齿,摸摸肚子,'万物皆备于我矣'了。"(《病后杂谈》,见《且介亭杂文》)他还批驳说,若照孟子所讲的"男女授受不亲"(见《孟子》卷七《离娄章句上》)办,则"外事就拜托足下罢",在外干治国平天下之大事者就只能是"所谓男子",但当天下被主外事的男人们"弄得鼎沸,暴力袭来"时,那些在太平或还能苟安时"俨然地教贞顺,说幽娴"的男人们,于救世无能为力,就只有一个对付妇女的办法,即叫妇女"做烈妇",去死。(参见《坟·坚壁清野主义》)这难道不足以说明自命比女人高明的男人们是多么的可悲与无能吗?! 如果说诸如此类的批驳,尚属于对孟子的言论引申发挥的话,那么对"劳心者治人,劳力者治于人"(见《孟子》卷五《滕文公章句上》)的批驳,则属于从理论上对孟子唯心历史观的正面的批驳:"不是'君子劳心,小人劳力'么? 不是'治于人者食(去声)人,治人者食于人'么? 可惜理论虽已卓然,而终于没有发明十全的好办法。要服从作威就须不活,要贡献玉食就须不死;要被治就须活下去,要供养治人者又须不死。人类升为万物之灵,自然是可贺的,但没有细腰蜂的毒针,却很使圣君,圣贤,圣贤之徒,以至现在的阔人、学者,教育家觉得棘手。将来未可知,若已往,则治人者虽然尽力施行过各种麻痹术,也还不能十分奏效,与果羸并驱争先。即以皇帝一伦而言,便难免时常改姓易代,终没有'万年有道之长';《二十四史》而多至二十四,就是可悲的铁证。"

(《坟·春末闲谈》)

鲁迅对孟子的批判,既然不像他批判孔子那样尖锐、激烈,则有必要澄清一个事实,即鲁迅之批孔未必就等于批孟。长期以来,由于片面的宣传,人们很自然地产生了一个印象,以为鲁迅那些批孔言论也就是对孟子的批判,故凡选编这类言论,总冠以"鲁迅论孔孟之道实质"之类的书名,殊不知鲁迅自己并不以"孔孟之道"来统称孔孟思想,他往往是将孔子首创的那些思想径直称作"孔子之道"(见《给增田涉的信》)或"孔道"(见《十四年的"读经"》)。若某种思想,孔子与孟子都曾主张过,他便说得明明确确。例如,孔孟都宣传"王道",他就这样说:"孔子和孟子确曾大大的宣传过那王道,但先生们不但是周朝的臣民而已,并且周游历国,有所活动,所以恐怕是为了想做官也难说。"(《关于中国的王道》)

还有一点值得在这里一提,即在鲁迅看来,孟子对孔子的评价,并不像我们一贯认为的那样,是推崇备至。他对孟子称孔子乃"集大成者"之类的评价,置若罔闻,却多次就孟子称"孔子,圣之时者也"(《孟子》卷十《万章章句下》)这一评价发表评说,指出这看似尊号,却"不是十分值得欢迎的头衔":"孔夫子在本国的不遇,也并不是始于二十世纪的。孟子批评他为'圣之时者也',倘翻成现代语,除了'摩登圣人'实在也没有别的法。为他自己计,这固然是没有危险的尊号,但也不是十分值得欢迎的头衔。"

(《在现代中国的孔夫子》,见《且介亭杂文二集》)

(八十二)　郭沫若是怎样评孟子的

郭沫若一九四五年在重庆出版了《十批判书》。之所以取这个书名,是因为收入该书的十篇文章,都以"批判"二字作为题目的末尾语,如《孔墨的批判》、《庄子的批判》。该书所收的十篇文章,除了首篇《古代研究的自我批判》，其余都是关于先秦诸子的评说。在评说先秦诸子的九篇文章中，没有专文评述孟子的，对孟子的评说，见于《儒家八派的批判》一文第二节。但是，即使这一节，也不是专评说孟子其人其说，而是重在梳理整个思孟学派的学统。将子思与孟子的学说纳入一个思想系统，这不属于郭沫若的创见，因为前人对此已言之凿凿。他的贡献在于将思孟学派思想上的源头追溯到孔子弟子子游那里，详细论述了"思孟何以出于子游氏"。他指出，据韩非《显学篇》所记，孔子死后，儒家分为八派。而"八派"中的"子思之儒"、"孟氏之儒"、"乐正氏之儒"，应该只是一系，事实上也就是子游氏之儒。子游氏之儒的主要经典，就是《礼记》中《礼运》篇。《礼记》中的"五行"学说，在《中庸》（据说为子思所撰）和《孟子》里有不同程度的表现。

不但思孟的学说与《礼运》中的学说相通，而且《礼记》中的另一篇《大学》，也"实是孟学"，比方说《大学》所讲的修身齐家治国平天下四条目，"分明是由孟子演绎出来的"，因为孟子曾说："天下之本在国、国之本在家、家之本在身。"（《孟子》卷七《离娄章句上》）"《大学》是孟学"，尚说得笼统，若说得具体些，则它当时是"乐正氏的典籍"，何以见得呢？有三点可证：第一，在孟派里面乐正克是高足；第二，以乐正为氏是学官的后裔，《王制》云"乐正崇四术，立四教"，其职与《周官》的乐师相当，而次于大乐正。先代既为学官，当有家学渊源，故论"大学之道"；第三，乐正克，孟子称之为"善人"，为"信人"，又说"其为人也好善"。而《大学》仅仅一七四三字的文章便一共有十一个"善"露面。除于《儒家八派的批判》中集中地评说思孟学派之外，在评说其他先秦学派及其代表人物时，亦不免涉及对孟子其人其说的评说。在评说稷下黄老学派时，他指出，孟子显然是揣摩过《心术》《内业》《白心》（学术界公认这几篇作品，系稷下学派代表宋钘、尹文所撰）这几篇作品的，只是孟子袭取了来，稍微改造了一下。在评说荀子时，他指出，"大抵荀子这位大师和孟子一样，颇有些霸气"，这等于说孟子有霸气。在《名辩思潮的批判》一文中，还专门列了《告子与孟子》一节，分析了告子与孟子就人性展开辩论的各自技巧，对孟子的巧于辩论，他这样指出;"孟子在当时是以'好辩'而受非难的人,据现存七篇书(《孟子》全书共为七篇)看来,他真有点名不虚传。他不断地和人辩,和宋轻(钘)辩,和淳于髡辩,和告子辩,和许行之徒辩,和墨者辩,和自己的门徒辩,辩得很巧妙,足见得他对辩术也很有研究。"(《十批判书》第230页,人民出版社1954年6月版)。

郭沫若评说孔孟以及其他儒家人物的文章,应该说纯属学术性的。但在"文革"后期,他受到了来自毛泽东的直接批评。毛泽东明确地批评他不仅尊孔,而且反法,并尖锐地批判他的评说先秦诸子的文章说:"十批不是好文章"。迫于压力,郭沫若当时写了一首诗呈给毛泽东,表示接受批评,自动对自己几十年评儒评法的研究予以全盘否定。诗曰:"读书卅载探龙穴,云水茫茫未得珠。知有神方医俗骨,难排蛊毒困穷隅。岂甘楄栋悲绳墨,顾竭驽骆效策驱。犹幸春雷惊大地,寸心初党祝归趋。"诗中所谓的"春雷",是特指"批林批孔"运动。

（八十三） 毛泽东是怎样评孟子的

对孟子,毛泽东在不同的历史时期所作出的评价,差别相当大。大体上讲,早年的毛泽东倾向于肯定孟子,而晚年的他则倾向于否定孟子。毛泽东八岁进私塾,"读儒家的《论语》等四书"(除了《论语》,"四书"尚包括《孟子》、《大学》、《中庸》),自小熟知《孟子》。后来,青年的毛泽东,虽读了不少宣传资产阶级改良的政论,以及许多西方著作,但仍很推崇孟子。在青年时代,他曾于《讲堂录》(系在湖南第一师范听杨昌济修身课和国文课所记)中,记下了曾国藩《圣哲画像记》中的三十三位"圣哲",其中孟子名列第四,仅次于孔子;也曾于由北京南下途中,"在曲阜停了一下,去看孔子的墓","并且看了孟子的出生地"(参见斯诺《西行漫记》)。还是在《讲堂录》中,青年的毛泽东,将他所崇敬的理想人格,区分为传教之圣贤与办事之豪杰这两类,并明确指出这两类人在人格上有差异,"圣贤,德业俱全者,豪杰,歉于品德,而有大功大名者"。作为办事之豪杰者,他列举了诸葛亮、范仲淹;而作为传教之圣贤来列举的五位人物之中,第二位就是孟子。

除了将孟子尊为"圣哲",青年的毛泽东还对孟子其人其说做出了许多正面的评说。他说:"所谓圣人,而最大之思想家也"(《体育之研究》),把孟子评价为中国历史上最伟大的思想家之一。孟子曾说:"待文王而后兴者,凡民也,若夫豪杰之士,虽无文王犹兴也"(《孟子》卷十三《尽心上》),认为豪杰不同于一般百姓,就在于其纵使没有圣人的引导,也能自动地奋发有为。在《讲堂录》)中,青年毛泽东对孟子这段话,特意就概念上加了一个注释:"孟子所谓豪杰,近于圣贤",这说明青年的毛泽东认为能做到自动奋发有为者,就同圣贤人格很接近了。孟子的理想人格,就是大丈夫人格。所谓大丈夫,乃这样一种人格,其"居天下之广居。立天下之正位,行天下之大道,得志与民由之,不得志独行其道,富贵不能淫,贫贱不能移,威武不能屈"(《孟子》卷六《滕文公章句下》)。孟子认为,若要恪守这一理想人格,就要善于培养"至刚至大"的"浩然之气",(《孟子》卷二《梁惠王章句下》)。孟子所推崇的大丈夫以及大丈夫所具有的'浩然之气",正是青年毛泽东高扬"豪杰之精神与圣贤之精神"所推重的,所以他明确地指出:"吾之意与孟子所论浩然之气及大丈夫两章之意,大略相同。"(参见《毛泽东的文化性格》第56页,中国青年出版社1991年12月版)

青年时代的毛泽东,对孟子的一些具体言论或论断,也往往从正面加以引用与评说。他评孟子"博学而详说"(见《孟子》卷八《离娄章句下》)语曰:"其上孔之言,谓博学于文,孟子曰博学而详说,窃以为是天经地义,学者之所宜遵循"(1915年9月6日致萧子升信)。他引用孟子"圣人复起,不易吾言"(见《孟子》卷六《滕文公章句下》)语以论唯圣人得大本能洞悉一切曰:"圣人,既得大本者也;贤人,略得大本者也;愚人,不得大本者也。圣人通达天地、明贯过去现在未来,洞悉三界现象,如孔子之'百世可知',孟子之'圣人复起,不易吾言'"'(1917年8月20日致黎锦熙信)。他曾以二十八画生(其姓名笔画之总和)的笔名,在《新青年》第三卷第二号(1917年4月1日出版)发表《体育之研究》。这是我国以近代科学观点认真系统地论述体育的最早的一篇文章。在这篇文章中,他两次引用孟子的话语以证明自己的观点。一是引"井上有李"(见《孟子》卷六《滕文公章句下》)的典故(战国时,有个读书人叫陈仲子,他哥哥做了大官,他以为不义,不愿住在他哥哥家里过寄生虫生活,便同自己的妻子逃到楚国,织麻鞋为生。有一次,他三天没有吃饭,看见井上有被虫子吃了过半的李子,就忍不住爬过去拿起吃了)以说明人以生存为先,而礼义规范则是后起的:"自有生民以来,智识有愚闇,无不知自卫其生者。是故西山之薇,饥极必食,井上之李,不容不咽;巢木以为居;皮兽以为衣,盖发于天能,不知所以然也。然而未精也。有圣人出,于是乎有礼,饮食起居,皆有节度。"再是引"一心以为鸿鹄将至"(见《孟子》)卷十一《告子章句上》)语(原文大意是:有两个学棋者,一个专心听老师讲,一个虽坐在那里听着,但心里却总以为,有只天鹅快要飞来,想拿起弓箭射它)以说明即使立志有恒,但若做事不用心,亦难奏效:"有恒矣,而不用心,亦难有效。走马观花,虽日日观,犹无观也。心在鸿鹄,虽与俱学,勿若之矣。"

毛泽东对孟子其人其说的这些正面的评价与评说,大多发生在他接触马克思主义以前。后来,当他一接触马克思主义,对孟子的看法便发生了很大的转变。再后来,随着对马克思主义的认识的不断加深,他就由主张破除对孔孟子之道的迷信,走向了彻底的批判孔孟之道。早在1919年7月14日出版的《湘江评论》创刊号上,他便借发表"创刊宣言"主张破除一切传统:"在学术方面,主张彻底研究,不受一切传统和迷信的束缚。"这里所谓不受一切传统束缚,当然主要是指破除对孔孟之道的盲目信服。

一周之后,他又于该刊"临时增刊"第一号上发表《健学会之成立及进行》,更明确地说明了不能不反对孔孟之道的理由:"有很多别的理由,单就这独霸中国,使我们思想界不能自由,郁郁做了二千年偶像的奴隶,也是不能不反对的。"待到战争年代,毛泽东从反帝反封建的高度,强调必须打倒替帝国主义和封建阶级服务的反动文化。他所说的"反动文化",是指"主张尊孔读经、提倡旧礼教旧思想"这类文化(参见《新民主主义论》)。既然主张"读经"属必须反对的,孟子思想也属于必须批判的旧思想,就自不待言,因为《孟子》是儒家的经书之一。

新中国成立以后,毛泽东在领导中国人民建设社会主义的过程中,始终把批判封建思想作为创建社会主义新文化的一项基本任务,因而他在思想上从未放松对孔孟之道危害社会主义事业的消极性的警惕,但在评说孔孟其人其说方面,却常常随意发挥,已超出历史学的范畴。例如,1954年9月,他在一次会议的谈话中,这样评说孔子与孟子:孔子之所以成为圣人,是因为他是革命党。说孔子著《春秋》而乱臣贼子惧,那是孟子讲的,其实孔子周游列国,就是哪里在造反他就到哪里去。孔夫子是革命党,此人不可一笔抹杀。(参见《毛泽东的文化性格》第198页)。这个谈话,给人一个印象,即孟子对孔子的评说是不正确的,他未能正确理解孔子主张的革命性。此时,他推崇法家而彻底反对儒家,认为历代政治家有成就的,封建社会前期有建树的,都是法家,儒家满口仁义道德,一肚子男盗女娼。他认为郭沫若不仅尊孔,而且反法,于是写了一首诗予以批评:

"劝君少骂秦始皇,焚坑事业要商量。祖龙魂死秦犹在,孔学名高实秕糠。百代都行秦政法,'十批'不是好文章,熟读唐人《封建论》,莫从子厚返文王"。诗中提到的"十批",就是指郭沫若撰写的《十批判书》。《十批判书》中有一篇为《儒家八派的批判》,其中第二部分,即评说思孟学派。

（八十四） 牟宗三是怎样评孟子的

牟宗三是现代新儒家巨擘之一。现代新儒家,除了方东美,大多强调"接着宋明讲",在思想上上承宋明理学,因而很自然地沿着宋明理学固有的思想路线,形成了以"理"为本和以"心性"为本这两个主要的支派。在主"心性"一派中,作为现代新儒家鼻祖熊十力在港台的传人,牟宗三的贡献与影响最大。由于重在确立"心性本体",所以牟宗三对孟子的学说十分重视,因为孟子在理论上将"尽心"与"知性"、"知天"贯通,竭力去证明"尽其心者,知其性也。知其性则知天矣"(见《孟子》卷十三《尽心章句上》)。

牟宗三对孟子学说的评说,涉及的层面较多,其中有将孟子与其他思想家作比较的,如他撰有《墨子兼爱与孟子之等差》,《荀孟合论》、《阳明学是孟子学》等;亦有对孟子论"政道"(即关于政权、或曰政治的道理)的评说:"孟子以汤武革命为合法,以桀纣为独夫。革命之根据在天命、受命。天命受命之根据在积德。积德而民归之,天应之,是即天命也。此观念,当然有道理。但是,虽有道理,而道理不只此,亦不止于此。政权之取得与更替,当然是一个大问题。其于人民之幸福,精神之表现,价值之实现,文化之发展,有大影响。然只是积德与天命,则足以泯此问题而不见。使其不足成为一个问题。可在孟子时,尚不甚显此问题,秦汉而后则大显"(参见《牟宗三新儒学论著辑要》第 114 页,中国广播电视出版社 1992 年版,以下凡引此书,均以《辑要》一名标注);还有对孟子承续儒家"道统"的评说:"关于儒家自尧舜到孔子一线相承之道(道统),虽因韩愈作《原道》而渐为人知,但这一线相承之事实,孟子早已觉知,而孟子自己亦'欲以道之传承自任也'"(参见《辑要》第 174 页),还有对孟子论"性"的评说:性之问题,在孔子虽或偶尔触及,然未能十分正视。至孟子时,性之问题正式成立。告子顺"性者生也"之老传统说性,而孟子遮拨之,则从道德的本心说,此显然以孔子之仁为背景。在孔子,仁与性未能打并为一,至此则打并为一矣。在孔子,存有问题在践履中默契,或孤悬在那里,而在孟子,则将存有问题之性即提升至超越面而由道德的本心以言之,是即将存在问题摄于实践问题解决之,亦即等于摄"存有"于"活动"(摄实体性的存有于本心之活动)。如是,则本心即性,心与性为一也。至此,性之问题全部明朗,而自此以后,遂无隔绝之存有问题,而中国亦永无或永不会走上柏拉图传统之外在的、知解的形而上学中之存有论,此孟子创辟心灵之所以为不可及也。(参见《辑要》第 235 页)

　　牟宗三不但对孟子学说评价很高,而且对孟子人格亦很推崇。他这样充满感情地评价孟子人格说:孟子在战国时尽了他的责任,亦为精神表现立下一型范。孔子人格固然全面,但孔子之全,若不经由孟子所开示之精神表现之型,以为其"全"立一精神之系统,则孔子之全亦被拖下来而成为疲软无力矣。若吾人能了解孟子之文化生命转化而为"全幅是精神"、"通体是光辉",则孟子说:"充实之谓美,充实而有光辉之谓大"这两句话,正可用来指谓孟子之人格。若"充实而有光辉之谓大"一语正是孟子之写真测进一层了解,便是,不是有些英气,而乃全幅是英气。全幅是英气,便不害事。圭角亦如此解:不是有一点圭角,而乃整个是一个圭角。犹如圆形或方形。孔子整个是圆形,孟子整个是方形。整个是一个圭角,亦不害事。此就是全幅是精神,通体是光辉之意。他所以如此,就因为他要反显一个主体,他要把尽物力的时代风气压下去。这里有个破裂的对反。此时,若不作乡愿,便不可随便讲圆和。孟子要尽这个时代的责任,所以客观地说,就完成了"充实而有光辉之谓大"这一型范。他未至"大而化之之谓圣"的境地。客观地说:他要尽"破裂的对反"这个责任,他不能再进到"大而化之之谓圣"。(参见《现代新儒家学案》下册,中国社会科学出版社 1995 年版,第 504 页)

(八十五) 《孟子》一书有什么特色

《孟子》一书,当其刚著成时,究竟样式如何,如今难以考明。从现行本(这个本子是从汉代流传下来的)来看,《孟子》一书的特色相当明显。其一,《孟子》一书的命名,用意与《荀子》、《墨子》一样,仅意味它是孟轲的著作,并无其他深意。至于何以取此名而不直接以他的姓名来命名,可以作两种推测,或者是孟子自己根据当时的风尚自取此名,或者是他的弟子们出于对其师的尊敬而取此名。其二,《孟子》一书,共七篇,每篇分为上下二卷,共十四卷。篇下分章。每章长短不一,长至千余言,短至十几言。每篇章数不等,多则四十六章,少则五章;共计二百六十一章。据今人杨伯峻的统计,全书总字数有三万五千三百七十多字。其三,各章间的联系并没有一定的逻辑关系。积章成篇亦无固定的格式。而篇名,也只是撮取第一句的几个字,并无其他取义。这都是和《论语》相同,而不同于《墨子》、《庄子》、《荀子》。所以赵岐说《孟子》是拟《论语》而作。今人杨伯峻认为赵氏此说不无道理。其四,除《尽心》篇外,其余几篇,均取人名作篇名,而人名下一律缀以"章句上"、"章句下"字样,故篇名的不同只体现在所取的人名各异上。由于均以"章句上"、"章句下"分篇,故卷次为奇数者,必为上篇,卷次为偶数者,定属下篇。古人常用"章句"两字作训解古书的题名。将《孟子》七篇各以"章句"形式分篇,是后汉赵岐注解《孟子》时所为。自那时起,一直延续至今。

(八十六) 《孟子》是否孟子亲著

关于孟子是否亲著《孟子》,迄今尚无定说。但学术界经过长期的争论,已形成了三种主要的看法。第一种看法认为《孟子》就是孟子自己撰写的。这种看法,最早由东汉的赵岐提出来的。他在《孟子题辞》中,明确地指出:"此书,孟子之所作也,故总谓之《孟子》"。南宋的朱熹,也持这种见解。但他话说的不如赵岐明确。他主要是从《孟子》一书文章风格的一致性上来说明《孟子》系孟子自著:"《论语》多门弟子所集,故言语时有长长短短不类处。《孟子》疑自著之书,故首尾文字一体,无些子瑕疵。不是自下手,安得如此好?"其后,元代金履祥、明代的郝敬都赞同他的看法。元代的何异孙在《十一经问对》中,则进一步阐明说:"《论语》是诸弟子记诸善言而编成集,故曰《论语》,而不号《孔子》。《孟子》是孟轲所自作之书,如《荀子》,故谓之《孟子》。"待到清代,阎若据又从另一角度来证明《孟子》为孟子自著。他在《孟子生卒年月考》的最后一段里这样说:"《论语》成于门人之手,故记圣人容貌甚悉;七篇(《孟子》总计七篇,故前人习惯以'七篇'代指《孟子》)成于己手,故但记言语或出处耳"。魏源在《孟子年表考》中也有类似的说法:"七篇中无述孟子容貌言动,与《论语》为弟子记其师长不类,当为手著无疑。"

第二种看法认为《孟子》非孟子自著,是他的门弟子万章、公孙丑之徒在他死后共同记述的。最初发表这种议论的是唐代的韩愈。他在《答张籍书》中断言:"孟轲之书,非轲自著,轲既没,其徒万章、公孙丑相与记轲所言耳"。唐人张籍,林慎思和宋人苏辙,都附和这种议论,但他们都没有举出佐证来。对这种说法加以证明的最先的学者,是宋代晁公武。他在《郡斋读书志》中说:"按此书韩愈以为弟子所会集,非轲自作。今考其书,则知愈之言非妄也。书载孟子所见诸侯皆称谥,如齐宣王、梁惠王、梁襄王、滕定公、滕文公、鲁平公是也。夫死然后有谥。轲著书时,所见诸侯不应皆死。且惠王元年至平公之卒凡七十七年,孟子见梁惠玉,王国之曰叟,必已老矣,决不见平公之卒也。"其后清人崔述又对此说增列了两条证据。他在《孟子事实录》中说:"《孟子》七篇之文,往往有可议者,如禹决汝排淮泗而注之江,伊尹五就汤五就桀之属,皆于事理不合。果孟子自著,不应疏略如此";又说:"七篇中于孟子门人多以子称之,……不称子者无几。果孟子自著,恐未必自称其门人皆曰子。细玩此书,盖孟子门人万章、公孙丑等所追述,故二子问答之言在七篇中为最多,而二子在书中亦皆不以子称也。"

第三种看法认为《孟子》一书作者主要是孟子自己,但他的弟子万章等也参加了著作,而且此著在孟子生前已基本完成。司马迁最先提出这一看法。他在《孟子荀卿列传》中指出:"孟子退而与万章之徒序《诗书》,述仲尼之意,作《孟子》七篇。"对司马迁的这个看法,清代的魏源体会较深。他在《孟子年表考》中说:"又公都子,屋庐子,乐正子,徐子皆不书名,而万章、公孙丑独名。《史记》谓退而与万章之徒作七篇者,其为二人亲承口授而笔之书甚明。与《论语》成于有子、曾子门人故独称子者,殆同一间,此其可知者。"

今人杨伯峻认为以上三种看法唯有第三种看法是可信的。理由是:司马迁的"时代较早,当日所见到的史料,所听到的传闻,比后人多而确实;尤其是验以《孟子》本书,考之孟子生平,其余两种说法所持的理由都是不充分的。"杨伯峻当然列举了一些史料以证明他的见解,但囿于篇幅,这里难以一一转述,有兴趣者,以可翻阅《孟子译注》的《导言》。与杨氏同时代的学者,凡论及《孟子》的作者这一问题,大多持与杨氏相同的见解。即使有学者提出不同看法,亦不过前面那三种说法的重复,除了文字上的翻新,看不见有什么本质上的不同,故这里不再一一列举。

（八十七） 《孟子》究竟有多少篇

《史记·孟子荀卿列传》只记载说孟子"退而与万章之徒序《诗》、《书》，述仲尼之意，作《孟子》七篇"，待到应劭著《风俗通义·穷通》篇时，却说："退与万章之徒序《诗》、《书》，述仲尼之意，作书中外十一篇"。班固所撰的《汉书·艺文志》也记载说"《孟子》十一篇"。这表明在汉代曾流传一部十一篇本的《孟子》。但是，到后汉赵岐为《孟子》分章作注时，又特意对这十一篇分别真伪。他在《孟子题辞》中明确判断说："又有《外书》四篇：《性善》、《辩文》、《说孝经》、《为政》。其文不能宏深，不与内篇相似，似非孟子本真，后世依放（仿）而讬之者也。"由于赵岐明确肯定《外书》是伪作，不给它注解，以后人们读《孟子》时，也就不重视它，便逐渐亡佚了。所以自后汉流传至今的《孟子》通行本，就只有七篇。

（八十八） 《孟子》作为科举考试科目始于何时

《孟子》作为国家科举考试科目，开始于北宋神宗熙宁年间。熙宁四年（公元1071年）二月，朝廷下令改革科举制度，定立新的科举制度。新科举制度，是为推行新法（神宗任王安石为宰相，积极推行均输、农田水利、免役、市易、方田均税，保甲将兵等新法，史称王安石变法）服务的，其根本性的规定，是要求应举士子"专意经义"，"务通义理，不须尽用注疏"。《孟子》正是在这次宋廷颁行新的科举制度时，被正式确定为科举考试科目的。这在《续通鉴长编》卷二二0熙宁四年二月丁巳条中，有记载："今定贡举新制：进士罢诗赋帖经墨义，各占治《诗》、《书》、《易》、《周礼》、《礼记》一经，兼以《论语》、《孟子》。每试，初本经，次兼经，并大义十道。务通义理，不须尽用注疏。次论一首。次，时务策三道。礼部五道。"

到南宋孝宗的时候，朱熹把《礼记》中的《大学》、《中庸》抽出来和《论语》、《孟子》合编在一起，称为《四书》。明清两朝，规定科举考试的八股文的题目从《四书》选取，且规定必须依据朱熹《四书章句集注》的解释，"代圣人立言"。因此，当时任何想考取功名的读书人，都不得不把《孟子》读得烂熟。

（八十九） 《孟子》作为儒家经典的地位是怎样确立的

《孟子》被作为儒家经典，经历了一个比较长的历史过程。《汉书·艺文志》将《孟子》列于《诸子略》，这表明班固视《孟子》为子书。汉文帝时，朝廷虽然将《孟子》置博士，但定其为"传记博士"。后王充在《论衡·对作》篇中说得更明白："杨墨之学不乱传义，则《孟子》之传不造。"而《说文解字》（许慎著）引《孟子》则称"传曰"。由此可见，在大多数汉儒心目中，《孟子》被看作辅翼"经书"的"传"，即对"经书"所包含的微言大义加以阐发的著作。到唐代，《孟子》在士人中间虽然有着广泛的影响，但朝廷颁行的"明经"科目中，仍不列《孟子》。唐代宗（公元762—779年在位）时的礼部侍郎杨绾和晚唐的皮日休虽曾建议以《孟子》为经书，但并未付诸实施。《孟子》开始列入"经书"，是在五代后蜀时，后蜀主孟昶（公元934—965年在位）命毋昭裔楷书十一经刻石。这里所谓"十一经"，包括《孟子》。此"十一经"，在宋太宗（公元976—997年在位）时又被翻刻。到神宗熙宁四年（公元1071年），朝廷颁行科举新制，以《论语》、《孟子》为"兼经"，定为必考的课目。从此，《孟子》的经书地位便牢不可动。在宋代、明代印行的"九经"中，在清代印行的"十三经"中，都毫无例外地列有《孟子》。

（九十） 《孟子节文》是什么性质的书

《孟子节文》是遵从明太祖朱元璋的意志选编的书。所谓《节文》，即《孟子》一书的节选。

对于孟子，朱元璋原本十分推崇。他曾经说过，孟子在世之时，倘若有贤君按照他的"王道"、"仁政"思想治理国家，那么天下早就太平了。但实际上,朱元璋说此话时,他并没有通读《孟子》,并不全面了解孟子的思想、学说。到了洪武五年(公元 1372 年),朱元璋读《孟子》时,看到了《离娄章句》中如下的一段话:"君之视臣如手足,则臣视君如腹心;君之视臣如犬马,则臣视君如国人;君之视臣如土芥,则臣视君如寇雠。"(如果君主把臣下看得如同手足一般亲密,那么臣下就会把君主当作自己的心腹;如果君主只把臣下看得如同狗和马一般可供使唤,那么臣下就会把君主当作国中的普通之人;如果君主把臣下看得如同微不足道的泥土和草芥一般可以任意践踏,那么臣下也就会把君主当作与自己不共戴天的仇敌。)读到此处,朱元璋拍案而起,勃然大怒,指责孟子作为人之臣,怎么竟说出这等不敬重君主的话来!他当即下诏将孟子的牌位撤出孔庙,取消了孟子"配享孔庙"的资格。但此后,由于孟子的思想从总体上说对于巩固明王朝的封建统治是有利的,朱元璋还是肯定了孟子作为封建正统思想代表仅次于孔子的地位。不过,他命令翰林院学士刘三吾将《孟子》一书从头至尾逐一查阅,查出其中一些不利于维护君主绝对权威的过激言论。例如孟子说,如果君主的思想出了差错,大臣可以"格君心之非";如果君主犯了大错而又不听从臣子们的反复规劝,那么就可以让君主"易位",即另立新君。总共查出类似于此的议论八十五条,被全部删除,并明确规定被删除的内容"课试不以命题,科举不以取士"。未被删除的部分,则被编成《孟子节文》一书,仍然作为士子应试的必读教材之一。

《孟子节文》的出现,一方面说明了孟子确实具有否定君主绝对权威的观念。他不把君主看成神圣不可侵犯的主宰者,不认为臣民对于君主只能绝对服从、逆来顺受。他在《离娄章句》的那段话中,虽然说的是君臣关系,但也从一个侧面反映了他的"君轻民重"思想,反映了他的"民本"观念。这种观念不仅在先秦时期,而且在整个封建时代,都是一种可贵的、包含着民主性精华的进步思想。另一方面,选编《孟子节文》也表明了封建统治者所实行的思想禁锢何其严厉。即便是在总体上有利于巩固封建统治的《孟子》一书,只要其中含有专制君主所不能接受内容,那么这些内容必然遭到无情的禁锢。

（九十一） 朱熹的《孟子集注》有什么特色

《孟子集注》是《四书章句集注》之一。《四书章句集注》包括《大学章句》一卷、《中庸章句》一卷、《论语集注》十卷、《孟子集注》七卷，由南宋理学家朱熹编注。五经、四书的"四书"之名使得之于此。

朱熹注"四书"，是在前人注解的基础上，从理学出发、以义理和性命来解注儒家的四大经典，因而颇多发挥。

清代《四库总目提要》对朱熹所编注的"四书"评价很高，也较为客观："自是始有四书之名，而'章句'、'集注'亦遂为说四书者之所祖，先儒旧解，不复能与之争席矣。"

《孟子集注》是朱熹于淳熙十六年（公元 1174 年）所撰。朱熹承继了北宋理学家二程、张载等的理学思想，集理学之大成，广采赵岐、韩愈、欧阳修等大家关于《孟子》的注、解、释、说，吸收了董仲舒、郑玄、周敦颐、苏辙等几十家关于孟子思想的论说，以理学的义理、性命之说注《孟子》，多有发明和比附。"而训诂章旨，大多仍采用赵岐之注"。此书是宋儒以性理说经的代表。

朱熹的《孟子集注》颇有学术权威，且影响广大，是此后科举考试的必读之书。周广业《孟子古注考》说："北宋制科以《孟子章句》为命题，金（代）制（科）亦道赵（岐）注；自元·延祐（1314 年）设科，孟子题专用朱子《孟子集注》，而赵注日益微矣。"

《孟子集注》也是研究朱熹哲学思想的重要资料。

（九十二） 现代常用成语中有哪些出于《孟子》

孟子好辩，言辞犀利，且善用比喻。因此《孟子》一书中有不少警言、谚语和典故。它们沿袭至今，其中有一部分就成了我们现在常用的成语，如：五十步笑百步，缘木求鱼，出尔反尔，事半功倍，出类拔萃，闻过则喜，得道者多助、失道者寡助,彼一时、此一时,为富不仁,一傅众咻,自暴自弃,一曝十寒,专心致志,杯水车薪,顿开茅塞,冯妇搏虎,一毛不拔,自怨自艾,等。

五十步笑百步,指作战时逃跑了五十步的人讥笑逃跑了一百步的人,后泛用以比喻自己跟别人有同样的缺点或错误,只是程度上轻一些,却因此就讥笑别人。此语出自《孟子·梁惠王上》:"填然鼓之,兵刃既接,弃甲曳兵而走,或百步而后止,或五十步而后止,以五十步笑百步测何如?"

齐宣王欲称霸诸侯,统一中国:不断扩大领土,使秦、楚等大国都来朝贡,最后君临中原诸侯之上,安抚边远地区的少数民族。孟子主王道,反霸道,认为以齐宣王的所作所为,追求他的那种欲望,犹如"缘木以求鱼",即爬到树上去捕鱼,是不可能达到目的的。"缘木求鱼"即出自此。(《孟子·梁惠王上》)。

"出乎尔者,反乎尔者也。""出尔反尔"一语便是出于《孟子·梁惠王下》中的这句话。原意是你怎样对待别人,别人就怎样对待你;现在是指自己说了或做了又自己反悔,比喻一个人的言行前后矛盾、反复无常。

事半功倍,语出《孟子·公孙丑上》:"故事半古之人,功必倍之。"做古人一半的事,却得到比古人多一倍的功;形容费力小而收效大。

"出类拔萃",源于孟子对孔子的评价一语:"圣人之于民,亦类也。出于其类,拔乎其萃,自生民以来,未有盛于孔子也。"(《孟子·公孙丑上》)形容品德、才能超出一般人。

子路是追随孔子的七十二贤弟子之一,此人以谦虚著称,孟子说:"子路,人告之以有过,则喜。"(《孟子·公孙丑上》)子路听到别人指出自己的过错,不但不温怒,反而感到高兴。成语"闻过则喜"便是出于此;意为虚心接受别人的批评、意见。

毛泽东在阐述他的军事思想的一篇论文中,曾引用了成语"得道多助,失道寡助",其意思是坚持正义就能得到多方面的支持和帮助,违背正义就必然陷于孤立的境地。此语出自《孟子·公孙丑下》篇。孟子在论述战争时,说:"天时不如地利,地利不如人和。……得道者多助,失道者寡助。寡助之至,亲戚畔(叛)之;多助之至,天下顺之。以天下之所顺,攻亲戚之所畔(叛),故君子有不战,战必胜矣。"

"彼一时,此一时"。语出《孟子·公孙丑下》意思是说,情况不同了,那时是那时,现在是现在,两者不可同日而语。

孟子在回答滕国国君文公关于如何治国的问题时,借与孔子同时的鲁国人阳虎的话说:"为富不仁矣;为仁不富矣。"即靠滥征税来发财致富就不可能讲仁爱,讲仁爱就不应该靠滥征税来发财致富。(《孟子·滕文公上》)为富不仁,现在的意思是指富贵者往往不讲情义或少情寡义,为了自己发财致富,心狠手毒,不择手段。

"一傅众咻",指一个人教、许多人扰乱。此语见于《孟子·滕文公下》篇:"有楚大夫于此,欲其子之齐语也。……一齐人傅(教)之,众楚人咻(喧嚷)之,虽日挞而求其齐也,不可得矣。"即楚国有位大夫要他儿子学齐国的方言,让一个齐国人教他,而生活环境中的许多楚国人却在周围干扰他;这样,即使每天用鞭子抽打他,要他说齐国方言,也是办不到的。后用"一傅众咻"表示环境对人的干扰,也比喻不见成效。

"自暴自弃",源于《孟子·离娄上》:"自暴自者,不可与有言也;自弃者,不可与有为也。言非礼义,谓之自暴也;吾身不能居仁由义,谓之自弃也。"现在泛指一个人不求上进、甘于堕落。

"一暴(pù,同"曝",晒)十寒",指晒一天、冻十天,比喻做事断断续续,无恒心,努力少而懈怠多。语出《孟子·告子上》:"虽有天下易生之物也,一日暴之、十日寒之,未有能生者也。"

作为反证,孟子在同篇同段又举两儿童学棋之事,说明"专心致志"的重要性。孟子说:"今夫弈之为数,小数也,不专心致志,则不得也。"即,即使像下棋这样的小技艺,如果不一心一意、聚精会神地学,也学不到家。

孟子主仁政、王道。但他所生活的战国中期,各诸侯国无不尚攻伐、崇霸道。孟子在解释仁政、德治所以不力的时候,说原因不在仁德:仁能战胜不仁,就像水能克火一样;但是现在一些人所推行的仁德太少,就像用一杯水去扑救一车燃烧着的柴火;当火扑不灭时,那些人就说水是不能克火的。

（《孟子·告子上》）"杯水车薪"一语便出于此。

孟子继承了孔子"学而时习之"、"温故而知新"的思想，认为人们在道德修养上应积善成德、积习成性，天长日久，自然会达到一定的道德境界。因此，很注重持续的修习。有一次，孟子对他的学生高子说：山坡上的小道虽然窄小，坚持经常走它，就会变成大路；要是一阵子不走，茅草就会把它堵塞着。现在你的心也像小道一样被茅草堵塞了（"今茅塞子之心矣"）。（《孟子·尽心下》）。"茅塞顿开"或"顿开茅塞"一语，便是由此演义而出的；意谓一下子解开了心里的疙瘩，懂得了某种道理、获得了某种知识。《三国演义》第三十八回；"玄德闻言，避席拱手谢曰：'先生之言，顿开茅塞，使备如拨云雾而睹青天。'"

"冯妇搏虎"（也称"再作冯妇"）源于《孟子·尽心下》篇——晋国曾有个叫冯妇的男人，善于打虎，后来成了善人，就不再打虎了。有一次他到野外，看到一些人在追逐一只老虎，老虎背靠山角，没人敢接近它。当大家远远看冯妇时，赶快跑上前去迎接他。冯妇便挽起袖子伸出胳膊走下了车。大家都很高兴，但那些士人却在讥笑他。后人用"冯妇搏虎"一事指一个人重操旧业，但也含有多管闲事；往往做了好事而不为人理解、不得好评之意。

"一毛不拔"，形容一个人极其吝啬自私；此语最初源于《孟子·尽心上》。孟子评杨朱："杨子取'为我'，拔一毛利天下，不为也。"意说杨未为己自私自利不肯利人，即使是损他身上的一根毫毛雨天下就可以有所获利的事，他也不肯干。《警世通言》二十八："许宣日常一毛不拔，今日怀得些钱钞，便要我替他讨小？"

"自怨自艾"（艾，yì，割草，比喻改正），此语出自《孟子·万章上》："太甲悔过，自怨自艾"（太甲，商汤王的后代）。意谓太甲悔过自新，自我悔恨，自我改正。现在我们说一个人自怨自艾，是指他自我悔恨，不再含有自我改正之意。

《孟子》一书还有许多成语，如：堰（yā，拔）苗助长，夜以继日，寡不敌众，心悦诚服；胁肩谄笑，威武不屈，舍生取义，水深火热，与人为善，枉己正人,枉尺直寻(xún,古度量名,八尺),言近旨远,通功易事,以邻为壑,无所不为,反求诸己,大有作为,大而化之,不忘沟壑,不愧不作(zuò),引而不发,不孝有三、无后为大,生于忧患、死于安乐等。

（九十三） 《孟子引得》是什么性质的书

《孟子引得》是一部工具书。它是为了方便翻检《孟子》、查找孟子言语的出处而编纂的。由原哈佛燕京学社引得处于1942年编印。引得一词,译自英文 index,即索引的改译。原书由于出版时间已久,现已不易找到。现在容易找到的是上海古籍出版社1982年11月出版的影印本。这个影印本,其实是《论语引得》、《孟子引得》这两部工具书的合印本。

《孟子引得》主要由笔画检字表、《孟子》注文、引得三个部分构成。编码采用的是所谓"中国字庋擷(guǐxié)"法。其法先将单字分为五类,每类每字再确定五个号码,繁细难记,不易熟练掌握。因此,一般读者没有必要费精力死记此法,可以利用书中的笔画检字表去查检。至于具体的查检方法,只要阅读该书的叙例,就很容易掌握。

（九十四） 《孟子外书》是什么性质的书

应劭在《风俗通义·旁通》篇中记载孟子"作书中外十一篇。"《汉书·艺文志》也载:"《孟子》十一篇"。根据这二则记载,可知在汉代曾流传有十一篇本的《孟子》。而根据后汉赵岐《孟子题辞》中的记载:"又有《外传》四篇,……不与内篇相似",可明所谓《孟子外书》,实指七篇之外的那四篇。那四篇的篇名,据赵岐在《孟子题辞》中的记载,为《性善》、《辩文》、《孝经》、《为政》。

关于这四篇,由于赵岐认定它是伪作,不给它作注解,读书人也就不去读它,所以后来它就逐渐亡佚了。南宋王应麟(1223——1296)就曾明言:"孟子之《外书》四篇,今皆无传。"(《困学记闻》)可与王氏同时代的孙奕却说他曾听别人说过《外书》四篇尚存："昔尝闻前辈有云,亲见馆中有《孟子外书》四篇。"(《示儿篇》)南宋距东汉末一千多年,经过这么久,《孟子外书》尚完好地藏于宫禁中,实在不可思议,故此说遭到驳斥也就在所难免。翟灏说:"赵氏不为《外书》章句,嗣后传《孟子》者,悉以章句为本,《外书》悉以废阁致亡。南宋去赵氏时千有余岁,不应馆阁中能完然如故也。孙氏仅得耳闻,当日在馆阁诸公,未有以目击详言之者,道听途说,必不足为按据。"(《考异》)不过,现在仍传有《孟子外书》四篇。可前人早已认定,这部《外传》乃明季姚士粦伪撰。而根据南怀瑾《孟子旁通》所附《历代(孟子)研究书目》,可明清人孟经国辑有《孟子外书》一卷。但这很可能属于对散见于其他著作中的孟子言论的收集,因为据顾炎武所说:"《史记》、《法言》、《盐铁论》等所引《孟子》,今《孟子》书无其文,岂俱所谓《外篇》者邪?"(《日知录》)则先作这样的收集,然后整理成篇,是完全可能的。至于孟氏所辑之孟子言论,是否属于赵岐所见《孟子外书》四篇中的部分内容,恐怕不可能揭谜了。

（九十五） 《孟子私淑录》是什么性质的书

乍见此书名,一般读者会以为这是一个不曾亲炙孟子、却尊孟子为师的孟门弟子所写,而且此人决不会后于孟子太久。其实,这部书乃清代的戴震所撰。戴震卒于公元 1777 年,距孟子卒年两千多年。在孟子逝世两千多年后,戴震为自己的著作取此名,显然是为了表示他要纠正后人对孟子思想的歪曲,恢复孟子思想的本来面貌。这个意图,他后来在将此书改定为《孟子字义疏证》时,曾作了明确的说明:"孟子辩杨墨;后人习闻杨墨老庄佛之言,且以其言汩乱孟子之言,是又后乎孟子者之不可已也。苟吾不能知之亦已矣,吾知之而不言,是不忠也,是对古圣人贤人而自负其学,对天下后世之仁人而自远于仁也。"(《孟子字义疏证·序》)

《孟子私淑录》撰于乾隆三十一年(公元 1766 年)。全书三卷,共有问答二十五条。后删去三条,再增加二十六条,便成为上中下三卷的《绪言》;又于乾隆四十二年(公元 1777 年)改定为《孟子字义疏证》上中下三卷。戴震对孟子及其思想的研究,有一个不断深化的过程。他在这一过程中逐步形成了自己的哲学思想。从《孟子私淑录》到《绪言》再到《孟子字义疏证》,实际上反映了戴震唯物主义哲学思想由形成走向全面成熟的发展过程。所以,要了解戴震如何阐释孟子思想以建立自己的哲学体系,这部书不可不读。但不知何故,戴震本人及其后学,均没明确提及此书。它最早刊于四川省国立图书馆编《图书集刊》创刊号,时在 1942 年。1961 年中华书局出版《孟子字义疏证》、1980 年上海古籍出版社出版《戴震集》,1991 年清华大学出版社出版《戴震全集》(第一册),均收有此书。而据南怀瑾《孟子旁通》所附《历代〈孟子〉研究书目》载,台北中央研究院史语所尚藏有此书的旧抄本。

(九十六) 记载孟子早年生平的著作有哪些

记载孟子早年生平的著作,主要有以下几种:其一,《韩诗外传》,西汉韩婴撰。《汉书·艺文志》记其著《内传》四卷,《外传》六卷。《内传》佚于宋代,今本《外传》作十卷,据考已非原作。此本的体例是先叙古事古语,然后引诗为证(今本有二十八条未引诗为证,当系缺脱)。此书载有孟母"断织劝学"、"东家买豚肉"以及受母训孟子"不敢去妇"等故事。其二,《列女传》,又称《古列女传》,西汉刘向著。全书分为母仪、贤明、仁智、贞慎、节义、辨通、孽嬖七目,共七卷。其中《母仪传》载有孟母"三迁"、"断机"等故事。其三,《孟子题辞》,后汉赵岐著。清代焦循著《孟子正义》时,收该著为卷一。此著记载云:"孟子生有淑质,夙丧其父,幼被慈母三迁之教。长师孔子之孙子思,治儒术之道,通《五经》(即《诗》、《书》、《礼》、《易》、《春秋》),尤长于《诗》、《书》。"其四,《孔丛子》,传为西汉孔鲋撰,然据前人考证,实属东汉时人集先世遗文编纂而成。编纂者不详。全书分上下卷,上卷十篇,下卷九篇。其中上卷第七篇《居卫》记载云:"孟轲问子思曰:'尧舜文武之道,可力而致乎?'"又载云:"子思谓孟轲曰:'自大而不修其所以大,不大矣;自异而不修其所以异,不异矣。故君子高其行,则人莫能阶也;远其志,则人莫能及也;礼接于人,人不敢慢,辞交于人,人不敢侮,其唯高远乎。"然而,前人考证,孟子实不可能亲炙子思,故此书有关孟子师事子思的记载,只能作为了解孟子早年生平的参考资料。

（九十七） 有关孟子的重要年谱有几种

　　早在元代,就有人为孟子作年谱,据有人初步统计,从那时起到晚清,有关孟子的年谱有十九部之多(此统计只包括"年谱"、"编年"、"年表"这三种类型,其他如《孟子事迹图谱》之类不计)。在这些年谱中,最早的要数元代程复心撰的《孟子年谱》。此谱首次提出孟子"寿八十四岁"说。此说影响甚大,后世不少学者信之。胡适曾转引有见于《圣域述闻》中的《孟子年谱》。谱载:"周烈王四年(公元前 372 年),四月二日,生于邹。三岁,父激卒,母仇氏育之。稍长,受业子思之门人。显王三十三年(公元前 336 年)年三十七,应聘至梁,见惠王。四十三年(公元前 326 年)事齐宣王,为上卿。慎靓王四年(公元前 317 年),年五十六,母卒。自齐返鲁。六年,至齐,宣王以为客卿。赧王元年(公元前 314 年),致为臣为归。二年,之宋,又之薛。六年,至滕,旋为许行等所挠而归。年六十余矣。二十六年(公元前 289 年),十一月十五日卒。年八十四。"这些记载,与程氏《年谱》中的记载,有相吻合之处。

　　就篇幅而论,清人无名氏所撰《孟子年谱》二卷(据说台湾中央图书馆藏有清稿本)、清代黄本骥所撰《孟子年谱》一卷,都值得重视。而就可信程度论,在诸多《孟子年谱》中,要数魏源的《孟子年表》(中华书局出版的《魏源集》上册收有此著)对孟子一生经历的解释比较合理,因为它比较重视把握《孟子》原书的记载与有关史料之间的一致性,尽量对两者不相吻合之处做出解释。正因为要力求这两方面的一致性,故魏源在《年表》中只能将孟子生年定为周安王廿七年(公元前 385 年)、将孟子卒年定为周赧王二十六年(公元前 289 年)。这样,孟子便享年 97 岁。魏源的《年表》与前人请《年谱》比较,差异极其明显,故魏源又作《孟子年表考》五篇(中华书局出版的《魏源集》上册亦有收),通过对前人见解的辩证,以证明其说不误。

(九十八) 是谁最早注释《孟子》

早在战国末年,荀子就对孟子的学说作过评论。这表明研读《孟子》比较早,但就史料而论,迄今不曾发现秦汉之际有人注解《孟子》。最早注释《孟子》的人,很可能是西汉的刘向。他著有《孟子注》。但其书早已失传。现存的王仁俊的辑本,难以考明即是该著原本。从汉代到唐代,包括刘向,为《孟子》作注的共有十家,其中九家注皆亡,只有东汉赵岐的注释流传到现在。所以,我们今天实际能看到的有关《孟子》的最早注释,就是赵岐的注释。赵岐的《孟子注》,共十四卷,是将《孟子》七篇各分二卷,并以"章句上"、"章句下"题名,故后人又习惯称之为赵岐的《孟子章句》,甚至简称为赵岐的《章句》。赵岐此著,"虽不及后来之精密,而开辟荒芜,俾后来得循途而深造,其功要不可泯也。"(《十三经注疏》第2659页,中华书局1980年版)而《四库总目提要》则这样评说此著特色:"汉儒注经,多明训估名物,惟此注笺释文句似后世之口。"

(九十九) 历代有哪些重要的注解《孟子》的著作

古往今来,注解《孟子》的著作为数甚多,有二百多种,但属于重要的注解者,也就那么几种。在为数不多的重要注解中,以下四种,最受学者推重。其一为东汉赵岐所撰《孟子注》十四卷。这部注解,在《是谁最早注释(孟子)》条内,已有介绍,可以参见,这里不再赘述。其二为南宋朱熹所撰《孟子集注》七卷。这部注解,撰成于淳熙十六年(公元1189年),共征引自东汉到南宋三十四家之说,于《孟子》七篇义理时有发明,然训诂章旨,大多仍采用赵岐的注。此部注解,堪称集宋儒以性理说《孟子》之大成。

其三为清代焦循所撰《孟子正义》三十卷。这部注解,共征引六十余家著作中有关《孟子》和赵岐注的论述,征引之广博,迄今无任何注本能超过它;而且立论极坚定,疏解甚明晰,凡释一义,往往征引两三家之说,对见解相似而所得有深有浅,持论分歧而所证有得有失者,无不"以已意裁成损益于其间",以取得完善的结论。故阮元称之为"斯一大家"。此评实非过誉。其四为今人杨伯峻所撰《孟子译注》上下册。此书由中华书局首版于1960年。它有三层内容,一为白话译文;二是注释,包括字音词义、语法规律、修辞方法,历史知识、地理沿革、名物制度和风俗习惯等;三是附有《孟子辞典》,凡属《孟子》一书中的字或词,可以从中查出确切含义。这是一部对现今一般读者读懂《孟子》很有价值的注释。